Ludwig Vögely

Kraichgauer Gestalten

Ludwig Vögely

Kraichgauer Gestalten

36 historische Persönlichkeiten aus Politik, Kirche, Wissenschaft und Kunst

verlag regionalkultur
1994

Für meinen Vater

Ludwig Vögely, Jahrgang 1916, aufgewachsen in Eschelbach, Abitur in Sinsheim, Studium an der Hochschule für Lehrerbildung in Karlsruhe. Nach dem Kriegsdienst Lehrer in Unteröwisheim und Karlsruhe, zuletzt Schulamtsdirektor beim Staatlichen Schulamt Karlsruhe. Mitbegründer der Goethe-Gesellschaft und der Abendrealschule Karlsruhe.
Besondere Arbeitsgebiete sind Volks-, Heimat- und Landeskunde, Geschichte, Kunst und Literatur in Baden. Verfasser vieler Aufsätze und zahlreicher Bücher, so "Unteröwisheim im Wandel der Jahrhunderte", "Goethe und Johann Peter Hebel", "Sinsheimer Heimatbuch", "900 Jahre Eschelbach", und von vier Sagenbüchern mit Sagen des Kraichgaus, Karlsruhes, Freiburgs und des Markgräflerlands.
Seit 12 Jahren Präsident des Landesvereins Badische Heimat, Mitglied des Kuratoriums der Denkmalstiftung Baden-Württemberg, des Präsidiums des Deutschen Heimatbundes in Bonn und Initiator des Arbeitskreises Heimatpflege Nordbaden.
Vögely wurde mit dem Bundesverdienstkreuz, der Medaille für Verdienste um die Heimat des Landes Baden-Württemberg und für seine Arbeiten um das Werk J. P. Hebels mit der Hebel-Gedenk-Plakette der Gemeinde Hausen i.W. ausgezeichnet.

Die Deutsche Bibliothek – CIP-Einheitsaufnahme

Vögely, Ludwig:
Kraichgauer Gestalten : 36 historische Persönlichkeiten aus Politik, Kirche, Wissenschaft und Kunst / Ludwig Vögely. – Ubstadt-Weiher : Verl. Regionalkultur, 1994
ISBN 3-929366-07-X

© verlag regionalkultur, Stettfelder Straße 11, 76698 Ubstadt-Weiher

Alle Rechte vorbehalten

Gesamtherstellung: verlag regionalkultur

Druck: KS Druck, Bruchsal

Inhalt

Einleitung ....

Untergrombach   **Joß Fritz** (um 1470 – nach 1525)
Der Rebell aus Untergrombach 9

Eppingen   **Anton Eisenhut** (gestorben 1525)
Priester und Bauernführer 14

Eichtersheim   **Friedrich Hecker** (1811 – 1881)
Revolutionär und Volkstribun 18

Sinsheim   **Franz Sigel** (1824 – 1902)
Freiheitskämpfer in zwei Kontinenten 27

Odenheim   **Carl Dänzer** (1820 – 1906)
Revolutionär und erfolgreicher Zeitungsmann in Amerika 30

Bretten   **Philipp Melanchthon** (1497 – 1560)
Der Praeceptor Germaniae 33

Bruchsal   **Johannes Stumpf** (1500 – 1577)
Reformator und Geschichtsschreiber 38

Menzingen   **David Chytraeus** (1530 – 1600)
Theologe und Historiker 42

Bruchsal   **Johann Baptist Orbin** (1806 – 1886)
Erzbischof von Freiburg 47

Bruchsal   **Friedrich Justus Heinrich Knecht** (1839 – 1921)
Weihbischof und Pädagoge 50

Michelfeld   **Ferdinand Julius Bender** (1893 – 1966)
Evangelischer Landesbischof in Baden 53

Mingolsheim   **Franz Josef Mone** (1796 – 1871)
Direktor des Badischen Generallandesarchivs in Karlsruhe 56

Bruchsal   **Franz Anton Regenauer** (1797 – 1864)
Badischer Finanzminister 59

Bretten   **Ludwig Paravicini** (1811 – 1878)
Posthalter, Bürgermeister, Landtags- und Reichstagsabgeordneter 62

Bretten   **Ludwig Karl Friedrich Turban** (1821 – 1898)
Badischer Staatsminister 66

Bruchsal   **Wilhelm Nokk** (1832 – 1903)
Präsident des Staatsministeriums 69

Eichtersheim   **Friedrich Ries** (1849 – 1929)
Gestalter des Karlsruher Stadtgartens 71

Bretten Karl Kölmel (1896 – 1979)
Der Retter der badischen Schlösser 74

Sinsheim Karl Wilhelmi (1786 – 1857)
Dekan und Begründer der Altertumsforschung in Süddeutschland ... 78

Dühren Karl Schumacher (1860 – 1934)
Wissenschaftler, Museumsdirektor und Heimatforscher 81

Baiertal Karl Hermann Zahn (1865 – 1940)
Weltberühmter Botaniker 84

Rappenau Willi Egler (1887 – 1953)
Maler und Grafiker 88

Rappenau Ludwig Egler (1894 – 1965)
Musiker, Komponist, Schriftsteller 91

Rappenau Carl Egler (1896 – 1982)
Bildhauer und Keramiker 94

Östringen Gustav Wolf (1887 – 1947)
Maler und Graphiker in Deutschland und Amerika 98

Bruchsal Ludwig Barth (1898 – 1983)
Maler und Gestalter religiöser Kunst 103

Heidelsheim Johann Andreas Stein (1728 – 1792)
Orgelbauer und Freund Mozarts 106

Neckarbischofsheim Adolf Schmitthenner (1854 – 1907)
Pfarrer und Volkserzähler 110

Mückenloch Karl Hesselbacher (1871 – 1943)
Kirchenrat und Volksschriftsteller 113

Flehingen Samuel Friedrich Sauter (1766 – 1846)
Schulmeister, Dorfpoet und Urbild des "Biedermeier" 117

Flehingen Leopold Feigenbutz (1827 – 1904)
Der Chronist des Kraichgaus 124

Bretten Franz Anton Egetmeyer (1760 – 1818)
Der Schneider in Pensa 126

Dühren Conrad Rutsch (1793 – 1872)
Der Leibschneider des Zaren Nikolaus I. 129

Rohrbach a.G. Johann Christian Kuhmann (gestorben 1812)
Vom Weberknecht zum Reichsbaron 131

Meckesheim Johann Adam Müller (1766 – 1832)
Der Bauernprophet 133

Kürnbach Luise Christiane Friederike Hauffe (1801 – 1829)
Die Seherin von Prevorst 136

Quellen und Anmerkungen 140

Einleitung

Der Kraichgau, die breite Senke zwischen Odenwald und Schwarzwald, ist das uralte Durchgangsland, das natürliche Tor vom Rheinland zum Neckarland. Diese Lücke trennt die einstmals düsteren, unzugänglichen Waldgebirge und ermöglichte nicht nur Kriegsscharen den Durchzug, was jahrhundertelang viel Leid für die Bevölkerung mit sich brachte, durch sie sind auch Pflanzen, Völker, ganze Kulturen in unsere Heimat eingewandert. Wir gehen heute noch auf den Hochstraßen der Römerzeit, auf mittelalterlichen Kaufmannswegen, auf der Landstraße, welche die erste kaiserliche Überlandspost von Brüssel nach Innsbruck benutzte, nachdem sie bei Speyer den Rhein überschritten hatte. Auf dieser außerordentlichen Verkehrsbedeutung beruht nicht zuletzt der ungewöhnliche Städtereichtum des Kraichgaus, einst fast zwei Dutzend. Unser Kraichgau war und ist die Landschaft verhaltener Schönheit mit ihren Wäldern, Hügeln, Wiesen, Äckern, Bächen, Burgen, charaktervollen Dörfern und Städten. Es ist eine Schönheit, die sich selbst genügt, die aber gleichwohl des Stolzes nicht entbehrt, eine Heimat, an der ihre Bewohner mit Liebe hängen. Alle, die "draußen" arbeiteten, um nun den Bezug zu den "Kraichgauer Gestalten" aufzunehmen, blieben dem Kraichgau innerlich stark verbunden, er wurde für viele zur Heimwehlandschaft. Er blieb es, wenn die politischen Verhältnisse die Rückkehr aus dem Exil unmöglich machten, wie bei den Revolutionären, und er blieb es besonders, wenn die Menschen in weiter Ferne ihr Schicksal meisterten und eine Rückkehr ausgeschlossen war; der Schneider von Pensa ist dafür das schönste Beispiel.

In dieser fruchtbaren Kraichgaulandschaft mit ihren fleißigen Bewohnern wurden Persönlichkeiten geboren, die Intelligenz und Strebsamkeit harmonisch vereinigten und zu geachteten Wissenschaftlern, Forschern, loyalen Staatsdienern, Kirchenfürsten, Reformatoren usw. wurden. Eine große Anzahl der hier vorgestellten Kraichgauer Gestalten gehört dem 19. Jahrhundert an. Sie lebten also in einer Zeit großer politischer Virulenz: Napoleon, Wiener Kongreß, Biedermeier und Vormärz, Revolution 1848/49, die Auseinandersetzung von Staat und katholischer Kirche, das Heraufkommen des industriellen Zeitalters. Interessant ist dabei das Verhalten der Minister und hohen Beamten, sie bilden die "konservative Fraktion" unserer Betrachtungen. Dabei gibt es unübersehbare Verflechtungen, die diese Persönlichkeiten miteinander verknüpfen: Wie ein roter Faden zieht sich durch ihr Wirken das Bemühen um den Staat, die Abwehr der Bedrohung durch andere Länder, um die Wahrung seiner Rechte in innerpolitischen und religiösen Auseinandersetzungen, um Konsolidierung. Sie waren von einer beinahe einheitlichen konservativen Haltung, der soziales Empfinden aber nicht abging, von geschlossener Loyalität dem Landesherren gegenüber.

Heinrich Hansjakob, ein Jahrzehnt lang Abgeordneter der II. Badischen Kammer und gefürchtet scharfer Beobachter, stellte 1877 in seiner Schrift "Aus dem Leben eines Reichtagskandidaten" fest, daß die Badener in politischen Dingen allzeit obenan waren und sie *"haben bekanntlich anno 48 am stärksten von ganz Germanien Politik gemacht"*. Das ist nun die Kehrseite der Medaille, und die Worte Hansjakobs gelten für die Landsleute, die sich dem Kampf um die Freiheit bis zur Selbstaufgabe verschrieben hatten und an deren Spitze Friedrich Hecker stand. Zu ihm führt eine direkte Linie, die von den Bauernführern Joß Fritz und Anton Eisenhut ausgeht. Ihnen allen ging

7

die Freiheit und die Gerechtigkeit in dieser Welt über alles. Auch das sind Charaktermerkmale des Kraichgauers. Sie stehen neben jenen, die bei ernster Lebensauffassung die Freude am Dasein zeigen, die sich bei Festen und Feiern äußern, im blühenden kulturellen Leben und in der Pflege der Tradition.

Eine eigene Gruppe bilden die Reformatoren und die geistlichen, meist katholischen Würdenträger. Die Kraichgauer Ritter gehörten sehr früh zu den ersten, welche die Lehre Luthers annahmen und sie in ihren Dörfern durchsetzten. Manche der später bekannt gewordenen Geistlichen, die wegen der praktizierten neuen Lehre von ihren Standesherren aus ihren Pfarreien vertrieben worden waren, fanden bei der Kraichgauer Ritterschaft Aufnahme und eine neue Heimstatt. Als Beispiel dafür mag der Vater von David Chytraeus stehen, den die Herren von Mentzingen in Menzingen als Pfarrer einsetzten und dem Sohn eine glänzende Laufbahn eröffneten. Und wem ist Philipp Melanchthon kein Begriff, der bescheidenste und größte Sohn Brettens und Praeceptor Germaniae? Sie alle und die geistlichen Würdenträger sind Zeugen der einst tiefen Religiosität der Kraichgauer Bevölkerung bei aller Wachheit dem politischen Leben gegenüber, wie auch die aus dem Kraichgau stammenden Erzbischöfe von Freiburg ihre Kirche im Kulturkampf dem Staat gegenüber vertreten mußten.

Es gibt unter den Kraichgauer Gestalten Persönlichkeiten, die in ihrem geistigen Zuschnitt einmalig sind, so die künstlerisch sehr vielseitigen Egler-Brüder und der liebenswerte Samuel Friedrich Sauter, das Urbild des Biedermeier. Die unglaublich erfolgreichen Schneider gehören dazu, der Bauernprophet und die Seherin von Prevorst, der Reichsbaron, dem Johann Peter Hebel eine Geschichte gewidmet hat. Dazu gehören auch Dichterpfarrer, Chronisten, Archäologen und Wissenschaftler. Facettenreich wie der Kraichgau selbst sind diese Persönlichkeiten, deren Heimat er war.

Die hier vorgestellte Reihe stellt eine subjektiv getroffenen Auswahl dar. Es wurde eine breite Fächerung angestrebt, um möglichst viele Lebensbereiche zu repräsentieren. Sie bilden einen Querschnitt der hervorragenden Menschen, die das räumlich doch begrenzte Gebiet des Kraichgaus hervorgebracht hat. Natürlich war den meisten dieser bedeutenden Köpfe mit ihren außerordentlichen Fähigkeiten der Kraichgau räumlich zu klein; sie wuchsen darüber in ein breiteres Wirkungsfeld hinaus. Eines aber hatten sie alle gemeinsam, die Daheimgebliebenen und die verstreut außerhalb Lebenden: Sie blieben in ihrem Herzen Kraichgauer.

Eine vollständige Erfassung berühmter Kraichgauer in einem Band ist schlechthin unmöglich. Es fehlen hier beispielsweise die Minnesänger, und auch der Adel ist nicht vertreten, obwohl Sebastian Münster schon 1577 feststellte: *"Der Kraichgau ist fast der Edelleut'"*. Es bleibt daher wünschenswert, daß alle in diesem Buch nicht aufgeführten bedeutenden Kraichgauer Gestalten in anderen Publikationen einen gebührenden Platz finden.

Ludwig Vögely

Joß Fritz

(um 1470 – nach 1525)
Der Rebell aus Untergrombach

Wenn Bauern auf Umsturz sinnen, muß schon eine lange Zeit steigender Bedrückung vorangegangen sein. Geht aber die ländliche Unbotmäßigkeit über das eigene Territorium hinaus und solidarisiert sich mit der Not der Standesgenossen "fremder Länder", hat der Druck seinen Höhepunkt erreicht. In diesem Solidaritätsbewußtsein wurzelt der Bundschuh. Von hier aus erfolgte der Sprung ins Radikale, der sonst den Bauern fern liegt. Der allzu schroffe Unterschied zwischen Armen und Reichen und eine allgemeine Verwirrung des Rechtsgefühls waren Vorbedingungen der radikalen Umsturzversuche. Im ausgehenden Mittelalter mit seinen Erschütterungen auf allen Gebieten wurde der Gegensatz zwischen den armen Leuten und dem übrigen Volke immer größer, die Kluft wurde schließlich unüberbrückbar. Hinzu kam der Übergang von der Natural- zur Geldwirtschaft, der Mangel an Geld und dessen sinkende Kaufkraft. Die Kirche aber konnte nach wie vor über ihren großen Besitzstand verfügen. Die Verwaltung der Fürsten wurde gestrafft, um deren Schuldenberg abtragen zu können. Das bedeutete unnachgiebige Härte der Maßnahmen, die gerade das "niedrige" Volk stark benachteiligten. *"Im öffentlichen Leben mochte geschehen, was da wollte, der einfache Mann, insbesondere der Bauer, hatte in der Regel den Schaden davon, stand abseits der breiten Glücksstraße"* (Rosenkranz S. 6).

Die Gründe, warum die Bundschuh-Empörung im Jahre 1502 nun gerade in der Gegend um Bruchsal zum Ausbruch kam, sollen, um den Verlauf der Geschehnisse verständlicher zu machen, wenigstens kurz zusammengefaßt werden:

1. Das Aufstandsgebiet gehörte zum Bistum Speyer. Die Geldansprüche des bischöflichen Hofes standen in keinem Verhältnis zu der Leistungsfähigkeit des kleinen Gebietes. Bischof Ludwig von Helmstadt übernahm von seinem Vorgänger eine schwere Schuldenlast, die hart verzinst werden mußte. Nach anfänglicher Verringerung der Schulden mußte er ab 1487 zum Kauf neuer Güter und Schlösser und zur Errichtung kostspieliger Bauten wieder Gelder aufnehmen - ohne Rücksicht auf den Stand der Landeskasse. So wurde z. B. in Bruchsal der Sitz des Weihbischofs um ein Stockwerk erhöht und der Garten mit einer Mauer umgeben. In Obergrombach setzte man einen Helm auf das Burgtor und baute eine Badstube und einen Marstall. Es ist nicht verwunderlich, daß gerade die Orte, wo derartige Bauten viel Geld verschlangen, zum Hauptsitz der Verschwörung wurden.

2. Viel Geld kostete die Fehde mit dem Schwäbischen Bund. Dieser forderte Genugtuung, weil Hans Lindenschmid das Schloß Neibsheim des Eitelschelm von Bergen überfallen hatte. Das Geld wurde auf die Gemeinden umgelegt, und so hatte z. B. Jöhlingen 100 Gulden zu zahlen.

3. In den 23 Jahren der Herrschaft des Bischofs summierte sich die Unzufriedenheit des Volkes. Durch die steigende Schuldenlast wurde die bischöfliche Verwaltung genauer, rücksichtsloser und kleinlicher.

4. Weit überzogen war auch die Verordnung, daß zur Schonung des bischöflichen Weidelandes der bäuerliche Viehbestand verringert werden mußte. Dies traf die Bauernhöfe sehr hart.

5. Verhängnisvoll wurde der Finanzierungsversuch, welcher der verschuldeten

Stadt Bruchsal helfen sollte. Es handelte sich dabei um die Einführung des Ungelts, einer Steuer, die namentlich die niederen Volksschichten traf und besonders auf die Lebensmittel gelegt wurde. Dafür erließ der Bischof den Besitzenden der Stadt Bruchsal die jährliche Grundsteuer von 1000 Gulden und legte die Last durch das Ungelt auf die schwächeren Schultern der Kleinbürger, Handwerker und Landleute.

6. Es kam hinzu, daß im Jahre 1501 in Südwestdeutschland eine große Teuerung herrschte, und in vielen Gemeinden zog schwere Not ein. Gesuche häuften sich, welche um Herabsetzung, Stundung oder Erlassung der Getreidelieferungen flehten. Andere baten um Korn oder Geld. Die Art, wie die geistliche Behörde diese Gesuche behandelte, war empörend. Viele Bitten wurden abschlägig beschieden. Man verlangte volle kaufmännische Sicherheiten, wo die Leute Gnadengeschenke oder Leihgaben erwartet hatten. Die bittere Enttäuschung und der Unwille waren um so größer, weil man es bei der Behörde mit Geistlichen zu tun hatte, also *mit Angehörigen des Standes, der die meisten Vorrechte genoß und zu öffentlichen Leistungen am wenigsten beitrug*" (Rosenkranz S. 170).

7. Ein Blick auf die Rechtsprechung zeigt, daß die bäuerlichen Beschwerden oft an das Rottweiler Hofgericht überwiesen und dadurch zeitlich lange verschleppt wurden.

All den Unzufriedenen und Notleidenden erwuchs nun in Joß Fritz ein Führer überdurchschnittlichen Formats. Er stammte aus Untergrombach, das bei seiner Geburt etwa 700 bis 800 Seelen zählte. Wie alt er war, läßt sich nicht sicher feststellen. Da er 1524 mit einem grauen Bart gesehen wurde, mußte er zur Zeit des Aufstandes etwa 30 Jahre zählen. Er hat in Untergrombach sicher mit wachen Sinnen das Geschehen der Zeit miterlebt: Mißernten und Notstand, die Willkür der bischöflichen Verwaltung, und sicher kannte er die Stimmung in den umliegenden Orten. Nachgewiesenermaßen zählten die zwei Soldaten des Schlosses Obergrombach zu seinen Bekannten. Aber Joß Fritz war auch eine Persönlichkeit, deren Interesse über die nähere Heimat hinausging. Es ist anzunehmen, daß er von dem Kampf des Kaisers mit den Ständen um die Reichsverfassung wußte, der Wormser Reichstag fand nahe genug statt. Vor allem wird ihn der Freiheitskampf der Schweizer begeistert haben, denn es war die große Sehnsucht des gemeinen Mannes jener Zeit, *"frei zu sein wie ein Schweizer".* Gewiß wußte Fritz auch vom Bundschuhaufstand im Elsaß (Schlettstadt) im Jahre 1493, der nach Anlage und Vorbereitung für ihn Vorbild gewesen zu sein scheint. Auf Joß Fritz, und das ist das Kennzeichen seines Pfaffenhasses, geht sicher auch die Losung seines Bundschuhs zurück: *"Was ist das für ein Wesen?" "Wir können an den Pfaffen nicht genesen."*

Die Aufnahme in den Bundschuh war dagegen merkwürdig weihevoll: Man mußte kniend fünf Vaterunser und das Ave Maria beten. Ähnlich verhielt es sich auch mit dem Schlagwort von der göttlichen Gerechtigkeit. Dieses tauchte erstmals bei Joß Fritz auf, die elsässischen Bauern kannten es noch nicht. Aber auch da dürfte der Ursprung nicht bei dem Untergrombacher Bauernführer liegen, sondern in einer früheren Bewegung, deren Nachwehen auf Fritz eingewirkt haben. Es ist merkwürdig, daß 1502 nur nebenher der Gedanke ausgesprochen wurde, die Verschworenen wollten der *"Gerechtigkeit beistand tun"*, daß dagegen 1513 die ganze Bewegung unter dem leitenden Gesichtspunkt stand: *"Nichts denn die Gerechtigkeit Gottes!"* Erst allmählich hat sich also der Kampfruf, der nachher im Bauernkrieg eine so große Rolle spielen sollte, in den Gemütern der Bauern und wohl auch bei Joß Fritz selbst eingebürgert. Daraus ist ersichtlich, daß Joß Fritz *"die geplante Umgestaltung der ländlichen Verhältnisse unter den Gesichtspunkt rückte: der von Gott gewollte Zustand müsse wieder hergestellt und jeder*

*Widerstrebende 'als Gegner der Gerechtigkeit Gottes' unbarmherzig nieder*gemacht werden" (Rosenkranz S. 183-185).

Das Wesen von Joß Fritz war der Garant seiner Erfolge als Aufwiegler. Die Obrigkeit, der er so viel zu schaffen machte, nannte ihn listig, verschlagen und durchtrieben, *"einen Führer und Verführer durch und durch, mit süßer Rede angetan, wohl wissend, wo den armen Mann der Schuh drückt"*. Auf jeden Fall konnte er mit seinesgleichen gut umgehen. Seine Überredungskraft war nur *"aus argem insprechen des tuffels"* zu erklären (Rosenkranz S. 186/187). Das heißt, daß er einen beinahe dämonischen Einfluß auszuüben vermochte. Fritz war immer in der Lage, sich mit unermüdlicher Zähigkeit den jeweiligen Umständen anzupassen. Von einmal gefaßten Entschlüssen war er nicht mehr abzubringen. Was ihn aber weit über seine Freunde hinaushob, war die Fähigkeit, die großen Zusammenhänge zu sehen und schwierige Vorhaben zu planen und durchzuführen.

Der Bundschuh richtete sich also in erster Linie gegen die Pfarrer und erst dann gegen die Adelsherrschaft. Der Klerus sollte seiner Güter beraubt werden. Man wollte also gegen den Bischof und die "Pfaffen" vorgehen und sie aus ihrem Besitzstand vertreiben. Die Zahl der Priester sollte eingeschränkt und ihr Selbstbewußtsein gedämpft werden. Vor allem aber wollte man die drückenden Abgaben loswerden und forderte die Freiheit vom Zehnten, von Steuern und Zöllen. Damit ging Hand in Hand das Verlangen nach Freigabe der Jagd, des Fischfangs, der Weiden und Wälder.

Mit der Ausweitung des Bundes über das speyrische Gebiet hinaus wurden auch die Forderungen gesteigert. Sie gingen bis zur völligen Befreiung aller Untertanen. Es war besonders der Kampf des Joß Fritz für die göttliche Gerechtigkeit, welche die Bewegung entschlossener und zielbewußter machte. Sie wies in der Konsequenz letztlich auf einen umfassenden Bauernkrieg hin.

Es ist unklar, ob Joß Fritz selbst als Landsknecht gedient hatte und so Kriegserfahrung sammeln konnte. Kriegerische Pläne konnte er jedenfalls schmieden. Viel Energie verwandte er auf die Beschaffung eines Fähnleins. Er wußte um die Kraft, die von dem Zeichen des Bundschuhs ausging.

Der Bundschuh war der derbe, mit Riemen gebundene Schuh des gemeinen Mannes im Gegensatz zum Reiterstiefel. Schon im 13. Jahrhundert galt er als Sinnbild des Bauerntums. Es liegt nahe, daß der Bundschuh schon früheren bäuerlichen Verschwörungen als Zeichen gedient hatte, so auch dem elsässischen Volk im Kampf gegen die Armagnaken. *"Als dann an der Jahrhundertwende ein Auflehnungsversuch nach dem anderen die Lande um den Oberrhein erschütterte, wählten die Männer, die sich zusammentaten, wiederum den Bundschuh als Sinnbild ihrer Gemeinschaft wie denn das Volk immer ausdrucksvoller Zeichen und Worte bedarf, um seinen Hoffnungen Gestalt zu leihen"* (Andreas S. 9). So wurde auch für Joß Fritz der Bundschuh zum Zeichen bäuerlicher Kraft, zum Feldzeichen der bedrückten Untertanen. Zwei Anführer standen an der Spitze der Bewegung. Einer war Joß Fritz, der Name des anderen ist unbekannt.

Hauptort der Verschwörung war Untergrombach, wo beinahe das ganze Dorf der Bewegung beitrat. Ähnlich war es in Jöhlingen. Zuerst wollte man sich einen festen Stützpunkt schaffen und dazu das Schloß Obergrombach überrumpeln, die beiden Schloßknechte waren ja Freunde des Joß Fritz. Dann aber sollte der Hauptschlag gegen Bruchsal geführt werden. Man hoffte, 400 Bruchsaler auf seiner Seite zu haben, welche die Tore öffnen sollten. Der Plan sah kein Verweilen an einem Orte vor. Deshalb galt es, nach dem Falle Bruchsals den nächsten Sitz der bischöflichen Macht zu erobern: Udenheim, das heutige Philippsburg. Dann aber wollte man kräftig ausgreifen und ostwärts über Heidelsheim nach Bretten und

Maulbronn ziehen, wo ebenfalls bischöfliche Amtsleute saßen. An Ostern 1502 fühlten sich die Bauern zum Losschlagen gerüstet. Die monatelangen Vorbereitungen waren abgeschlossen. Und doch scheiterte dieser Bundschuh wie jener im Elsaß 1493 durch Verrat oder Warnung.

Der Mann, der die Anzeige erstattete, war der in der Markgrafschaft geborene und aus den badischen Diensten entlassene Landsknecht Lux Rapp. Er war in die Verschwörung eingeweiht, erschien mit einem ebenfalls eingeweihten Gefährten beim Bischof von Speyer und gab an, daß sich ein Bundschuh mit Männern aus Bruchsal, Ober- und Untergrombach, Jöhlingen, Weingarten, Pforzheim und anderen Orten gebildet habe. Diese wollten, so Rapp, Bruchsal, Grombach, Udenheim, Bretten, Heidelsheim und Maulbronn einnehmen. *"Dann wollten sie Pfaffen und Edelleuten Gesetz geben, sich selbst frihen und, wer ine widerwärtig wäre, dieselben zu Döt schlagen"*. Die Unternehmung war also auf Gewalt abgestellt, und vielleicht hat die Witterung für Gefahr den alten Landsknecht bewogen, den Landesherrn von den Vorgängen in Kenntnis zu setzen. Es kommt auf den Blickwinkel an, ob man ihn für einen Verräter oder Warner halten will. Zunächst glaubte man Rapp nicht. Als der Aufstand wegen der noch fehlenden Fahne verschoben wurde, wandte sich Rapp noch einmal an den Bischof und bat, daß man seine Warnung ernst nehme und gab Fritz Joß als den Anführer der Bauern an. Der Bischof handelte erst, als der Udenheimer Bürger Theobald ebenfalls die Verschwörung dem Amtmann im Bruhrain, Peter Nagel von Dirmstein, mitgeteilt hatte und dieser dem Bischof davon Meldung machte. In dessen Auftrag wandte sich Dirmstein zunächst gegen das Schloß Obergrombach. Einer der eingeweihten Schloßknechte konnte entweichen und Joß Fritz noch rechtzeitig warnen, so daß dieser unauffindbar verschwinden konnte. In Windeseile verbreitete sich die Kunde des Verrates, und so konnte sich wenigstens ein Teil der Bundschuher in Sicherheit bringen. Trotzdem wurden über hundert Beteiligte gefangen gesetzt. Sie erlebten böse Zeiten: Folterungen und peinliche Verhöre erpreßten Geständnisse. *"Zehn wurden enthauptet, ihre Leichname geviertelt und an den Landstraßen aufgehängt. Eine größere Zahl wurde als Mitwisser bestraft; einigen davon hackte man die Schwurfinger ab und verwies sie des Landes"* (Andreas S. 33/34).

Die harten Maßnahmen der Obrigkeit erstickten die Flamme des Aufruhrs, der Kampf für die göttliche Gerechtigkeit fand als Hochverrat schwere Strafe. Eine Lehre zogen die Herren aus den Ereignissen nicht, es blieb alles beim alten.

Für Joß Fritz begann ein Jahrzehnt entbehrungsreichen Wanderlebens. Schließlich wurde er in Lehen bei Freiburg seßhaft, nachdem er eine Bauerntochter aus Nenzingen bei Stockach geheiratet hatte. Aber Fritz nahm die alte Verschwörertätigkeit bald wieder auf und rief nach sorgfältiger Vorbereitung 1513 den Bundschuh zu Lehen aus. Aber auch dieser wurde durch Verrat zu früh aufgedeckt. Und wieder wurde Joß Fritz gewarnt und entkam in die Schweiz. Von dort aus unterhielt er weiter Beziehungen zu den zurückgebliebenen Genossen. Die Vorspiele zum Bauernkrieg häuften sich: 1514 der Arme Konrad in der Bühler Gegend, Erhebungen in Kärnten und in der Steiermark.

Im Jahre 1517 begann die letzte Bundschuhverschwörung des Joß Fritz. Ruhelos war er durch das Land gewandert, tauchte bald im Schwarzwald, bald im Kraichgau, bald im Elsaß auf. Dieser letzte Empörungsversuch war der größte. Er ergriff beide Seiten des Oberrheins. Von den Tälern des Schwarzwaldes liefen die Fäden bis Weißenburg, nördlich bis in die Nähe von Bretten, im Württembergischen bis Horb und Ehingen. Mitte September sollte losgeschlagen werden, aber wieder riß der Schleier des Geheimnisses einen Monat zu früh, und wieder konnte die Obrigkeit den Aufstand verhindern.

Abb. 1 Titelbild einer von Pamphilus Gengenbach herausgegebenen Flugschrift "Der Bundschuh", erschienen im Jahre 1514 in Basel.

Joß Fritz aber glückte es, zum dritten Male zu entrinnen. Er erlebte noch den Beginn des Bauernkrieges. Als die Bauern im südlichen Schwarzwald sich erhoben, tauchte der zum Graubart gewordene Joß Fritz im Hegau wieder auf. Dann ging seine Spur in den Flammen des Aufruhrs unter.

Anton Eisenhut

(gestorben 1525)
Priester und Bauernführer

Der zeitliche Abstand von den Bund-
schuh-Erhebungen des Joß Fritz zu den
Bauernkriegen ist nicht groß, sie gehen
beinahe nahtlos ineinander über. Die Be-
schwerdeschriften der Bauern geben Einblick in ihre ursprünglichen und sozialen
Ziele, zu deren Erfüllung sie jetzt willens
waren, zu kämpfen. Es sind die alten Forderungen, die sie in ihren berühmten
zwölf Artikeln erheben: Recht der Gemeinde auf freie Wahl und Absetzung der
Pfarrer, denen auch der große Zehnte,
den sie kraft Amtes erhielten, gegen eine
Bezahlung genommen werden sollte.
Auch die Aufhebung der sie deklassie-
renden Leibeigenschaften war den Menschen ein Hauptanliegen. Natürlich wollte man auch die Freigabe von Wild, Vö-
geln, Fisch und Wald für die bäuerliche
Nutzung. Diese Forderung hatte einen
großen sozialen Symbolwert, denn Wild
und Fisch waren die Speise der Reichen.

Dem Streben nach persönlicher Aufwertung bis zur Partnerschaft zwischen
Bauer und Herr gibt der Artikel sieben
Ausdruck. *"Benötigt der Herr Mehrlei-
stungen, so sind diese dem Bauern nur eine
moralische Verpflichtung; die Arbeitsleistung erfolgt nur zu einer für den Bauern
nicht nachteiligen Zeit und gegen Bezahlung"* (Buscello S. 18). Im neunten Artikel
wird auf die Rechtsprechung eingegangen: *"Zum neunten seien wir beschwert
der großen Frevel, so man stetz neu Satzung macht; nit daz man uns straft nach
Gestalt der Sach, sunder zuo Zeiten aus
großem Neid, und zuo Zeiten aus großem
Gunst. Ist unser Meinung, uns bei alter
geschriebener Straf strafen, darnach die
Sach gehandelt ist, und nit nach Gunst"*
(Franz S. 178).

Die Bewegung in der Markgrafschaft
im Landesteil des Markgrafen Philipp,
im Bistum Speyer und in der Kurpfalz,
die im Bauernkrieg losbrach, stand vom
äußeren Verlauf her gesehen an der
Schwelle zur überterritorialen Aufstands-
bewegung. In großer Streulage schoben
sich die drei Territorien ineinander, und
trotzdem handelten die Bauern oft gemeinsam. Damit wenden wir uns dem
Kraichgauer Haufen mit seinem Führer
Anton Eisenhut zu.

Eisenhut ist zuerst als bischöflich
speyerischer Priester in Weiler a. d.
Zaber, Oberamt Brackenheim, bekannt
geworden. In seinem Dienstort war er
starken Einflüssen der Reformation aus-
gesetzt. Im nahen Brackenheim wirkte
um 1520 der lutherisch gesinnte Prediger
Konrad Sam. Der Grundherr Wilhelm
von Sternenfels führte schon 1522 die Reformation in seinen Dörfern ein. Burkard
Göler von Ravensburg war in der gleichen Richtung tätig. Kurz vor Ausbruch
des Bauernkrieges kam Eisenhut als
Geistlicher nach Eppingen. Er hatte vermutlich Verwandte und Bekannte in der
Gegend und wurde rasch heimisch. Er
kannte die Not des gemeinen Mannes
und Luthers Eintreten für die Bauern
auch. Ihn jammerte die Not des Volkes,
und deshalb schloß er sich bei Beginn des
Bauernkrieges zunächst Matern Feuerba-
cher an, dem Führer des Hellen Haufens
in Schwaben. Eisenhut gewann rasch Vertrauen und wurde bereits im Lager zu
Degerloch Feuerbachers Rat. Über den
Versuch des Herzogs Ulrich von Württemberg, mit Hilfe der aufständischen
Bauern wieder zu seinem Land zu kommen, gab es Streit. Eisenhut zog sich nach

Eppingen zurück. Hier hat er den Aufruf verfaßt, den er in den Dörfern und auf den Straßen durch vertraute Anhänger bekannt geben ließ. Als Tag der Veröffentlichung wird der 7. Mai angenommen. Er wandte sich in den verlesenen Einladungen an die lieben Brüder in Christo und stellte in heftigen Worten alles zusammen, was die Bürger und Bauern seit langer Zeit unrechtmäßig von den weltlichen und geistlichen Herren zu erdulden hatten. Er forderte seine Landsleute auf, jetzt aufzustehen und fest zusammenzuhalten. Sein Ansinnen begründete er mit religiösen und sozialen Motiven, welche recht geschickt in die Worte zusammengefaßt wurden: *"Damit das Evangelium und die Gerechtigkeit einen Fortgang nehmen"*. Und damit sie ja nicht meinten, in einem kurzen Anlauf und mit einem lauten Geschrei werde das Ziel erreicht, wünschte er ihnen *"Geduld und demütige Beständigkeit unseres Seligmachers in allen anliegenden Nöten"* (Wttbg. Lehrerunterstützungsverein S. 45-56).

Eisenhut dachte an alles, so z. B. an die Mitnahme von Wagen zum Transport der Lebensmittel und zur Beförderung von Verwundeten und Kranken. Auch deutete er an, daß er die Bauern holen wolle, wenn sie nicht freiwillig kämen. Ihm war es bitter ernst, nachdem er von der Notwendigkeit des Unternehmens fest überzeugt war.

Mit diesem Aufruf machte sich Anton Eisenhut zum Anführer des Kraichgauer Haufens. Zum Versammlungsort bestimmte er das Städtchen Gochsheim a. d. Kraich. Hier ordnete er den Haufen und schulte die Bauern für den Einsatz. In kurzer Zeit kamen 1200 Männer zusammen, manche davon stammten aus dem Bruhrain und aus Württemberg. Der Kraichgauer Haufen unterschied sich in mancher Hinsicht von ähnlichen Zusammenschlüssen. Außer Anton Eisenhut übten noch durch Veltlin von Massenbach und Leonhard Beys von Lauda zwei weitere Geistliche ihren Einfluß auf die Unternehmung aus, an deren Spitze also

Abb. 2   Titelbild einer Flugschrift wider die aufrührerischen Bauern

Männer mit Bildung standen. Auch die am Aufstand teilnehmenden Bauern waren sich im klaren, was sie unternahmen und was sie wollten. Wirklich Radikale und zwielichte Gestalten hatten sich schon längst Jäcklein Rohrbach angeschlossen, welcher die eigentlich revolutionäre und gewalttätige Gruppe repräsentierte. Bald konnte aufgebrochen werde, der Kraichgauer Haufen setzte sich in Bewegung.

Am 9. Mai 1525 wandte man sich zunächst dem pfälzischen Heidelsheim zu und zwang die Bewohner zum Anschluß. Dann war Schloß Menzingen an der Reihe, das aber von der Zerstörung verschont blieb. Schon am 10. Mai stand man vor Eppingen, dessen Einwohner dem

Abb. 3   Revolutionärer Bauer aus "Der deutsche Bauernkrieg" von Friedrich Engels

entfachten, wie ein Chronist schreibt, ein weithin sichtbares *"Lustfeuerlein"*. Der Kompaß des Kraichgaus stand in Flammen. Für dieses Lustfeuerlein hatten die Bauern später 6000 Gulden Strafe zu zahlen. Bretten war nun das nächste Ziel. In der Stadt lagerten 32 beladene Wagen mit Kaufmannsgütern im Werte von 200000 Gulden, die von Frankfurt kamen und für die der Kurfürst den Geleitschutz übernommen hatte. Eine verlockende Beute für die Bauern! *"[...] da bekam der ambtmann botschaft, wie der hauf, der zu Gochtzen lag, deren hauptman ein pfaf, herr Johann Eisenhut [...] in willens werdn, dieselbig nacht die Statt Brettheim zu überfallen und zu stürmen, und hetten sich mit etlichen wagen, mit laidern und andern notdurft dazu gerüst, und wo die von Brettheim sich wereten, und ihnen einen Mann umbrachten, wolten sie erwürgen, was sie in der stadt funden"* (Schäfer S. 251). Der Angriff erfolgte nicht, und der Kurfürst konnte 200 Mann Besatzung in die bedrohte Stadt legen. Aber er wollte die lagernden Waren auch weiterleiten und schickte deshalb ein Fähnlein Landsknechte von Heidelberg nach Bretten. Als das die Bauern merkten, versammelten sich 3000 Mann in Unteröwisheim. Ihre Überlegenheit war so groß, daß Ulrich von Flehingen, der Führer des Fähnleins, zur Umkehr nach Heidelberg gezwungen wurde. Aber Bretten öffnete seine Tore nicht, und die Bauern mußten abziehen. Immerhin war der obere Kraichgau in ihrem Besitz, nun sollte der Bruhrain gewonnen werden. Jetzt war der kurfürstlich pfälzische Besitz ernsthaft bedroht.

Durch die raschen Erfolge der Bauern waren die Fürsten aufgeschreckt worden und begannen nun ihrerseits zu handeln. Kurfürst Ludwig von der Pfalz übernahm die Initiative. Mit ihm trafen sich sein Bruder Georg, Bischof von Speyer, die Bischöfe von Worms und Würzburg und der Deutschordensmeister Dietrich von Cleen in Heidelberg. Man zog zur Beratung noch Bernhard Göler von Ravensburg hinzu, weil dieser Eisenhut persön-

Zug freundlich gesinnt waren und die Tore öffneten. Hilsbach war das nächste Ziel. Hier führte der Bürgermeister Haffner selbst seine Bürger Eisenhut zu, nachdem er sie vorher schon für die Sache des gemeinen Mannes begeistert hatte. Der kurfürstliche Keller wurde geöffnet, und die feinen Weine rannen durch die durstigen Bauernkehlen. So zog man denn mit frischem Mut weiter nach Sinsheim, nunmehr auf über 2000 Mann angewachsen. Eisenhut war jetzt stark genug, um auch dem "Stift" und den Stiftsherren seine Macht fühlen zu lassen. Nun war man am entferntesten Ort des Gaues angelangt und ging auf dem Rückweg die Burg Steinsberg an, welche dem Freiherrn Hippolyt von Venningen gehörte. Da der Vogt gerade abwesend war, öffnete die Besatzung die Burg ohne Widerstand. Die Bauern zündeten die Gebäude an und

lich kannte. Die Herren nahmen die Zustände im Kraichgau ernst. Die Sicherheit auf den Straßen mußte wieder hergestellt werden und Friede wieder einziehen. Man einigte sich auf die altbewährte Taktik, mit der man auch anderswo den Bauern entgegentrat. Eisenhut sollte veranlaßt werden, nach einer Übereinkunft, von der er den Eindruck hatte, daß man sie halten wolle, seine Bauern nach Hause zu schicken, um sie danach sicher schlagen und bestrafen zu können. In diesem Sinne war das Schreiben abgefaßt, das Eisenhut erhielt. Als Bedingung des Verhandelns forderte dieser möglichste Schonung der aufständischen Bauern und Einberufung eines Landtages zur Abstellung der Mißstände, welche zu der Empörung geführt hatten. Die Besprechung fand statt, an der zehn Ritter unter der Führung Philipps von Nassau und Eisenhut mit ebenso vielen Getreuen teilnahmen. Durch die bedächtige Verhandlungsführung des Nassauers wurden die Bauern mißtrauisch, drängten herbei, und die Abgesandten standen die ganze Nacht hindurch in Gefahr, ihr Leben zu verlieren. Aber Eisenhut und weitere besonnene Führer wollten den Frieden und forderten die Einstellung der Feindseligkeiten gegen die Bauernscharen im Bruhrain. Die Unterhändler gaben scheinbar nach, um selbst außer Gefahr zu kommen. Nun wurde der Vertrag von beiden Seiten unterschrieben. Eisenhut hielt Wort. Er entließ seine Leute und zog sich selbst nach Eppingen zurück. Viele seiner Anhänger wandten sich enttäuscht dem Bruhrain zu, um dort weiter zu kämpfen. Der Kurfürst aber rüstete ein Heer gegen die Bauern, deren Zahl von Tag zu Tag geringer wurde. Er verließ bald darauf Heidelberg. Bei Malsch zeigte sich der erste Widerstand. Dieses Dorf wurde als die Wiege des Aufstandes im Bruhrain angesehen. Es wurde gestürmt und verbrannt, Rotenberg, Rauenberg, Mühlhausen folgten. Auch Kislau, wo die Bauern noch hausten und sogar ihren Henker bei sich hatten, wurde genommen. Die Gefangenen fielen wie gemeine Verbrecher durch ihren eigenen Henker. Dann bewegte sich das kurfürstliche Heer gegen Bruchsal und nahm die Stadt ein. Die vielen Gefangenen, die man machte, pferchte man in einen engen Turm zusammen.

Inzwischen war auch Georg Truchseß von Waldburg, der gefürchtete Führer des Schwäbischen Bundes mit seiner Streitmacht in den Kraichgau gekommen. Ihm fiel in Eppingen Anton Eisenhut mit weiteren drei Anführern des Kraichgauer Haufens in die Hände. Der Truchseß schickte sie als *"Beutepfennig zu einer Verehrung"* an Kurfürst Ludwig nach Bruchsal. Am Himmelfahrtstag 1525 beendete Anton Eisenhut unter dem Beile des Henkers im Schloßhof sein Leben. Seine Berufung auf den geschlossenen Vertrag konnte ihn nicht retten. Auch die Eingekerkerten sollte das gleiche Schicksal treffen. Der Scharfrichter begann seine blutige Arbeit. Dann aber legten die anwesenden Herren Fürbitte beim Kurfürsten ein, und so kam doch noch eine Anzahl der Verschwörer mit dem Leben davon. Der Bauernkrieg im Kraichgau und Bruhrain war mit diesem Strafgericht beendet.

Anton Eisenhut hatte für seine Überzeugung sein Leben gelassen. Aber sein Kampf war vergeblich gewesen. Was er anstrebte, hat eine spätere Zeit erreicht, deren Vorläufer er war. Eisenhut war eine besondere Erscheinung in jener bösen Zeit. Sein Bild ist freundlicher als man unter den Anführern der Bauern gewohnt ist. Auch er sollte in der Geschichte unserer Heimat nicht vergessen werden.

Friedrich Hecker

(1811 – 1881)

Revolutionär und Volkstribun

Friedrich Hecker hat die Zeit seit der Revolution 1848 im Bewußtsein des badischen Volkes unbeschadet überstanden. Kein anderer Revolutionär oder Politiker konnte sich mit ihm in der Popularität messen. Er genoß sie in einem weit höheren Maße als jeder andere, in einem so hohen Maße, daß sie zumindest in seiner Geburtsheimat Kraichgau noch lebendig ist. Kein anderer Republikaner wurzelt so tief im Bewußtsein der Menschen, und für keinen anderen wurden so viele Lieder geschaffen oder so oft der Stift des Lithographen, Karikaturisten oder Satirikers in Tätigkeit gesetzt. Friedrich Hecker wurde zum Typ des Revolutionärs schlechthin. Was aber machte Hecker zu einem wahren Volksmann, zur Hoffnung der Armen, Unterdrückten und demokratisch Gesinnten im Lande? Und warum hielt die Heckerbegeisterung noch lange nach dem Scheitern der Revolution an und hing sein Bild in den Stuben der Bürger? Sein Leben gibt auf diese Fragen Antwort.

Friedrich Hecker wurde am 28. September 1811 in Eichtersheim als Sohn des Freiherrn von Venningschen Rentamtmanns Josef Hecker und seiner Gattin Wilhelmine von Lüders, die aus der Grafschaft Sponheim stammte, geboren. Von 1801 - 1806 hatte der Vater das Amt eines kaiserlichen Hofpfalzgrafen inne und wurde später bayrischer Hofrat. Hecker war mütterlicherseits mit der Frau des Fürsten Bismarck verwandt, und einer seiner Vettern war in der Revolutionszeit bayrischer Kriegsminister. Im Geburts- und Taufbuch der katholischen Pfarrei Eichtersheim ist zu lesen: *"Im Jahre 1811, den 28. September, nach 1/2 auf 11 Uhr*

wurde in Eichtersheim geboren Friedrich Franz Karl Hecker, Sohn des Fürstlich Primatischen Herrn Hofrats, Grundherrlich von Venningschen Konsulates Josef Hecker und seiner Gattin Wilhelmina geb. von Lüders, und wurde am 20. Oktober in der katholischen Pfarrkirche dahier feierlich von mir getauft (nach vorgegangener Nottaufe). Die Taufpatenstelle dabei hat übernommen Herr Baron Fritz von Venningen, ältester Sohn der Reichsfrau von Venningen. Zeugen dieser Geburt und dieser Beurkundung sind der hiesige Grundherrliche Herr Amtmann Christ und der hiesige Assistenzarzt Herr Doktor Schwarz, 25 Jahre alt, keiner verwandt. Beurkundet Eichtersheim, den 20. Oktober 1811. Kath. Pfarr- und bürgerliches Standesamt gez. Prior".

Man weiß wenig über Heckers Kindheit und Jugend, aber es kann durchaus so gewesen sein, wie es Gustav Schleckmann in seiner Eichtersheimer Chronik schildert: *"Es mag in dem gebildeten Hause, das vom gesunden Humor des Vaters durchweht war, an einer guten Erziehung und Freiheit nicht gefehlt haben. Hier lockte der schöne Schloßgarten mit seinen herrlichen Bäumen und grünen Wiesen, drunten am Klettenberg der Weinberg des Vaters, Heckerruhe genannt, mit seiner in die Felswand gegrabenen Weinberghütte".*

Durch den temperamentvollen Vater wurde das Haus in Eichtersheim zum Treffpunkt von Männern liberal-demokratischer Einstellung. Im Elternhaus gewann Friedrich Hecker früh politische Eindrücke. Neben drei weiteren Geschwistern gab es noch den Bruder Karl, der später an der Universität Freiburg Professor für Chirurgie und Augenheilkunde war, ein konservativer Mann, den man den "schwarzen Hecker" nannte, Friedrich aber den "roten".

Hecker absolvierte das Gymnasium in Mannheim und nahm im Spätherbst 1830 das Jurastudium an der Universität Heidelberg auf. Auch während des Studiums erhielt Hecker wichtige Anstöße zum politischen Denken durch den liberalen Strafrechtler Prof. Karl Josef Anton Mittermeier und den Historiker Friedrich Christoph Schlosser. Im Frühsommer 1834 legte Hecker die Staatsprüfung ab, die Promotion folgte nach. Seinen juristischen Vorbereitungsdienst unterbrach er durch einen mehrmonatigen Aufenthalt in Paris. Dort lernte er das französische Gerichtswesen kennen und empfing wichtige Impulse für sein später praktiziertes liberales Rechtsverständnis.

Zurückgekehrt nach Mannheim, ließ sich Friedrich Hecker als Anwalt beim Badischen Oberhofgericht und beim Mannheimer Hofgericht des Unterrheinkreises nieder. Mannheim wurde für zehn Jahre Heckers Heimat. Hier heiratete er am 24. Oktober 1839 die achtzehnjährige Maria Josephine Eisenhardt, Tochter eines angesehenen Kaufmanns. Der redegewandte und temperamentvolle junge Anwalt spielte in der Mannheimer Gesellschaft bald eine Rolle. Er war Mitbegründer des heute noch existierenden Herrenklubs "Die Räuberhöhle" und wurde im Alter von 31 Jahren 1842 in den Gemeinderat gewählt. Die Weichen für eine erfolgreiche Zukunft schienen gestellt zu sein. Die erste Zäsur brachte das Jahr 1842. Hecker, Kandidat der liberalen Opposition, erkämpfte gegen den behördlich protegierten Regierungsbeamten Litschgi im zweiten Anlauf das vakante Kammermandat und war nunmehr Abgeordneter des 35. Ämterwahlkreises Weinheim-Ladenburg in der Zweiten Badischen Kammer.

In jenen Jahren beobachtete ganz Deutschland die Vorgänge im badischen Landtag, denn da wurde besonders in der II. Kammer um Fragen größter allgemeiner Bedeutung in langen Debatten gestritten. Hier erhob man die Forderungen nach der Einheit Deutschlands, nach Freiheit und Rechtsstaatlichkeit. Unüberhörbar waren die Stimmen der vom Volke hoch geschätzten liberalen Führer von Itzstein, Welcker, Hecker, wenn diese um Öffentlichkeit der Gerichtsverhandlungen, Geschworenengerichte, Pressefreiheit, Ministerverantwortlichkeit oder um die Verbesserung der sozialen Lage der Bürger durch Abschaffung des Zehnten und der Fronden rangen. Die liberale Opposition erhielt mit Hecker eine Persönlichkeit, die im Umgang mit einer Bürgerschaft erfahren war, welche durch ihre Gesinnung die Stadt Mannheim an die Spitze revolutionärer Bemühungen setzte.

Wenige Jahre genügen oft im Leben eines Menschen, um ihn Aufstieg und Fall erleben zu lassen. Bei Friedrich Hecker waren es sechs Jahre (1842 - 1848); in dieser Zeit entschied sich sein persönliches und politisches Schicksal. In diesen sechs Jahren erwuchs seine große Volkstümlichkeit, sie machten aus ihm "den Hecker". Seine leidenschaftliche Argumentation und Rednergabe, sein Geschick, dankbare Themen zu finden, ließen aufhorchen.

Die Opposition war sich einig im Kampf gegen das reaktionäre Ministerium des Freiherrn von Blittersdorf, der die Pressezensur verschärfte, dem Landtag das Recht, das Budget festzusetzen, entzog und vor allen gegen den badischen Liberalismus vorging. Die Landtagsdebatten wurden immer leidenschaftlicher und die Stimmung des Volkes immer erbitterter. Die soziale Situation war schlecht. Zunehmende Industrialisierung und wachsende Bevölkerung brachten große Probleme mit sich. Es gab durch Mißernten und Naturkatastrophen Rückschläge in der Landwirtschaft; die Brotpreise stiegen. Das Handwerk hatte keinen goldenen Boden mehr, und es gab Entlassungen in den Fabriken. Die Zwangsversteigerungen mehrten sich, die Armut weiter Bevölkerungsteile wuchs. Die erste große Auswanderungs-

Abb. 4   Friedrich Hecker (GLA Ac-H, Nr. 110)

rufen, verlangte die Wiederherstellung und Weiterentwicklung der Verfassung, ein zentrales Anliegen der Opposition. Die Märzstürme 1848 brausten über das Land und brachten die ersten politischen Erfolge. Am 1. März 1848 brandete der Petitionssturm der badischen Städte an die Türen der II. Kammer. Der Sturz Louis Philipps und die Ausrufung der Republik in Frankreich lösten in Baden Bürgerversammlungen aus, so auch in Mannheim, wo man die Forderungen Heckers und Struves nach Volksbewaffnung, Pressefreiheit, Schwurgericht und Bildung eines deutschen Nationalparlaments billigte. Nun wollten am 1. März ungezählte Abordnungen aus allen Landesteilen dem Parlament ihre in den örtlichen Volksversammlungen angenommenen Bittschriften übergeben. Um die Frage, ob die Bürger mit diesen in die Kammer eingelassen werden durften, entspann sich eine leidenschaftliche Debatte zwischen Karl Mathy und Friedrich Hecker. Mathy setzte sich noch einmal durch, die Bittschriften gingen direkt in die Ausschüsse und wurden dann von der überwältigenden Mehrheit der Abgeordneten angenommen. Die Regierung verlieh ihnen Gesetzeskraft.

Es folgte die Offenburger Versammlung vom 19. März 1848 mit ihren Forderungen nach einer Verschmelzung der Bürgerwehren mit dem stehenden Heer zu einer Volkswehr. Alle Vorrechte und die meisten Abgaben sollten abgeschafft und Kirche und Schule getrennt werden. Diese Offenburger Versammlung erreichte auch die Bildung der Volksvereine, die dann in jedem Ort entstanden. Damit schuf man sich ein schlagfertiges Instrument politischer Agitation im ganzen Lande. Hecker wurde ihr Obmann.

Diese Offenburger Versammlung vom 19. März 1848 war durchaus revolutionär, denn an der Spitze des Geschehens standen Republikaner. Aber noch erschien Hecker eine "Schilderhebung" verfrüht. Noch schien ihm die Zeit nicht ganz reif und noch setzte er große Hoffnung auf

welle nach Amerika setzte ein. In heißen Redeschlachten gewann der Abgeordnete Hecker zunehmend an Profil.

War sich die Opposition in ihrer Haltung zum Ministerium Blittersdorf noch einig, so änderte sich dies dem Ministerium Bekk-Dusch gegenüber. Die Opposition, die nach den Neuwahlen gestärkt und kampfeslustiger zurückkam und so lange gemeinsam gekämpft hatte, spaltete sich endgültig. An dem Ziel, ob eine konstitutionelle Monarchie oder eine Republik zu erkämpfen sei, schied sie sich. Die konstitutionellen Liberalen unterstützten das Reformprogramm der Regierung, die "Linken" (Hecker, Struve, Brentano usw.) aber fanden keinen Weg mehr zu einer Regierungsform, die in ihren Augen total versagt hatte. Die Ereignisse spitzten sich nun schnell zu.

Die Offenburger Versammlung vom September 1847, auch von Hecker einbe-

das sich auf Einladung des Heidelberger Siebener-Ausschusses bildende Vorparlament, in das er und Struve einzogen. Aber welch ein politisch buntes Bild boten die 511 Männer! Tiefe Enttäuschung machte sich unter den Demokraten und Republikanern breit, wenn sie auf die vielen Professoren und auf die vielen Stützen vormärzlicher Staatsmacht blickten, welche das Vorparlament dominierten.

In 15 Punkten forderte Gustav Struve die Errichtung einer deutschen Republik. Dieser radikale Antrag versetzte die Versammlung in Schrecken, und sie lehnte ihn natürlich ab. Auch Heckers Antrag auf Permanenz des Vorparlaments drang nicht durch. Er wollte, daß das Vorparlament beisammen bleiben sollte, um bis zum späteren Zusammentritt einer Nationalversammlung den Fortgang der deutschen Frage in der Hand behalten zu können. Mit 79 Gesinnungsgenossen traten Hecker und Struve maßlos enttäuscht aus dem Vorparlament aus. Ob das klug war, mag dahingestellt bleiben, denn später wurden die einmal Ausgetretenen nicht wieder ins Vorparlament aufgenommen.

Nach seiner Rückkehr aus Frankfurt häuften sich bei Hecker Briefe, Aufmunterungen, kamen Deputationen, die zum Losschlagen aufforderten. Hecker fühlte sich auch persönlich nicht mehr sicher. Schon nach der Volksversammlung im September 1847 in Offenburg waren gegen die Anführer Verfahren angestrengt worden. Die Unsicherheit wuchs, als Joseph Fickler, der radikale Führer des Seekreises, von wo der Aufstand losbrechen sollte, von Karl Mathy auf dem Karlsruher Bahnhof verhaftet wurde. Das war ein schwerer Schlag für Hecker, und er schloß daraus, daß er selbst nun das nächste Opfer sein würde. Er fuhr deshalb am 9. April 1848 von Mannheim ab, vorsichtshalber auf der elsässischen und schweizer Seite reisend. Er erreichte Konstanz, wo alle führenden Revolutionäre schon versammelt waren. Was nun folgte, ist die *Schilderhebung der deutschen Republik*, der Heckerputsch.

Abb. 5   Friedrich Hecker, der Volkstribun (GLA J/G-H, 4)

Dieses Unternehmen zeigt eine Seite Heckers ganz deutlich, nämlich daß er immer glaubte, was er sich wünschte. Der Historiker und Zeitgenosse Heckers Ludwig Häusser bemerkte dazu: *"Wenn Hecker das Volk aufforderte, ihm zu folgen, wenn er es zur Hilfe rufe, so gehört eben wieder die ganze Illusion der Hecker'schen Individualität dazu, um aus dem Beifallsruf vieler Tausende die bewaffnete und tätige Hilfe vieler Tausende von bereitwilligen Kämpfern zu schließen. Die unermeßliche Mehrzahl dachte nicht daran, daß ein solcher Ruf zum Streite einem republikanischen Putsch gelte [...]"* (Häusser S. 121). Und er fügte hinzu, daß die Frage, welche Form Deutschland in Zukunft haben werde, nicht in seinem südwestlichen Winkel entschieden werde könne.

Hecker rechnete mit einem Zustrom von vierzig- bis achtzigtausend Männern. Die Wirklichkeit sah anders aus. Mit nur

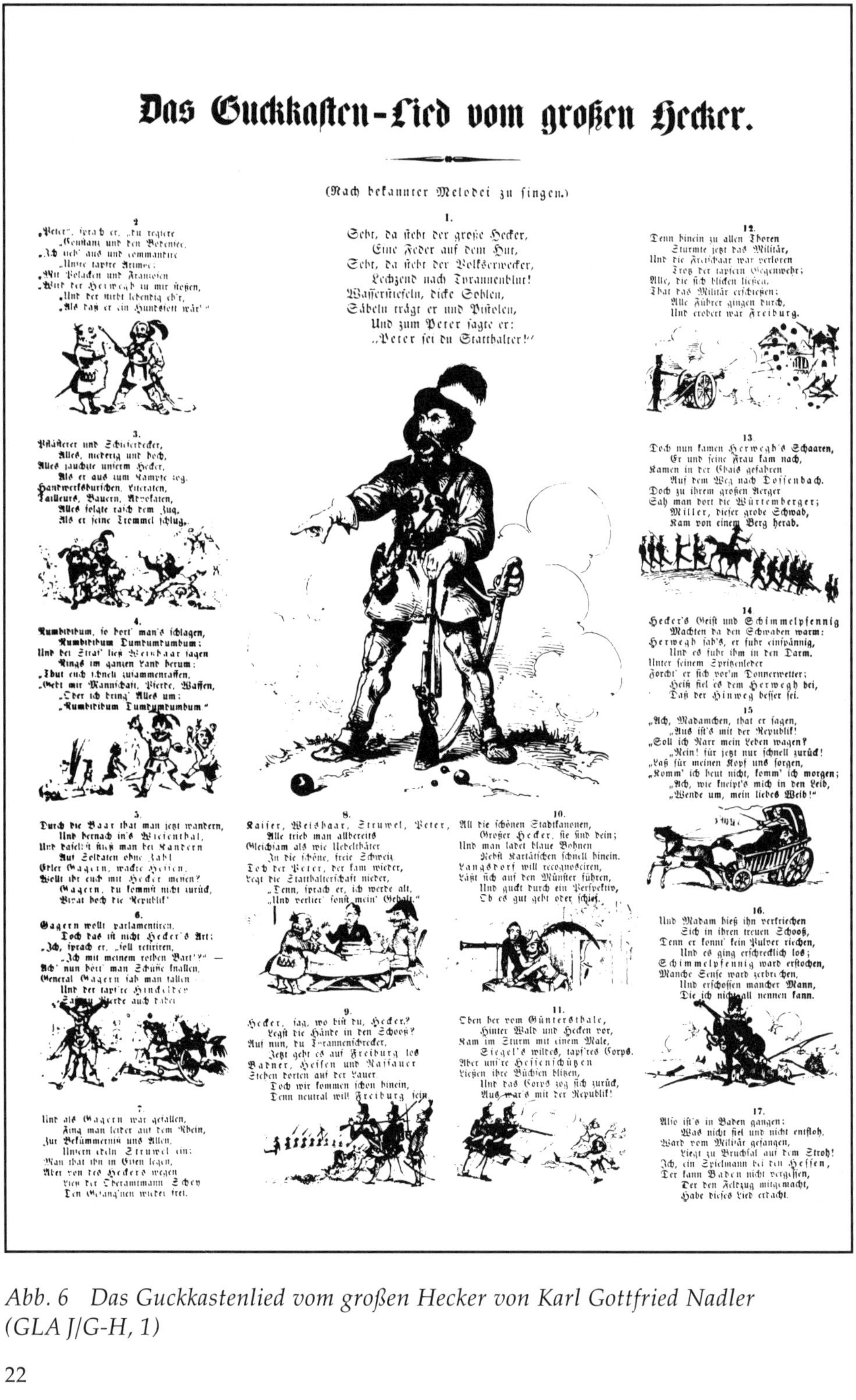

Das Guckkasten-Lied vom großen Hecker.

(Nach bekannter Melodei zu singen.)

1.

Seht, da steht der große Hecker,
Eine Feder auf dem Hut,
Seht, da steht der Volkserwecker,
Lechzend nach Tyrannenblut!
Wasserstiefeln, dicke Sohlen,
Säbeln trägt er und Pistolen,
Und zum Peter sagte er:
„Peter sei du Statthalter!“

2

„Peter“, sprach er, „du regiere
„Constanz und den Bodensee,
„Ich zieh' aus und commandire
„Unsre tapfre Armee:
„Mit Polacken und Franzosen
„Wird der Herwegh zu mir stoßen,
„Und der wird lebendig eh'r,
„Als daß er ein Hundsfott wär'!“

3.

Pflästerer und Schieferdecker,
Alles, niederig und hoch,
Alles jauchzte unserm Hecker,
Als er aus zum Kampfe zog.
Handwerksburschen, Literaten,
Tailleurs, Bauern, Advokaten,
Alles folgte rasch dem Zug,
Als er seine Trommel schlug.

4.

Rumdidibum, so hört' man's schlagen,
Rumdidibum Dumdumdumbum:
Und bei Straf' ließ Weishaar sagen
Rings im ganzen Land herum:
„Thut euch schnell zusammenraffen,
„Gebt mir Mannschaft, Pferde, Waffen,
„Oder ich bring' Alles um:
„Rumdidibum Dumdumdumbum.“

5.

Durch die Baar that man jetzt wandern,
Und hernach in's Wiesenthal,
Und daselbst stieß man bei Kandern
Auf Soldaten ohne Zahl.
Edler Gagern, wackre Hessen,
Wollt ihr euch mit Hecker messen?
Gagern, du kommst nicht zurück,
Vivat hoch die Republik!

6.

Gagern wollt parlamentiren,
Doch das ist nicht Hecker's Art;
„Ich, sprach er, „soll retiriren,
„Ich mit meinem rothen Bart?“ —
Ach! nun hört' man Schüsse knallen,
General Gagern sah man fallen
Und der tapf're Hinckeldey
[illegible] Pferde auch dabei

7.

Und als Gagern war gefallen,
Fing man leider auf dem Rhein,
Zur Bekümmerniß uns Allen,
Unsern edeln Struwel ein:
Man that ihn in Eisen legen,
Aber von des Heckers wegen
Ließ der Oberamtmann Scheh
Den Gefang'nen wieder frei.

8.

Kaiser, Weishaar, Struwel, Peter,
Alle trieb man allbereits
Gleichsam als wie Uebelthäter
In die schöne, freie Schweiz.
Doch der Peter, der kam wieder,
Legt die Statthalterschaft nieder,
„Denn, sprach er, ich werde alt,
„Und verlier' sonst mein' Gehalt.“

9.

Hecker, sag, wo bist du, Hecker?
Legst die Hände in den Schooß?
Auf nun, du Tyrannenschrecker,
Jetzt geht es auf Freiburg los
Badner, Hessen und Nassauer
Stehen dorten auf der Lauer.
Doch wir kommen schon hinein,
Denn neutral will Freiburg sein.

10.

All die schönen Stadtkanonen,
Großer Hecker, sie sind dein;
Und man ladet blaue Bohnen
Nebst Kartätschen schnell hinein.
Langsdorf will recognosciren,
Läßt sich auf den Münster führen,
Und guckt durch ein Perspektiv,
Ob es gut geht oder schief.

11.

Oben her vom Günterstthale,
Hinter Wald und Hecken vor,
Kam im Sturm mit einem Male,
Siegel's wildes, tapf'res Corps.
Aber uns're Hessenschützen
Ließen ihre Büchsen blitzen,
Und das Corps zog sich zurück,
Aus war's mit der Republik!

12.

Denn hinein zu allen Thoren
Sturmte jetzt das Militär,
Und die Freischaar war verloren
Trotz der tapfern Gegenwehr;
Alle, die sich blicken ließen,
That das Militär erschießen;
Alle Führer gingen durch,
Und erobert war Freiburg.

13.

Doch nun kamen Herwegh's Schaaren,
Er und seine Frau kam nach,
Kamen in der Chais gefahren
Auf dem Weg nach Dossenbach.
Doch zu ihrem großen Aerger
Sah man dort die Würtemberger;
Miller, dieser grobe Schwab,
Kam von einem Berg herab.

14.

Hecker's Geist und Schimmelpfennig
Machten da den Schwaben warm:
Herwegh sah's, er fuhr einspännig,
Und es fuhr ihm in den Darm.
Unter seinem Spritzenleder
Forcht' er sich vor'm Donnerwetter;
Heiß fiel es dem Herwegh bei,
Daß der Hinweg besser sei.

15

„Ach, Madamchen, that er sagen,
„Aus ist's mit der Republik!
„Soll ich Narr mein Leben wagen?
„Nein! für jetzt nur schnell zurück!
„Laß für meinen Kopf uns sorgen,
„Komm' ich heut nicht, komm' ich morgen;
„Ach, wie kneipt's mich in den Leib,
„Wende um, mein liebes Weib!“

16.

Und Madam hieß ihn verkriechen
Sich in ihren treuen Schooß,
Denn er konnt' kein Pulver riechen,
Und es ging erschrecklich los;
Schimmelpfennig ward erstochen,
Manche Sense ward zerbrochen,
Und erschossen mancher Mann,
Die ich nicht all nennen kann.

17.

Also ist's in Baden gangen:
Was nicht fiel und nicht entfloh,
Ward vom Militär gefangen,
Liegt zu Bruchsal auf dem Stroh!
Ich, ein Spielmann bei den Hessen,
Der kann Baden nicht vergessen,
Der den Feldzug mitgemacht,
Habe dieses Lied erdacht.

Abb. 6 Das Guckkastenlied vom großen Hecker von Karl Gottfried Nadler (GLA J/G-H, 1)

53 Mann rückte er am 13. April 1848 von Konstanz ab. Nach und nach verstärkte sich der bunt bewaffnete Zug auf 1000 Mann. Bewundernswert aber bleibt der Mut Heckers und sein unerschütterlicher Optimismus. Und so führte ihn sein Weg im zwangsläufigen Ablauf auf die Scheidegg, wo die 2000 hessischen und badischen Soldaten den Traum von der Republik wie eine Seifenblase platzen ließen. Sie zwangen Hecker, seine Heimat für immer zu verlassen und in der Schweiz Zuflucht zu suchen. Damit verschwand Hecker von der badischen politischen Bühne, und er hat sie nie wieder betreten. Merkwürdigerweise hat das verlorene Gefecht bei Kandern die magische Kraft von Heckers Namen nicht zerstört. Der Heckernimbus nahm im Gegenteil immer mehr zu, und der geschlagene Revolutionär wurde zum *"Abgott des Volkes: er sei der aus dem Kyffhäuser gekommene Kaiser Rotbart, eines Tages werde er wieder erscheinen, wie Messias, sagten die Bauern [...]"* (Valentin II. S. 170).

Hecker quartierte sich nach einem kurzen Aufenthalt in Basel im "Gasthof zum Schlüssel" in Muttenz ein. Er machte sich zunächst an die Aufarbeitung der jüngsten Geschehnisse und schrieb "Die Erhebung des badischen Volkes für die deutsche Republik im Frühjahr 1848". Er blieb auch sonst nicht untätig und versuchte durch Drohungen gegen die Nationalversammlung, die Aufregung wach zu halten. Er war für Tiengen in die Nationalversammlung gewählt worden und wollte trotz seines Aufstandes seinen Sitz einnehmen. Heckers Aufnahme wurde abgelehnt, die Nationalversammlung konnte und wollte ihn nicht amnestieren. Auch in einer Ersatzwahl wählten ihn die Tiengener noch einmal vergeblich. Das machte Hecker vollends zum Märtyrer im Auge des Volkes.

Heckers Zeitung "Der Volksfreund" kam in großer Anzahl über den Rhein nach Baden, und man griff gern nach ihr, schon der "gepfefferten" Sprache Heckers wegen. Er persönlich litt in Mut-

tenz keine Not, seine Popularität bewahrte ihn davor. Immer wieder erhielt er erhebliche Geldsendungen, im Gegensatz zu vielen seiner Freunde, denen es nicht so gut ging. Zu Hunderten pilgerten Gesinnungsfreunde aus Baden und dem übrigen Deutschland nach Muttenz, das zum Mekka der Republikaner wurde. Aber die Einigkeit der Flüchtlinge bekam Risse. Hecker war ein schlechter Verlierer, auch das war eine seiner Charaktereigenschaften. Er verlegte sich aufs Verdächtigen und Schimpfen und wurde bitter. Eine eigene Schuld sah Hecker nicht. Viele seiner einstigen Freunde schwenkten ab, und er wurde von seinen Gesinnungsgenossen als Leiter neuer Unternehmungen nicht mehr vorgesehen. Die Zeit überholte ihn. Als Hecker in Straßburg die dortigen Freischaren inspizieren wollte, mußte er die Stadt binnen 24 Stunden verlassen. Die Schwierigkeiten und Enttäuschungen häuften sich, und da faßte er den raschen Entschluß, allem aus dem Wege zu gehen und nach Amerika auszuwandern. Niemand konnte ihn abhalten. Hecker verließ Straßburg und schiffte sich am 20. September 1848 in Southampton nach den USA ein. In New York wurde ihm ein überwältigender Empfang zuteil, als er am 5. Oktober 1848 das Ziel seiner Hoffnungen erreichte. Es mögen 20000 Menschen gewesen sein, die ihn mit hochgespannten Erwartungen feierten. Hecker kaufte sich ein Landgut nahe Belleville im Bundesstaat Illinois und wurde Viehzüchter und ein erfolgreicher Weingärtner. Seine Familie kam bald nach.

Er und all die Auswanderer, die sich dem Ackerbau widmeten, betrachteten St. Louis als ihre Metropole und bildeten einen starken und einflußreichen Bevölkerungsteil. Sie entfalteten eine unermüdliche Tätigkeit, um Geld für die alte Heimat zusammenzubringen. Hecker selbst hielt viele Versammlungen ab, Konzerte und Basare wurden veranstaltet, republikanische Arbeitsausschüsse gebildet, um der deutschen Volksbewegung zu helfen. Als es 1849 ernst wurde in Baden und man wirklich von Revolution sprechen konnte, rief die provisorische Regierung Hecker zurück. Aber bis er mit einer Anzahl amerikanischer Offiziere in Straßburg ankam, war auch dieser Traum von der Republik zerronnen. Mit welchen Gefühlen muß Hecker in die neue Heimat zurückgereist sein! Aber auch dort gab es für den alten Revolutionär noch einmal eine große Zeit, der amerikanische Bürgerkrieg brachte ihn erneut in das Bewußtsein der Öffentlichkeit.

Hecker meldete sich als fünfzigjähriger Mann freiwillig zur Nordarmee und tat als Gemeiner Dienst beim 3. Missouri-Regiment. Bald darauf wurde er zum Obersten gewählt. Hecker warb selbst ein Regiment, das 24. Illinois-Infanterie-Regiment, das zum Armeekorps des Generals Sigel gehörte. Als Kommandeur des 82. Illinois-Regimentes war Hecker der Division Schurz unterstellt. Hecker war von großer persönlicher Tapferkeit und wurde in der Schlacht von Chancellorsville schwer verwundet. Nach seiner Genesung stellte er sich sofort wieder zur Verfügung. Aber Hecker besaß keine Eignung zu einem Kommandeur. Er, der selbst nie gehorchen gelernt hatte, war nicht in der Lage, die Männer militärisch zu führen. Mit seinem Temperament und oft cholerischem kantigem Wesen war er ein schlechter Vorgesetzter und ein unangenehmer Untergebener. In seinem Regiment brach eine Meuterei aus, und es mußte aufgelöst werden.

Später stand Hecker noch einmal an der Spitze einer Brigade, die hauptsächlich aus deutschen Turnern bestand. Aber auch da bekam er solche Schwierigkeiten mit den Offizieren, daß er 1864 das Kommando niederlegte und sich auf seine Farm zurückzog.

Hecker blieb ein scharfer Beobachter der Entwicklung in Deutschland. Als nach dem Kriege 1870/71 das Kaiserreich gegründet wurde, hielt er in St. Louis eine begeisterte Festrede. Diese Begeisterung, die von Hecker spontan Besitz ergriffen hatte, sollte bald vergehen. 1873 besuchte er wieder Deutschland, 25 Jahre nach seiner Auswanderung, von den Demokraten mit Jubel empfangen. Hecker gefiel an dem neuen Reich und der neuen Politik manches nicht, und bald machte er in der Manier des früheren Volksredners aus einem Herzen keine Mördergrube. Seine alte Liberalität und Freisinnigkeit brachen durch. Die oft vorgebrachte Meinung, Hecker sei vor allem mit dem Reich unzufrieden gewesen und habe deshalb so scharfe Kritik geübt, weil er keinen Anteil an seiner Entstehung gehabt hatte, ist wohl nicht richtig. Sicher ist natürlich auch, daß das Kaiserreich seinem Ideal von der "roten Republik" keinesfalls entsprach. Das Werden des Reiches hat sich nicht auf dem von Hecker erträumten Wege vollzogen.

Hecker trat in seinen letzten Jahren nicht mehr besonders hervor. Er besaß viele Freunde und genoß hohes Ansehen nicht nur bei den Deutschen in Amerika. Hecker blieb der Verfechter geistiger Freiheit, seine "Reden und Vorlesungen" zeugen von seinen Bemühungen. Freiheit und Gleichheit waren für ihn niemals Schlagworte, sondern Ideale, für die er sich ein Leben lang mit seiner ganzen Persönlichkeit eingesetzt hat.

Am 24. März 1881 setzte der Tod den Schlußpunkt hinter sein von Unruhe, vielen Hoffnungen, vielen Enttäuschungen, Kampf und Arbeit geprägtes Leben. Eine riesige Menschenmenge wohnte den Trauerfeierlichkeiten in St. Louis bei. Am 1. Oktober 1882 errichtete man Friedrich Hecker ein Denkmal im Benton-Park in St. Louis, das sein Andenken bis auf den heutigen Tag wach hält. Hundert Jahre nach seinem Aufstand ließ die Gemeinde an seinem Geburtshaus in Eichtersheim eine Gedenktafel anbringen. Ihre Inschrift lautet:

"Geburtshaus des badischen Vorkämpfers für die Menschenrechte im Jahre 1848, Friedrich Hecker. Geboren 28. September 1811 in Eichtersheim, gestorben 24. März 1881 in St. Louis USA. Die Gemeinde Eichtersheim im Juli 1948".

Während das Leben und Wirken Friedrich Heckers offen vor dem Betrachter liegen, ist es nicht leicht, zu einem objektiven Urteil über ihn selbst zu kommen. Man könnte Schiller zitieren und sagen: *"Von der Parteien Gunst und Haß verwirrt, schwankt sein Charakterbild in der Geschichte"*. Bei einer so facettenreichen und mit vielen Schattierungen ausgestatteten Persönlichkeit, wie Hecker eine war, kann das auch gar nicht anders sein.

Hecker war ein Mann, der mit wenig Geduld ausgestattet war. Er brachte sie nicht auf zum Überlegen und Vorbereiten, und so ging ihm politisch manches durcheinander. Der Augenblick hatte sein Vertrauen, und jeder Kampf war ihm willkommen. Hecker glaubte an seine Berufung, wenn er sich wohl auch kaum tiefere Gedanken darüber machte, wohin er ging. Sein Vorwärtsstürmen schloß Reflexionen aus, und es ist wohl sicher, daß im Falle eines Erfolges ihn andere, kühlere Politiker ausgespielt hätten. Er war unbestritten ein guter Jurist. Er hatte viel gelesen, ohne zu ruhiger Besinnung und Klärung der eigenen Ansichten zu kommen. Es fehlte ihm das umfassende Wissen, das man für eine hohe politische Stellung braucht. Ein Staatsmann wäre Hecker wohl nie geworden.

Er war weiterhin ein Mann mit Launen und einem gehörigen Eigensinn. Man durfte ihn nicht ungestraft reizen. In seinen Anfangsjahren als Glückskind verwöhnt, ertrug er später nur schwer Kritik. Er war für solche, die ihn zu nehmen wußten, leicht in seiner Eitelkeit zu fassen. Wenige konnten mit Hecker gut fertig werden, geschweige denn ihn lenken. Sein Zorn loderte schnell auf. Dies machte ihn selbst in den Reihen der Opposition zu einem unbequemen Mann. Die ganze Anlage seiner Persönlichkeit zeigt einen nach außen rauhen Mann mit starker und leicht verletzlicher Sensibilität, ein Mann, der an hohe Ideale glaubte, den Realitäten nicht den gebührenden Stellenwert zumaß und so oft zu einem Illusionisten wurde.

Die vielen guten Eigenschaften Heckers, die ihn zu einem Volksmann werden ließen, sind leicht anzuführen: Prachtvolle männliche Schönheit, kraftvolle Erscheinung mit einer faszinierenden Wirkung auf die Menge. Er war eine blendende Figur mit unbekümmerter Wucht und mit dem Glauben an Wunder in außerordentlichen Zeiten. Hecker war ein Mann, der stürmisch, schlagfertig, frisch und gewandt auf seine Gegner losfuhr. Er gab sich treu und opfersinnig an die Dinge hin, die ihm teuer waren. Die Tiefe seines Gemütes und seiner Leidenschaft verliehen seinen öffentlichen Reden einen hinreißenden Schwung, der durch die kraftvolle Sprache unterstützt wurde. Vielleicht war Hecker auch ein Mann, in dem sich ein Rest jugendlicher Abenteuerlust erhalten hatte. Immer war er ein treuer und ehrlicher Freund. Veit Valentin stellte aus seiner Sicht zusammenfassend fest: *"Hecker war ein Illusionist, aber er war sehr mutig; er war ein sozialrevolutionärer Träumer, er arbeitete nur mit anständigen Mitteln, beinahe mit zu anständigen. Er lehnte jeden Terror ab, tat nichts gegen notorische Spione, verhandelte mit allen Beamten gütig und friedlich, litt unter Geldmangel und wußte sich nicht zu helfen, befahl, nur gegen Barzahlung von der Bevölkerung etwas zu nehmen, ließ gefangene Soldaten samt ihren Pferden großmütig wieder frei und hoffte durch all das die Herzen zu gewinnen. Es war ja seine Eigentümlichkeit, Anhänger und begeisterte Frauen und Mädchen, die mehr für seine Sache übrig hatten wie die Männer, schlechter zu behandeln als Gegner. Er war eben doch kein Räuberhauptmann, er war kein blutiger, sondern ein humaner Revolutionär - er war im Grunde nicht viel mehr als ein Rechtsanwalt mit einem goldenen Herzen und einem langen Bart"* (Valentin I. S. 496).

Ein Gesichtspunkt muß abschließend noch hinzugefügt werden. Eine Natur wie Hecker mußte in einer Zeit des Spießertums doppelt wirksam werden. Sich entwickelnd in der Zeit des Biedermeier, die den Bürger im häuslichen Bereich festband und ihm das Denken und Reden abgewöhnte und abnahm, mußte ein Mann wie Hecker weite Beachtung finden. Da war einer, der in genialischen Reden, zündenden Einfällen in beinahe barocker Art der verhaßten Bürokratie zu schaffen machte. Das Volk spürte Heckers redlichen Willen im Kampfe um die Freiheit. Man konnte sich mit seinen Idealen identifizieren. Er war ein Mann, zu dem man aufsah, von dem man die große Wende erwartete. Als die Reaktion Hecker zu Fall brachte, blieb mit ihm noch Jahrzehnte der Traum von der Republik unauflöslich verknüpft. Freiheit und die alten Forderungen des Volkes bildeten mit Hecker eine Einheit im Bewußtsein der Menschen. Und so lange diese Forderungen nicht erfüllt waren, blieb Friedrich Hecker das Symbol der Hoffnung und damit lebendig. Realpolitisch aber ging sein Stern mit dem sterbenden Biedermeier unter.

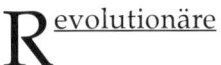

Franz Sigel

(1824 – 1902)

Freiheitskämpfer in zwei Kontinenten

Franz Sigel stammte aus einer gut badischen Familie. Sein Großvater Maria Wilhelm Sigel, war Wirt des "Goldenen Löwen" in Bruchsal und Pächter des Ritterguts Odenheim. Er war mit der Tochter des Hischwirts und Kaiserlichen Postverwalters Georg Friedrich Reich, Maria Anna Friederike, verheiratet. Sigels Vater, Franz Moritz Sigel, war der erste Beamte in der Familie. Die Mutter, Maria Anna Lichtenauer, Tochter des Amtsschultheißen Joh. Jakob Lichtenauer, stammte aus Sasbach.

Franz Sigel wurde am 18. November 1824 in Sinsheim geboren, wo sein Vater Oberamtmann war. 1829 wurde dieser nach Bruchsal versetzt, dort besuchte der junge Franz das Gymnasium. Mit siebzehn Jahren bezog Sigel die Kadettenanstalt in Karlsruhe und wurde 1844 Leutnant im 4. Badischen Regiment in Mannheim. Nach vier Dienstjahren hatte er ein Duell wegen eines jüngeren Kameraden mit dem Bataillonsadjutanten, der dabei schwer verwundet wurde. Sigel mußte den Dienst quittieren und begann das Studium der Rechtswissenschaften in Heidelberg. Die bald darauf einsetzende Revolution 1848/49 bestimmte den nächsten Lebensabschnitt Sigels.

Der Februaraufstand in Frankreich hatte Signalwirkung in der benachbarten Pfalz und in Baden. Sigel wurde ganz von der Freiheitsbewegung erfaßt. Er stellte einen Bewaffnungsplan auf, der den Verhältnissen in Baden angepaßt war und der auch gedruckt wurde. Dies machte ihn bekannt und führte dazu, daß er in Mannheim im März 1848 die "Schar der Freiwilligen" aufstellte. Sigels Aufruf zur Bildung des Freikorps folgten 500 Mann.

250 waren mit Gewehren bewaffnet, der Rest mit Sensen. Deshalb wurde die Freischar unter dem Namen "Sensenkorps" bekannt. Sigel nahm an der Offenburger Versammlung am 19. März teil. Man forderte ihn auf, Kommandant der Revolutionstruppen des Seekreises zu werden. Mit diesem Korps beteiligte sich Sigel an Heckers Aufstand im Oberland im April 1848. Berühmt geworden ist Sigels dramatischer Kampf um Freiburg, das er jedoch nicht einnehmen konnte. Nach dem endgültigen Scheitern des Heckerputsches floh Sigel in die Schweiz. In Abwesenheit verurteilte ihn ein Gericht zu lebenslänglicher Haft. Dadurch wurde Sigels Rückkehr nach Baden zunächst verhindert.

Seine zweite militärische Karriere begann mit der Revolution 1849. Als Großherzog Leopold aus Karlsruhe geflohen war und Brentano seine provisorische Regierung gebildet hatte, rief man Sigel zurück. Er übernahm den Befehl über die Revolutionstruppen am Neckar mit dem kühnen Plan, die Revolution über die badischen Grenzen hinauszutragen, und die freiheitliche Bewegung in Württemberg zum Anschluß zu bringen. Damit drang er aber nicht durch, denn man wollte gegen Hessen marschieren, um Frankfurt zu erobern. Man entzog dem zögernden Kriegsminister und Oberbefehlshaber Eichfeld das Kommando und übertrug es Sigel. Das alles kostete Zeit, und Hessen konzentrierte seine Truppen an der Bergstraße. Sigel wollte sie durch einen Angriff bei Heppenheim ablenken und über Fürth im Odenwald ihre Stellung umgehen. Am 30. Mai 1849 kam es zwischen Heppenheim und

Abb. 7 Franz Sigel (GLA J-AC-S/209)

ten. Sigel deckte mit dem berühmt gewordenen Flankenmarsch die Revolutionäre beim Gefecht bei Waghäusel und stellte sich in der Nacht vom 22./23. Juni 1849 den Reichstruppen unter General Peuker bei Sinsheim. Dabei sah er seine Vaterstadt zum letzten Male wieder, und beinahe wäre er dort in preußische Gefangenschaft geraten. Die Niederlage der badischen Revolutionstruppen zeichnete sich immer deutlicher ab. Sigel deckte den Rückzug ins Oberland. In Donaueschingen mußte er einsehen, daß weiterer Widerstand sinnlos war. Mit den ihm verbleibenden 4500 Mann und 40 Geschützen ging er am 11. Juli 1849 bei Jestetten über den Rhein in die Schweiz. Damit hatte der Fünfundzwanzigjährige sein Vaterland für immer verlassen.

Zwei Jahre lebte Sigel in Lugano und schrieb dort seine "Denkwürdigkeiten aus den Jahren 1848/49", die erst nach seinem Tode 1902 veröffentlicht wurden. 1851 wies man ihn aus der Schweiz aus, und er nahm nun Aufenthalt in London. Mühselig fristete er sein Leben als Klavierspieler in der "Chinese Exhibition", einer Nebenschau der damaligen Weltausstellung. Am 1. Mai 1852 bestieg Sigel in Southampton ein Schiff und traf vierzehn Tage später in New York ein.

Für die Tausenden über das Meer flüchtenden Revolutionäre war das Leben in der Neuen Welt natürlich zunächst schwer. Man nahm die Flüchtenden zwar auf, aber man fürchtete auch deren wachsenden Einfluß. Es kam zu Demonstrationen gegen die "Dutch". Das war auch mit der Anlaß, daß die Deutschen 1852 eine eigene Organisation bildeten. Damit hatte Sigel zunächst nichts zu tun. Er war als Lehrer an der Privatschule des Dr. Dulon, ehemaliger Pastor aus Bremen, untergekommen und heiratete im Januar 1854 dessen Tochter Elise. 1856 siedelte Sigel nach St. Louis über. Dort hatte er eine Anstellung als Mathematik- und Geschichtslehrer gefunden.

Inzwischen hatte sich der politische Gegensatz zwischen den Nord- und Süd-

Hemsbach zum Kampf. Die badischen Truppen wurden zurückgeschlagen und flohen in völliger Auflösung nach Heidelberg. Eine schwelende Offiziersmeuterei, welche Sigel die Niederlage anlastete, veranlaßte Brentano, diesen als Oberbefehlshaber abzulösen. Er ernannte ihn dafür zum Kriegsminister. Den Oberbefehl übernahm zunächst Oberst von Beck. Inzwischen näherten sich drei preußische Korps zur Niederschlagung des Aufstandes. Am 5. Juni überschritten die Hessen die Grenze und jagten die Revolutionäre aus Weinheim. Nun übernahm der polnische General und Führer der polnischen Legion Mieroslawski den Oberbefehl über die Revolutionsarmee und Sigel wurde sein General-Adjutant. Das Verhängnis aber war nicht mehr aufzuhal-

staaten wegen der Sklavenfrage verschärft. Nach der Wahl Abraham Lincolns zum Präsidenten kam er zum offenen Ausbruch. Jackson, der Gouverneur von Missouri, ein unbedingter Anhänger der Beibehaltung der Sklaverei, wollte zu den Südstaaten übergehen. Das führte zu der Bildung von drei Freiwilligenregimentern, um das zu verhindern. Über eines, das zumeist aus Deutschen bestand, übernahm Sigel den Befehl. Der Bürgerkrieg begann, und er brach mit seinem Regiment sofort nach Süden auf.

Die Regierung von Missouri setzte sich ebenfalls nach Süden ab, um Anschluß an die Truppen der Konföderierten zu gewinnen. Sigel befand sich plötzlich zwischen drei feindlichen Heeren. Aber er meisterte diese gefährliche Situation durch glänzende Übersicht und mit Hilfe seiner ausgezeichneten Artillerie. Seinen größten Erfolg aber feierte Sigel in der zweitägigen Schlacht bei Pea Ridge (7./8. März 1862). Mit seinen taktischen Fähigkeiten und seiner unorthodoxen Kampfweise schlug er den Gegner. Sein Ruf wuchs ins Legendäre. Tausende von Freiwilligen, darunter viele Deutsche, strömten ihm zu. Damals erklang das Lied der amerikanischen Jugend "I will to Sigel", und das Lied des Dichters G. F. Robinson "I fought with Sigel" wurde mit Begeisterung gesungen. So wurde Sigel, inzwischen zum General befördert, zu einem wahrhaft volkstümlichen Feldherrn, aber, ähnlich wie bei der Revolution 1849, war er bei den amerikanischen Offizieren nicht beliebt. Er blieb für sie der schlecht englisch sprechende Ausländer. Nach der

Niederlage seiner Armee bei Richmond mußte Sigel schwere Vorwürfe der obersten Führung hinnehmen und von seinem Kommando zurücktreten. 1865 nahm Franz Sigel den Abschied aus der Armee.

Nun ließ er sich als Verleger in Baltimore nieder und gab für die Deutschen den "Baltimore Wecker" heraus. Zwei Jahre später zog er für immer nach New York und machte eine glänzende politische Karriere, die ihn schließlich auf einen Posten führte, der einem Finanzminister vergleichbar war. 1874 zog sich Sigel von der Politik zurück und gründete einen neuen Verlag, das "New York Publishing and Advertising Bureau". Aber er tat noch mehr. Zwanzig Jahre lang gab er das den Demokraten nahestehende "New-Yorker Deutsche Volksblatt" heraus, und 1897 erschien der von ihm redigierte "New York Monthly".

Als Franz Sigel am 22. August 1902 die Augen für immer schloß, lag ein Leben hinter ihm, das an Höhen und Tiefen außerordentlich reich war. Er starb, ohne seine Heimat, die er so geliebt hatte, wiedergesehen zu haben. Vergessen aber ist er nicht, und gerade das amerikanische Volk hat Sigel ein dankbares Andenken bewahrt. 1908 wurde im Forest-Park in St. Louis sein Reiterstandbild enthüllt, und ein weiteres Denkmal steht auf dem Riverside-Drive in New York. Die Amerikadeutschen gründeten einen Franz-Sigel-Orden, dessen Motto "Brüderlichkeit, Einigkeit und Treue" auch Maxime des Handelns und Kämpfens Franz Sigels gewesen war.

Carl Dänzer

(1820 – 1906)

Revolutionär und erfolgreicher Zeitungsmann in Amerika

Carl Dänzer ist ein Beispiel dafür, wie sich badische Revolutionäre der Jahre 1848/49 als politische Emigranten in den USA durch Fleiß, Können und Durchhaltevermögen hohes Ansehen und Achtung erworben haben. Zu den Kraichgauern Hecker und Sigel gesellt sich Carl Dänzer, weniger allgemein bekannt als die beiden ersten, doch in der neuen Heimat nicht minder erfolgreich.

Carl August Dänzer wurde am 15. Juli 1820 in Odenheim geboren. Er war der älteste Sohn des Metzgermeisters und Landwirts Carl Dänzer, der von 1832 bis 1838 der liberal gesinnte Bürgermeister der Gemeinde Odenheim war. Der Junge wuchs also, ähnlich wie Hecker, in einer politisch sehr interessierten Familie auf. Zunächst besuchte er die Gymnasien in Heilbronn und Karlsruhe, um dann 1840 an der Universität Freiburg das Jurastudium zu beginnen. Dänzer trat der Verbindung "Enthymia" bei. 1846 wechselte er an die Universität Heidelberg und gründete dort mit Freunden die Verbindung "Walhalla". Viele, später bekannt oder berühmt gewordene Studenten traten ihr bei, so z. B. der Revolutionsminister des Innern Florian Mördes. Die "Walhalla" gehörte weder den Korps noch den Burschenschaften an. Sie vertrat radikale politische Anschauungen, und deshalb wurden ihre Statuten amtlich nicht anerkannt.

Dänzer ließ sich beim Studium Zeit. 1845 war er noch Rechtspraktikant und wurde wegen Majestätsbeleidigung zu sechs Monaten Arbeitshaus verurteilt. Er hatte im Scherz gesagt, daß man die Fürsten von Reuß, Greiz, Schleiz und Lobenstein zusammenpacken und nach einer Südseeinsel exportieren sollte. Daß man

eines so lächerlichen Grundes wegen so hart bestraft werden konnte, zeigt die Zustände des Vormärz und die unsicher gewordenen Regierungen. Dänzer saß die Strafe nicht ab, sondern flüchtete in die Schweiz. Dort blieb er bis zum März 1848 und berichtete für deutsche Zeitungen über die schweizerischen Sonderbundswirren. Er wurde im übrigen von seinem Bruder Georg, die Brüder hingen sehr aneinander, unterstützt.

Im März 1848 wurde Dänzer begnadigt und kehrte heim. Merkwürdigerweise nahm er weder am Hecker- noch am Struveputsch teil. Vielleicht sah der intelligente und rational denkende Dänzer die Erfolglosigkeit dieser Erhebungen voraus. Er studierte im Wintersemester 1848/49 an der Universität Tübingen. Aber als dann die Revolution 1849 losbrach, war Dänzer sofort dabei. Er wurde im Juni 1849 im Wahlbezirk Bretten-Bruchsal als Abgeordneter in die konstituierende Landesversammlung gewählt und wurde ihr dritter Sekretär.

Von der Regierung Brentano war Dänzer schon vorher zum Zivilkommissar für Bruchsal bestellt worden. Er hatte die Aufgabe, die alten Beamten, welche in der Verwaltung trotz der Revolution tätig waren, zu überwachen. Eine der schwachen Stellen der Revolution war sicher, daß man notgedrungen auf die Beamten zurückgreifen mußte, welche ihren Diensteid auf den Großherzog geleistet hatten und von denen sich die meisten vom revolutionären Geschehen distanzierten. Dänzer hatte auch die Mobilisierung des 1. Aufgebotes der Bürgerwehren zum Kampf gegen die anrückenden Preußen zu organisieren.

Die Niederlage der Revolutionstruppen bei Waghäusel am 15. Juni 1849 vertrieb die Regierung Brentano und die konstituierende Versammlung aus Karlsruhe. Dänzer ging mit den noch verbliebenen Abgeordneten nach Freiburg. Aber auch dort konnte man nicht bleiben. Dänzer zog mit seinem Landsmann Sigel und dessen Truppen nach Donaueschingen und weiter in die Schweiz. Nach der Niederschlagung der Revolution wurde Carl Dänzer in Abwesenheit zu zehn Jahren Zuchthaus verurteilt. Anfang 1852 heiratete er Caroline Specht, die Schwester des Ispringer evangelischen Pfarrers, eines alten Freundes aus "Walhalla-Zeiten". Und dann folgte die Ausreise nach Nordamerika. So verlief der erste bedeutende Lebensabschnitt von Carl Dänzer nach dem Schema fast aller nach der Revolution flüchtig gewordenen Männer: Revolution - Scheitern - Flucht in die Schweiz - Auswanderung nach Amerika. Dänzer ließ sich in St. Louis (Missouri) nieder. Diese Stadt war das Ziel ungezählter Auswanderer. St. Louis hatte um 1850 etwa 77000 Einwohner, darunter 22000 Deutsche!

Sich in einem fremden Land eine Existenz aufzubauen, ist immer schwer. Dänzer, der nicht nur sehr gebildet war, sondern auch eine hervorragende Feder zu führen wußte, verlegte sich auf das Zeitungswesen. Es ist verständlich, daß viele der führenden ehemaligen deutschen Revolutionäre zum Journalismus drängten. Sie waren gewohnt, zu ihren Landsleuten zu sprechen, sie brauchten eine Form, um ihre politische Meinung sagen und Stellungnahmen zu den Zeitereignissen abgeben zu können. Die Zeitung war das geeignete Mittel dazu. Seit 1835 erschien in St. Louis der "Anzeiger des Westens". Dänzer wurde ihr beigeordneter Schriftleiter. Aber er machte sich bald selbständig und gründete die "Westliche Post", die ab dem 1. Januar 1857 erschien.

Im Jahre 1860 wurde Carl Dänzer leidend und verkaufte seine Zeitung. Eine Amnestie ermöglichte ihm die Rückkehr nach Deutschland. Im Sommer 1862 kam er in der alten Heimat an und versuchte, hier wieder Fuß zu fassen. Als der Plan, in Mannheim eine Zeitung zu erwerben scheiterte, kehrte Dänzer 1863 wieder nach Nordamerika zurück. Er konnte den inzwischen eingegangenen "Anzeiger des Westens" kaufen, der nun unter seiner Leitung wieder regelmäßig erschien. 1864 erwarb Dr. Emil Preetorius unter Beteiligung von Carl Schurz die ehemals Dänzer gehörende "Westliche Post", um nun republikanische Politik zu machen, während die Zeitung unter Dänzer die Demokraten unterstützt hatte. In freundschaftlichem Wettbewerb vertraten die beiden Blätter jahrzehntelang das Deutschtum im amerikanischen Mittelwesten. Sie schrieben unter den hervorragenden Repräsentanten des Deutschtums Preetorius, Schurz und Dänzer ein unvergessenes Kapitel deutscher Pressegeschichte in den USA.

Dänzer hatte dabei auch manche geschäftliche Gefahren zu meistern. Der "Anzeiger", den er während des Sezessionskrieges wieder erneuert hatte, nahm eine liberal-republikanische Haltung ein, solange die kriegerischen Auseinandersetzungen dauerten. Dies mißfiel dem mit den Südstaaten sympathisierenden Teil der Bevölkerung von St. Louis. Der Pöbel versuchte, das Verlagsgebäude zu stürmen, das aber von deutschen Turnern verteidigt wurde. Nach dem Kriege hing das Blatt wieder der demokratischen Richtung an, ohne ein Parteiblatt zu werden. Eigentlich ist es erstaunlich, daß Dänzer schon mit seiner "Westlichen Post" die demokratische Partei, die Partei der sklavenhaltenden Südstaaten, unterstützte, denn alle anderen führenden Deutschen waren republikanisch gesinnt. Die deutschen Demokraten lehnten die Sklaverei natürlich auch ab, schlossen sich aber der demokratischen Partei an, weil diese den Freihandel, soziale Reformen, Selbständigkeit der Einzelstaaten, Weltfrieden usw. anstrebte.

1866 stellte sich Dänzer in der deutschen Frage ganz auf die Seite Bismarcks. Da sprangen seine katholischen Leser ab und gründeten ein eigenes Blatt "Amerika". Da die übrigen Leser aber Dänzer treu blieben, konnte er sich auch in dieser Situation behaupten. Man sieht an solchen Ereignissen, wie scharf die Deutschen in Amerika alles registrierten, was in der alten Heimat vor sich ging und eindeutig Stellung bezogen. Im September 1870 fand während des deutsch-französischen Krieges in St. Louis eine große Versammlung der Deutschen statt, die von Dänzer und Dr. Preetorius einberufen worden war. Man beschloß, eine Million Dollar für die Verwundeten der deutschen Armee zu sammeln. Diese Summe kam schnell zusammen, und an Bismarck sandte man Glückwünsche zum Sieg über Frankreich.

Dänzer führte ein recht zurückgezogenes Leben, nachdem ihm seine Frau 1884 durch den Tod genommen worden war. Er war außerordentlich fleißig, arbeitete täglich in der Schriftleitung und erwarb seiner Zeitung hohes Ansehen. Dänzer wurde auch zum strengen Lehrmeister vieler junger Journalisten, die bei ihm zwar durch eine harte Schule gehen mußten, aber von ihm auch unendlich viel profitierten. Und doch hatte dieser pragmatische Mann eine Seite, die man nicht bei ihm vermutet hätte und die vielleicht nur durch sein Deutschsein und seine Naturverbundenheit zu erklären war. Seine Liebhaberei war die Beobachtung und Pflege der Vögel, und er bemühte sich lange, deutsche Singvögel in Missouri heimisch zu machen.

1873, 1881 und 1885 besuchte Dänzer die alte Heimat. Müde geworden von der jahrzehntelangen Arbeit, verkaufte er im Alter von 78 Jahren seine Zeitung an eine neu gebildete Gesellschaft, welche die beiden großen deutschen Zeitungen "Westliche Post" und "Anzeiger" vereinigte. Dänzer wählte Neckarsulm als Alterssitz. Da er keine Kinder hatte, wurde er von seiner Nichte treu versorgt.

Carl Dänzer starb am 22. September 1906. Innerhalb von zehn Monaten waren drei hervorragende Repräsentanten des Deutschtums in Amerika mit Dr. Emil Preetorius, Carl Schurz und Carl Dänzer dahingegangen. Am 26. Mai 1914 wurde ihnen in St. Louis ein Denkmal errichtet, das auf einer Marmortafel ihre drei Namen trägt. Davor sitzt die von einem deutschen Bildhauer geschaffene Wahrheit, eine Huldigung an den Geist der drei großen Deutschen.

Philipp Melanchthon

(1497 – 1560)

Der Praeceptor Germaniae

Brettens berühmtester Sohn ist ohne Zweifel Philipp Melanchthon, die an Wissen und Bescheidenheit überragende Persönlichkeit unserer Heimat.

Er stammte aus einer hochgeachteten und vermögenden Brettener Familie. Der Großvater war der Kaufmann Hans Reuter, die Großmutter Elisabeth Reuchlin, die Schwester des Humanisten Johannes Reuchlin. Deren Sohn Georg Schwarzerd und Barbara geb. Reuter heirateten 1493 im Dom zu Speyer, und ihr erstes Kind war Philipp, der am 16. Februar 1497 geboren wurde. Gemeinsam mit den Großeltern bewohnte man eines der schönen Fachwerkhäuser am Marktplatz in Bretten, das leider 1689 von den Franzosen zerstört wurde. Philipps Vater Georg Schwarzerd war ein vielbeschäftigter Mann. Er war Rüstmeister des Kurfürsten Philipp von der Pfalz und Spezialist im Büchsenmachen, in der Stückgießerei und in der Herstellung von Renn-, Stech- und Turnierwaffen. Er war oft lange unterwegs. Die Fehden der Zeit wirkten sich auf das Familienleben durch die Abwesenheit des Vaters aus. Als der Landgraf Philipp von Hessen die untere Pfalz verwüstete, wurde Schwarzerd nach Mannheim befohlen. Er trank dort aus einem vergifteten Brunnen und das wurde die Ursache seines jahrelangen Siechtums. Das Jahr 1508 wurde zu einem Unglücksjahr. Kurz nacheinander starben Großvater (am 16.10.1508) und Vater (am 27.10.1508). Die Mutter blieb mit fünf Kindern und einem großen Hauswesen mit Landwirtschaft und Geschäft allein zurück, eine Aufgabe, die sie nicht bewältigen konnte. Sie verheiratete sich wieder mit Christoph Kolb aus Bretten, aber

auch der starb nach ein paar Jahren. Die dritte Ehe ging sie dann mit dem Kronenwirt Melchior Heckel ein. Philipps Mutter starb im Jahre 1529 im Alter von 53 Jahren.

Die Kriegsereignisse beeinflußten auch die Schulausbildung Philipps. Er bekam einen von Johannes Reuchlin empfohlenen Hauslehrer, den Pforzheimer Johannes Unger. Dieser Pädagoge besaß ein großes Lehrgeschick; er vermittelte seinem Schüler eine hervorragende Grundlage im Lateinischen und erzog ihn zum selbständigen Denken.

Nach dem Tode des Vaters und einem dadurch bedingten kurzen Aufenthalt bei Verwandten in Speyer kam Philipp mit Bruder Georg und Vetter Hans Reuter zur Großmutter, die inzwischen nach Pforzheim gezogen war. Ein neuer Lebensabschnitt begann.

Die Lateinschule in Pforzheim, die Philipp nun besuchte, war eine der besten im Lande. Er fiel durch großen Fleiß und hervorragende Intelligenz dem verständnisvollen Rektor Simler auf, der ihn deshalb unentgeltlich im Griechischen mit ausgezeichnetem Erfolg unterrichtete. Der erfreute Großonkel Reuchlin nannte ihn daraufhin - der Sitte der Zeit folgend - Philipp Melanchthon, was im Griechischen nichts anderes als "schwarze Erde" bedeutet. Nach nur einem Jahr war Philipp in Latein und Griechisch so gefördert, daß er auf die Universität Heidelberg geschickt werden konnte. Er war noch nicht einmal dreizehn Jahre alt, als er dort am 14. Oktober 1509 immatrikuliert wurde.

Schon 1511 bestand Melanchthon die Prüfung zum Baccalaureat, und 1512 wollte er Magister werden. Dieser akademi-

MELANCHTON.

*Abb. 8   Philipp Melanchthon
(GLA J-Ac-M/44)*

seiner Hörer. Er schrieb damals seine berühmte griechische Grammatik, die er oft überholte und verbesserte. Da erfolgte am 31. Oktober 1517 der Thesenanschlag Luthers in Wittenberg. Melanchthons zweite Lebenswende begann.

Im Frühjahr 1518 berief ihn Herzog Friedrich der Weise, Kurfürst von Sachsen, als Lehrer der griechischen Sprache an die Universität Wittenberg. Melanchthon traf am 21. August dort ein. Bald begann auch hier der Zustrom der Studenten, selbst Luther hörte bei ihm Griechisch, wie umgekehrt Melanchthon Luthers Vorlesungen über die biblischen Bücher besuchte. Melanchthon drang tief in die Theologie ein und wurde mit seiner raschen Auffassungsgabe schnell mit dem theologischen Denken Luthers vertraut. Bald schon führte ihn der geistige Anschluß an Luther zu neuen Aufgaben mit großer Verantwortung, und *"sie erst brachten die eminente Begabung des körperlich schwächlichen Mannes zur vollen Entfaltung"* (Preisendanz). Melanchthon besaß alle Voraussetzungen. Er war eine Autorität in den antiken Sprachen, ein Kenner aller theologischen und rechtswissenschaftlichen Fragen.

Melanchthon wurde zum wichtigsten Mitarbeiter Luthers. Er unterstützte diesen bei der Disputation zu Leipzig und verteidigte ihn, als Luther 1520 die Bannandrohungsbulle des Papstes verbrannte. Voll Sorge verfolgte Melanchthon die Vorgänge, als Luther auf dem Reichstag zu Worms weilte. Er zeigte 1525 Verständnis für dessen Heirat mit Katherina von Bora. Vor allem aber hielt Melanchthon Kontakt mit Luther und setzte dessen Arbeit in Wittenberg fort, wenn der Reformator sich lange Zeit an anderen Orten aufhalten mußte. Dies gilt besonders für die Zeit, die der geächtete Luther 1530 auf der Veste Coburg verbringen mußte und für die zehn Monate, die Luther nach dem Reichstag zu Worms auf der Wartburg saß. Melanchthon wurde in jenen Jahren der Wortführer der protestantischen Theologen auf Reichsta-

sche Grad war mit der Lehrgenehmigung an der Universität verbunden. Aber man ließ ihn zur Prüfung nicht zu, *"weil er noch zu jung und kindlichen Ansehens"* war. Man traute dem fünfzehnjährigen jungen Mann nicht die Kraft und Autorität eines akademischen Lehrers zu. Die Enttäuschung Philipps war groß, und er wechselte an die Universität Tübingen. Hier begann sein glanzvoller Aufstieg. Er vervollkommnete sich in Latein und Griechisch und nahm viele andere Wissensgebiete hinzu: Jura, Medizin, Astronomie, Astrologie usw. Eine umfassende und tiefe Bildung Melanchthons war das Resultat dieser Bemühungen. 1514 wurde er Magister und damit Lehrer an der Universität. Bald wurde er in Deutschland bekannt, von Jahr zu Jahr wuchs die Zahl

gen und Religionsdisputationen, an denen Luther nicht teilnehmen konnte. Er verfaßte auch das reichsrechtlich grundlegende Bekenntnis der Lutheraner, das am 25. Juni 1530 dem Kaiser in Augsburg überreicht wurde, die Augsburger Konfession. Ebenfalls von Melanchthon stammt das maßgebende dogmatische Lehrbuch der Lutheraner, die Loci communes theologicarum, Hauptthemen, oder – wie Melanchthon selbst übersetzte – Hauptartikel der Theologie. Sie erschienen im Dezember 1521.

Philipp Melanchthon erhielt viele Angebote anderer Universitäten, und es waren glänzende Berufungen darunter. Um ihn aber in Wittenberg zu halten, drängte man ihn, zu heiraten. Er ließ sich Zeit, aber als er die Tochter des damaligen Wittenberger Bürgermeisters Katherina Krapp kennenlernte, heiratete er sie am 25. November 1520. Aus der glücklichen Ehe gingen zwei Söhne und zwei Töchter hervor. Melanchthon hielt auch eine Privatschule in seinem Haus, die bis 1530 bestand. Als seine Frau am 11. Oktober 1557 starb, konnte ihr Mann nicht bei ihr sein. Melanchthon hielt sich zu jener Zeit in Heidelberg auf.

Philipp Melanchthon blieb innerlich mit seiner Brettener Familie und Heimat eng verbunden. Als er dringend Erholung brauchte, brachten ihn seine Freunde dazu, im April 1524 eine Reise zu unternehmen, die ihn über Leipzig, Fulda, Frankfurt a. M. nach Bretten führte. Hier ereignete sich jene berühmte Szene, als Melanchthon beim Anblick der Stadttürme Brettens auf die Knie sank und ausrief: *"O Muttererde! Wie danke ich dir, Herr, daß ich sie wieder betreten darf!"* Er blieb fünf Wochen bei der Mutter und seinen Verwandten und Freunden und nahm am 8. Juni wieder Abschied. Er hatte seine Mutter dabei zum letzten Male gesehen. Melanchthon kam noch einmal in seine Vaterstadt, diesmal im Einspänner, den ihm sein Landesherr zur Verfügung gestellt hatte. Am 12. September 1536 traf er zur Regelung von Erbsachen in Bretten

Abb. 9   Philipp Melanchthon (GLA J-Ac-M/49)

ein. Er blieb nur zehn Tage bei seinem Bruder und reiste dann weiter nach Tübingen, wo er seinen erkrankten treuen Freund Camerarius besuchte. Mit seinem Bruder Georg riß die Verbindung nie ab. Die beiden Brüder sahen sich letztmals 1557 in Heidelberg, eben in jenem Jahr, da die Frau Melanchthons starb.

Die Antrittsvorlesung, die Philipp Melanchthon am 29. August 1518 in Wittenberg hielt, hatte das Thema "Über die Umgestaltung des Jugendunterrichts". Sie beeindruckte Luther so, daß ihn die Gedanken zur Verbesserung des Jugendunterrichts nicht mehr losließen. Er war der festen Überzeugung, daß die Jugend einer gründlichen wissenschaftlichen Ausbildung bedürfe. Deshalb verfaßte Luther im Jahre 1524 die Schrift "An die Ratsher-

*Abb. 10 Melanchthonhaus in Bretten
(Foto L. Vögely)*

Organisation durch die Grundlage seiner erzieherischen, die Jahrhunderte überdauernden Erfolge. Man kann die Krönung seines Lebenswerkes nicht so sehr in der Schlichtung ungezählter theologischer Streitigkeiten sehen, sondern im Erfolg seiner umfassenden Erziehertätigkeit. Für dieses bedeutende Werk wurde Philipp Melanchthon zum Praeceptor Gemaniae, zum Erzieher Deutschlands. Welch eine Ehre für diesen so bescheidenen Gelehrten.

Harte kirchenpolitische Zeiten kamen auf Melanchthon zu. Sie verlangten von dem stets auf Ausgleich bedachten Mann das äußerste an physischer und psychischer Kraft. Auf dem Reichstag zu Speyer 1529 wurde die Weiterverbreitung der evangelischen Lehre verboten. Das führte zur Protestaktion von sechs Fürsten und vierzehn Reichsstädten. Von weitreichender Bedeutung war das Religionsgespräch im Oktober 1529 auf dem Schloß zu Marburg zwischen Luther und Zwingli. Daß keine Einigung über die Lehre des Abendmahles erzielt wurde, hatte die ernste Folge, daß es fortan evangelischlutherische und evangelisch-reformierte Kirchen gab. Besonders schwerwiegend aber war die Ablehnung des Augsburger Glaubensbekenntnisses durch Karl V. Dies führte zum Schmalkaldischen Bund der evangelischen Fürsten (1531). Als es dann zu den kriegerischen Auseinandersetzungen im Schmalkaldischen Krieg kam, wurde das Heer des protestantischen Kurfürsten von Sachsen am 24. April 1543 entscheidend geschlagen.

Ein Bleiben Melanchthons in Wittenberg war nach dieser Niederlage nicht mehr möglich. Er mußte fort, verlor beinahe sein ganzes Hab und Gut und führte das Leben eines Flüchtlings. Sein Weg führte ihn nach Dessau, Zerbst, Magdeburg, Braunschweig, Nürnberg und endete erst, als sich die Verhältnisse etwas beruhigt hatten. Sofort kehrte Melanchthon nach Wittenberg zurück. Er geriet in zunehmende Kritik, weil ihm viele Pfarrer und Professoren nicht verzeihen konnten,

ren aller Städte deutschen Landes, daß sie christliche Schulen aufrichten sollen". Die Schrift fand einen großen Widerhall, und viele Städte folgten dem Aufruf Luthers. Melanchthon wurde zum Organisator dieser Lateinschulen, den Vorläufern der heutigen Gymnasien. Er stellte die Studienpläne auf, nach denen viele Jahre unterrichtet wurde und besorgte Rektoren und Professoren. Ein Netz von Mittelschulen überzog das Land, die alle nach Melanchthons Statuten lehrten. Auch eine Reihe bedeutender Universitäten verdankt ihm ihre Satzung und Ausprägung. Es gab keine Neugründung oder Reorganisation einer evangelischen Hochschule ohne Melanchthons Mitwirken: Wittenberg, Tübingen, Frankfurt a. O., Leipzig, Heidelberg u.a. erhielten ihre

daß er in seinen Anschauungen den Katholiken weit entgegenkam. Sie fürchteten, ihn ganz an diese zu verlieren. Man mißbilligte vor allem seine theologischen Abweichungen von den Anschauungen Luthers. Nach der Niederlage im Schmalkaldischen Krieg erarbeitete Melanchthon das "Leipziger Interim" aus, wobei er in den Glauben selbst nicht berührenden "Mitteldingen", hauptsächlich den Bräuchen und Zeremonien, der alten Kirche tatsächlich weit entgegenkam. Das war der Grund der maßlosen Angriffe und des Vorwurfs, er würde Luther verraten. Das Luthertum spaltete sich in die Parteien der Gnesiolutheraner, der echten Nachfolger Luthers, und in die Philippisten. Deren Kompromißbereitschaft unterschob man auch bald noch das Einverständnis mit dem Calvinismus. Die Festigkeit Luthers in der Verteidigung grundsätzlicher Prinzipien hat Melanchthon nicht besessen.

Philipp Melanchthons letzte Lebensjahre sind geprägt von Einsamkeit. Ein Drittel seines Lebens war er unterwegs gewesen auf Reichstagen, Konferenzen, Visitationen. Nun wurde es stiller um ihn. Luther und die guten Freunde waren gestorben. Seine Kräfte verfielen, und am 19. April 1560 nahm Gott seinen treuen Diener zu sich. Am 21. April wurde Philipp Melanchthon unter der großen Anteilnahme der Bewohner Wittenbergs in der Schloßkirche Luther gegenüber beigesetzt. Auf der Metallplatte des Grabmals steht in lateinischer Sprache geschrieben: *"Hier ruht des höchst verehrungswürdigen Philipp Melanchthons Leib, der im Jahr 1560 den 19. April in dieser Stadt gestorben ist, nachdem er gelebt hat 63 Jahre 2 Monate und 2 Tage"*.

Johannes Stumpf

(1500 – 1577)

Reformator und Geschichtsschreiber

Zu Bruchsals großen Männern, deren Wirken weit über die Grenzen der Heimat hinausging, gehört Johannes Stumpf, Reformator und bedeutendster Geschichtsschreiber der Schweiz im 16. Jahrhundert. Seine Vorfahren stammten aus dem Odenwald, aus Fuchstal, in der Herrschaft Brauberg gelegen. Der Großvater war Landrichter in Wertheim, und der Vater, Johann Stumpf, kam um 1460 nach Bruchsal. Er war Gerbermeister, ein tüchtiger Mann mit besonderen Kenntnissen in Verwaltungs- und Militärsachen. Stumpf war sehr beliebt, und die Bruchsaler wählten ihn in der Rat der Stadt, und schließlich wurde er auch Schultheiß. Stumpf heiratete die Bruchsalerin Margarete Zwyr. Aus der Ehe gingen drei Knaben hervor, von denen zwei sehr früh starben. Am Leben blieb Johannes, der am 23. April 1500 in Bruchsal geboren wurde.

Johannes Stumpf besuchte zunächst die Bruchsaler Stadtschule und ging danach in sehr jungen Jahren in die Fremde nach Landau, Durlach, Frankfurt, Straßburg. Der intelligente junge Mann eignete sich auf diesen Stationen zielstrebig und Entbehrungen in Kauf nehmend sein großes Wissen an. Dies setzte ihn instand, von 1517 - 1520 an der Universität Heidelberg Theologie zu studieren. Während dieser Zeit tagte in der Stadt der Augustinerkonvent, an dem auch Luther teilnahm. Es kann angenommen, aber nicht bewiesen werden, daß Stumpf Luther kennenlernte. Sicher aber wurde er mit dessen reformatorischen Bestrebungen bekannt, ohne sich dazu öffentlich zu bekennen. Im Gegenteil, er begab sich in bischöfliche Dienste und wurde 1520 bi-

schöflicher Notariatsschreiber in Speyer. Hier hatte er eine für sein Leben entscheidende Begegnung mit dem Großprior der Johanniter, Johann von Hattstein. Dieser veranlaßte Stumpf, in den Johanniterorden einzutreten und ließ ihn im Johanniterkolleg in Freiburg zum Priester ausbilden. Nach eineinhalb Jahren empfing Stumpf in Basel die Priesterweihe und hielt am 5. Mai 1522 sein erstes Meßopfer in der Peterskirche zu Bruchsal. Der Großprior sandte ihn im gleichen Jahre nach Bubikon bei Zürich, wo Stumpf mit dem Ordenspriorat und dem dortigen Pfarramt betraut wurde. Johannes Stumpf war mit dieser Berufung in die Schweiz gekommen und sollte diese nicht mehr verlassen. Hier fiel die Entscheidung seines Lebens. Der junge Geistliche machte die Bekanntschaft des Züricher Reformators Ulrich Zwingli und schloß sich ihm an. Er führte in Bubikon die Reformation durch und heiratete 1529 Regula, die Tochter des Schweizer Theologen und Chronisten Heinrich Brennwald.

Die Arbeit in Bubikon war nicht einfach. Die Reformation war eine gewaltige Bewegung, welche viele weitere Bewegungen auslöste, die auch die Eidgenossenschaft erschütterten. Luthers Schrift "Von der Freiheit eines Christenmenschen" (*"Der Christenmensch ist ein freier Herr über alle Dinge und niemanden untertan"*) war wenigstens teilweise für den Bauernkrieg 1525 verantwortlich, der drüben über dem Rhein in Stühlingen ja einen Hauptort hatte. Auch im Züricher Gebiet wurden die Klöster geplündert, was Stumpf scharf verurteilte. Mehr noch machten ihm die Wiedertäufer in Bubikon zu schaffen, welche vor allem die Kindertaufe verwarfen. Rasch entstanden überall im Züricher Land wiedertäuferische Gemeinschaften. Da Disputationen, eine solche leitete Stumpf am Stephanstag 1525 in Zürich, nichts halfen, wurden die Eiferer von der Obrigkeit zuerst mit Geld- und Gefängnisstrafen, dann mit Landesverweisung und Tod bestraft. Noch lange Zeit klagte Stumpf über die Wiedertäufer, die seine Arbeit erheblich störten. Hinzu kamen Spannungen mit seinen Pfarrkindern wegen einer Predigt über die Speisung der Viertausend, bei der er ihnen die Abkehr von der Sorge um das Äußere und die Umkehr zum wahren Gottvertrauen ans Herz legte. Die Bubikoner fühlten sich durch diese Predigt gegen die materialistische Weltanschauung in ihrer Ehre getroffen. Manche gingen in ihrem Ärger so weit, daß sie Stumpf wieder über den Rhein zurückschicken wollten. Schließlich schlichtete der Rat der Stadt Zürich den Streit zugunsten von Stumpf und rief die Gemeinde zur Ordnung.

Schwerwiegende Auseinandersetzungen setzten nun ein. Bis zum Jahre 1525 war die Reformation in Zürich vollständig durchgeführt worden. Nun griff sie weiter aus und erfaßte Basel, Schaffhausen, Bern und später auch Glarus und das Toggenburg. Die katholisch gebliebenen Kantone aus der Innerschweiz Luzern, Uri, Schwyz, Unterwalden und Zug schlossen sich in Waldshut am 22. April 1529 mit Österreich zu der "Christlichen Vereinigung zur Wahrung und Verteidigung des alten Glaubens" zusammen, und nach der Verbrennung des reformierten Pfarrers Jakob Kaiser in Schwyz zogen Reformierte und Katholiken erstmals gegeneinander ins Feld. Der Konflikt konnte aber noch einmal im 1. Kappeler Landfrieden vom 26. Juni 1529 mit einem Kompromiß beigelegt werden. Streitigkeiten um die Auslegung des Landfriedens und die auf Ausweitung der Reformation und Neugestaltung der Eidgenossenschaften unter der Führung von Zü-

IOHANNES STVMPHIVS, THEOLOGVS ET HISTORICVS TIGVRINVS,

Abb. 11   Johannes Stumpf (Holzschnitt von Theodor Meyer von Zürich; Chronik der Schweiz, Zürich)

rich und Bern ausgerichtete Politik Zwinglis erhielten ihren Höhepunkt in der berühmten Schlacht bei Kappel am 11. Oktober 1531. Das Aufgebot der Züricher unterlag den zahlenmäßig überlegenen Katholiken. Unter den 514 Toten auf der Züricher Seite befanden sich 26 Ratsmitglieder und 25 Geistliche, darunter Ulrich Zwingli, das Haupt der Züricher Reformation.

Im Feldlager zu Kappel schuf Stumpf das heute noch in der Schweiz bekannte Trutzlied *"Kehr dich zu uns, du höchster Gott, du bist der Sieg, du bist die Stärke, der recht Hauptmann"*. Seine Empfindungen vor der Schlacht zeigt deutlich der Schlußvers: *"O Herr und Gott, laß uns net untergehn!"* Ob Stumpf in der Schlacht mitkämpfte, ist nicht nachweisbar. Durch

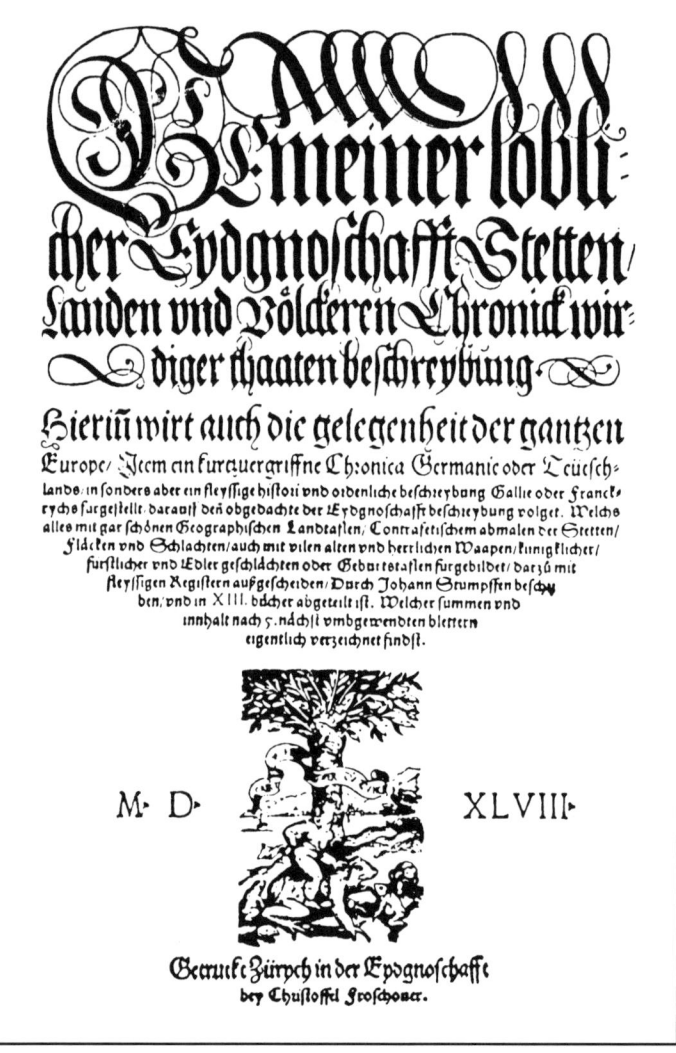

Abb. 12   Titel von
Johannes Stumpfs
Lebenswerk von
1547/48
(Zentralbibliothek
Zürich)

den 2. Kappeler Landfrieden zwischen den Kantonen der Innerschweiz und Zürich wurde die konfessionelle Spaltung der Eidgenossenschaft anerkannt. Reformierte Minderheiten durften zum alten Glauben zurückkehren, katholische Minderheiten wurden geschützt.

Die Lebensbahn von Johannes Stumpf geriet nach diesen schweren Ereignissen wieder in ein ruhigeres Fahrwasser. 1532 wurde er im Pfarrkapitel Oberwettikon

zum Dekan gewählt. Das Verhältnis zu seinen Bubikonern wurde auch immer besser. Sie anerkannten besonders die caritative Tätigkeit ihres Pfarrers. Diesem war die Unterstützung der Armen und Kranken und die Beherbergung von Fremden, die damals noch sehr im argen lagen, eine Herzenssache. 1543 wurde Stumpf zum Pfarrer von Stammheim gewählt. Auch hier wurde ihm 1547 die Dekanatswürde des Kapitels Stein übertragen. 18 segensreiche Jahre amtete Stumpf in Stammheim, und die alten Chroniken berichten, daß er ein *"Meister eines Seelenhirten"* gewesen sei.

Die Aufregungen seines Lebens und der dauernde Einsatz seiner Arbeitskraft gingen an Stumpf nicht spurlos vorüber. Ab 1556 machten sich körperliche Gebrechen und abnehmende Gesundheit mehr und mehr bemerkbar. Und so schied Johannes Stumpf Ende des Jahres 1561 aus allen seinen Ämtern wegen *"Abnahme des Gesichts und des Gedächtnisses"*, wie er in seinem Entlassungsgesuch schrieb. Stumpf siedelte nach Zürich über, das ihm für seine Verdienste und als Anerkennung für seine Chronik das Stadtbürgerrecht verliehen hatte. Um diese Zeit ging er mit der Tochter des Chronisten Edlibach eine zweite Ehe ein. Sein Leben neigte sich dem Ende zu, und ein Zeitgenosse bemerkte resigniert: *"Wie viele große Männer schied auch Johannes Stumpf völlig klanglos aus dieser Welt. Niemand hielt es der Mühe wert, die Stunde seines Todes aufzuzeichnen"*. Johannes Stumpf starb zwischen Martini 1577 und Martini 1578.

Was hat nun Johannes Stumpf zum bedeutendsten eidgenössischen Geschichtsschreiber seines Jahrhunderts gemacht? Man kann annehmen, daß er von seinem ersten Schwiegervater Heinrich Brennwald zu eigenen geschichtlichen und geographischen Studien angeregt worden ist. Stumpfs umfassende Bildung und seine zähe Ausdauer, mit der er sich die damalige Technik der Kartographie aneignete, waren Voraussetzungen seines Erfolges.

Als Vorarbeiten zu seiner späteren Chronik schrieb Stumpf 1541 eine Beschreibung des Konstanzer Konzils, eine aus dem Lateinischen übersetzte Geschichte Kaiser Heinrich IV. (gedruckt erst 1556) und den Bericht einer Reise durch den größten Teil der Schweiz (1544). Nicht weniger als 152 Quellenschriftsteller mußte Stumpf durcharbeiten, ehe er 1547/48 sein Hauptwerk "Gemeiner loblicher Eidgenossenschaft Stetten, Landen und Völkeren Chronikwirdiger Thaten beschreybung" veröffentlichen konnte. Das Werk erschien bei dem berühmten Drucker Christoph Froschauer in Zürich in einer zu jener Zeit selten erreichten typographischen Schönheit und mit hervorragenden Holzschnitten versehen. Auf 1620 Seiten enthielt es beinahe 1000 Porträts und Münzbilder, nahezu 800 Kriegsszenen und kulturgeschichtliche Darstellungen, 2000 Wappen und Banner, 56 Städtebilder, 45 erstmals veröffentlichte römische Inschriften, 67 Naturbilder und 23 Landkarten, von denen 13 von Stumpf selbst gezeichnet worden waren. Zwei Jahrzehnte unermüdlicher Such- und Forschungsarbeit waren mit dieser unglaublichen Leistung zu einem glücklichen Abschluß gebracht und ein hervorragendes Nachschlagewerk über Geschichte und Landschaftbeschreibung der Schweiz vollendet worden.

Der Verleger Froschauer stellte 1552 zwölf der im Werk enthaltenen Stumpfschen Karten zu einem Atlas zusammen, der lange Zeit der einzige seiner Art blieb.

Stumpfs Sohn Rudolf brachte 1586 eine zweite Auflage heraus, zwanzig Jahre später folgte eine dritte der Chronik. Der schriftliche Nachlaß von Johannes Stumpf, der vorwiegend Entwürfe zu historischen und theologischen Werken, Predigten, Briefe usw. enthält, befindet sich in der Zentralbibliothek in Zürich.

David Chytraeus

(1530 – 1600)

Theologe und Historiker

David Chytraeus wurde am 26. Februar 1530 in Ingelfingen am Kocher als eines der zehn Kinder des Pfarrers Matthäus Kochhaf und dessen Frau Barbara geboren. Der Junge wuchs also mitten in den Auseinandersetzungen der Reformationszeit auf, und das bestimmte sein Leben.

Der Vater war ein Anhänger der Reformation und hatte Kontakt zu Johannes Brenz, dem späteren Reformator Württembergs. Er predigte evangelisch und heiratete. Damit hatte der Vater den entscheidenden Schritt getan. Die Herren von Ingelfingen, die Grafen von Hohenlohe, duldeten anfänglich das Vorgehen Kochhafs, änderten aber ihre Haltung nach dem Bauernkrieg vollkommen und nahmen eine entschiedene antireformatorische Stellung ein. Der Gegensatz zu Kochhaf wurde unüberbrückbar, und als dieser 1530 gegen die Wiedereinführung der Messe predigte, wurde er mit der Waffe bedroht und abgesetzt. In Ingelfingen konnte die Familie nicht mehr bleiben.

Pfarrer Kochhaf fand nun im Kraichgau eine neue Heimat. Dort hatte die Reformation in den Rittern, vor allem in Dietrich von Gemmingen und Bernhard Göler von Ravensburg und in den Herren von Mentzingen ihre Förderer. Erasmus und Peter von Mentzingen boten Kochhaf eine Stelle als Geistlicher in ihrem Dorfe Menzingen an, die dieser dankbar annahm. Dreißig Jahre amtete er in diesem Ort bis zu seinem Tode 1559.

Der junge David besuchte mit sieben Jahren die Schule in Gemmingen, die damals ein hohes Ansehen genoß. Seine tüchtigen Lehrer waren die Pfarrer Wolfgang Busius und Franciscus Irenicus, die ihm die ersten gründlichen Kenntnisse in Latein und Griechisch beibrachten. Die hohe Begabung Davids war so hervorstechend, daß Frau Margarete von Mentzingen ihm die Universitätslaufbahn ermöglichte. Er war kaum zehn Jahre alt, als an der Universität Tübingen immatrikuliert wurde. Das war damals möglich. David bezog die philosophische Fakultät, welche die Vorstufe zu den höheren, d. h. theologischen, juristischen und medizinischen Fakultäten war. Schon nach zwei Jahren war der junge Student Baccalaureus, und 1554 beendete er das Studium mit dem Erwerb des Magistertitels. Er war gerade vierzehn Jahre alt!

Die Universität Wittenberg übte zu jener Zeit durch Luther und Melanchthon eine große Anziehungskraft auf die Studenten aus. Chytraeus traf 1544 ebenfalls dort ein und wurde von seinem Landsmann Melanchthon eingehend geprüft. Er bestand glänzend und wurde als Schüler in dessen Haus aufgenommen. Melanchthon war es wohl auch, der Kochhaf veranlaßte, seinen Namen ins Griechische zu übersetzen. Nachhaltiger als von Luther, den er zeitlebens verehrte, wurde Chytraeus von Melanchthon geprägt und beeinflußt. Dieser achtete besonders darauf, daß sich seine Schüler nicht nur grundlegende Kenntnisse der heiligen Schrift und der Glaubensaussagen aneigneten, sondern auch Kenntnisse in anderen wissenschaftlichen Disziplinen. Auch die materielle Sicherstellung seiner Schüler lag ihm am Herzen. Er schrieb an Peter von Mentzingen und bat ihn um Verlängerung des Stipendiums für Chytraeus, bis dieser an der Universität angestellt werden könnte. David wurde im Haus Melanchthons in dessen *"Ideal gelehrter und beredter Frömmigkeit"* erzogen (Fuchs S. 34). Durch den Schmalkaldischen Krieg 1546/47 mußte die Universität Wittenberg ihre Pforten schließen. Chytraeus wich nach Heidelberg und Tübingen aus, kehrte aber 1548 sofort zurück, als die Universität wieder eröffnet wurde. Er hielt seine erste Vorlesung an dieser Hohen Schule über Melanchthons Loci, weitere über Rhetorik und Astronomie folgten. Bald hatte er einen großen Zulauf von Studenten und das im Alter von achtzehn Jahren.

1550 schickte ihn Melanchthon nach Rostock. Er wurde dort von den Herzögen von Mecklenburg an das Pädagogium der Universität berufen. Chytraeus stellte sein umfassendes Wissen in mancher Hinsicht unter Beweis. Er erklärte griechische und lateinische Schriftsteller und begann, die biblischen Bücher zu kommentieren. Er verfaßte eine methodische Einführung in das Studium für die Studenten. 1561 erwarb er sich noch den theologischen Doktorgrad. Bei aller Vielfalt seiner Tätigkeit blieb die Theologie die Mitte seiner Arbeiten. Chytraeus war auch ein ausgezeichneter Redner in lateinischer Sprache und wurde bald als solcher bei Staatsakten herangezogen. Er besaß außerdem ein hervorragendes Organisationstalent. Dieses nutzte man, als die Universität Rostock durch die Universität Wittenberg und zahlreiche Universitätsneugründungen immer mehr an Bedeutung verlor. Die Universität befand sich tatsächlich in einem desolaten Zustand. Ihre finanziellen und rechtlichen Grundlagen waren unsicher geworden. Der Konflikt zwischen städtischer und territorialer Herrschaft wurde auf dem Rücken der Hochschule ausgetragen. Es gab von den Herzögen berufene Professoren, Chytraeus gehörte dazu, die von der Teilnahme am Konzil, dem höchsten Universitätsgremium ausgeschlossen waren, und Professoren, die der Rat der Stadt bestellte und die das Konzil be-

Abb. 13 David Chytraeus (Grafiksammlung des Melanchthonhauses Bretten)

herrschten. Erst die sog. "Formula Concordiae" von 1563 führte zu einem Ausgleich der städtischen und fürstlichen Interessen und zur Absicherung der Universität. Das Vorbild Melanchthons in Wittenberg wirkte sich hier aus. Die Führer der beiden Professorenparteien, David Chytraeus und Lukas Bacmeister, waren Melanchthonschüler gewesen.

Mit einer Gruppe ehemaliger Melanchthonschüler entwickelte und verfaßte Chytraeus 1556 ein Reformprogramm für die Universität. Die Statuten für die theologische Fakultät (1564) stammen im wesentlichen aus seiner Feder. Jedes Fakultätsmitglied wurde auf die heilige Schrift, die drei altkirchlichen Bekenntnisse und die "Confessio Augustana" verpflichtet. Die "Augustana" und das "Examen ordinandum" Melanchthons erlangten als Vorlesungsgrundlagen besondere Bedeutung. Entscheidend für das Reformwerk der Universität Rostock blieb immer die Ausrichtung auf das Vorbild Melanchthon in Wittenberg.

Chytraeus wurde 1563 zum Rektor der Universität gewählt, eine Würde, die er noch viermal tragen durfte, zuletzt 1597. Er war außerdem am Aufbau der evangelischen Landeskirche in Mecklenburg maßgeblich beteiligt. Durch Heirat wurde Chytraeus fest an Rostock gebunden: Am 12. November 1553 ehelichte er Margarete Smedes, die ihm in achtzehnjähriger Ehe drei Söhne und vier Töchter schenkte. Nach ihrem Tode 1572 heiratete er Margarete Pegel, die Tochter des Rostocker Professors Dr. Conrad Pegel. Von seinen insgesamt elf Kindern haben ihn nur drei überlebt.

Die folgenden Jahre waren eine Zeit tiefer theologischer Auseinandersetzungen, in der sich Chytraeus mit großem Einsatz um die Eintracht der Lutheraner bemühte. Der Augsburger Religionsfriede von 1555 gab zwar den protestantischen Reichsständen die Religionsfreiheit, gewährte diese aber nur den Anhängern des Augsburgischen Bekenntnisses. Das bedeutete, daß alle anderen Gruppierungen als Sekten bezeichnet wurden und nicht den Schutz des Religionsfriedens besaßen. Eine Einigung war deshalb auch eine politische Notwendigkeit.

Chytraeus wurde in zunehmenden Maße in diese Auseinandersetzungen verwickelt. Er trug zu der 1577 unterzeichneten Konkordienformel bei, der bis heute gültigen lutherischen Bekenntnisschrift. Die Formel wurde von den Philippisten und den Gnesiolutheranern akzeptiert.

Große Leistungen vollbrachte Chytraeus beim Aufbau der evangelischen Kirchenorganisation in Niederösterreich (1569 und 1574) und in Kärnten. Für Niederösterreich verfaßte er eine Agende (Gottesdienst- und Festordnung), eine Superintendenten- und Konsistorialordnung, eine Erklärung des Augsburgi-

schen Bekenntnisses und ein Prüfungsbuch für Geistliche. Kaiser Maximilian II. genehmigte aber nur die Agende, um den Graben zwischen den Konfessionen nicht zu vertiefen. Für die Steiermark schuf er eine Kirchenordnung und eine Schulordnung für die Landschaftsschule. Alle Bemühungen von David Chytraeus in Niederösterreich und in der Steiermark hatten keinen Bestand, die Gegenreformation machte sie zunichte.

Seinen Aufenthalt in Österreich nutzte Chytraeus zu einer ausgedehnten Reise nach Ungarn, die ihn bis zur Grenzstadt Komon führte. Die gesammelten Erfahrungen verarbeitete er in einer Rede über den Zustand der östlichen und orientalischen Kirchen, die zusammen mit der Veröffentlichung der Quellen Geltung für das Bild der Ostkirche bis ins 19. Jahrhundert hatte.

Herzog Julius von Braunschweig-Wolfenbüttel holte Chytraeus nach Einführung der Reformation 1576 zur Hilfe, als er die Universität Helmstedt errichtete. Dieser verfaßte einen Statutenentwurf, der bis zur Aufhebung der Universität in Kraft blieb. Die Universität Helmstedt existiert seit 150 Jahren nicht mehr.

Im Laufe der Zeit verlagerte sich das wissenschaftliche Interesse von David Chytraeus immer mehr auf die Geschichte. 1576 schrieb er die Geschichte des Augsburgischen Bekenntnisses. Seinen Ruhm als Historiker aber begründete er mit seiner Geschichte Norddeutschlands und der Ostseestaaten, der "Saxonia, ab anno Christi 1500 usque ad MDXCIX recognita", der sogenannten Sachsenchronik. Durch einen außerordentlich umfangreichen Briefwechsel mit Rektoren, Professoren, Bischöfen, Staatsbeamten, verschiedenen Berufsklassen bis hin zu den Fürsten verschaffte er sich die notwendigen Informationen. Als Quellen dienten ihm auch Urkunden und offizielle Schriftstücke, die er von den Archiven und Kanzleien zu erhalten suchte. Fremde Geschichtswerke hat er selten als Quellen benutzt. Chytraeus war ein Hi-

·DE CR·EICHGOIA, ORATIO.

DAVIDIS CHYTRÆI.

VITEBERGÆ·

EXCVDEBAT IOHANNES
CRATO.

ANNO M. D. LXI

ORATIO CONTINENS *DESCRIPTIONEM* CREICHGOIÆ.

A

DAVIDE CHŸTRÆO EDITA:

IN HONOREM NOBILIS ET CLA-
rißimi uiri Petri à Menzingen,ut Mæcenati oc
de se optimè merito, mentis gratæ
testimonium declararet.

VM multa de referen-
dæ gratiæ officio,ueteres
Græci,quos CREICH-
GOIÆ,de qua orationem
modo instituimus, nomĕ
dedisse consentaneum est, sapien -
ter grauissimĕq monuerint : Tum
uero inprimis erudita & pere-
legans imago est Beneficentiæ &
Gratitudinis mutuæ, quam in Cha-
ritum pictura, ingeniosissime exco-
gitatam, & uenustissimĕ expressam,
A 2   proposu-

*Abb. 14   Chytraeus Kraichgaurede, Titelblatt der Ausgabe von 1561
(Universitätsbibliothek Rostock)*

storiker, der in der damaligen Zeit alle sich bietenden Gegebenheiten nutzte, um seine schriftlichen Grundlagen zu vervollständigen und weiterzuschreiben. Die Sachsenchronik erlebte zahlreiche Auflagen und wurde von ihrem Verfasser immer auf den neuesten Stand gebracht.

Die ungeheure Arbeitsleistung, die Chytraeus im Verlaufe seines Lebens vollbracht hatte, forderte von seinem Körper Tribut. Seine letzten 25 Jahre waren durch Krankheit getrübt. Gicht-, Kopf-, Augen- und Nierenleiden fesselten ihn monatelang ans Bett. Obwohl er im-

mer mehr bettlägerig wurde, versammelte er einen kleinen Kreis von Schülern, darunter seine Söhne, um sich, denen er Vorlesungen vom Krankenlager aus hielt. David Chytraeus war geistig tätig, bis ihn am 25. Juni 1600 ein sanfter Tod von seinen Leiden erlöste. Es war der 70. Jahrestag der Überreichung der Augsburger Konfession an den Kaiser.

Nun soll Chytraeus noch als Chronist des Kraichgaus gewürdigt werden. Er hielt im Jahre 1558 seinen Studenten eine Rede, mit der er sie mit seiner Heimat, dem Kraichgau, bekannt machte. Sie ist eine lebendige Schilderung der fernen heimatlichen Landschaft und gilt als eine der frühesten landeskundlichen Darstellungen einer deutschen Region. Älter ist nur die "Kosmographie" des Sebastian Münster, der diese 1544 herausbrachte und darin den Kraichgau beschrieb. Anlaß zu seiner Rede war die Reise im Herbst 1557 zu seinem alten Vater nach Menzingen. Sie war aber auch sein Dank an die zwei Männer, die seinen Lebensweg ermöglicht hatten: Peter von Mentzingen, der die Mittel zu seinem Studium zur Verfügung gestellt, und Philipp Melanchthon, der ihn mit dem geistigen Rüstzeug versehen hatte.

Zuerst legte Chytraeus die Grenzen, die Limites, des Kraichgaus fest. Sie liegt für ihn im Norden zwischen Heidelberg und Wimpfen. Im Osten begrenzt der Neckar von Obrigheim bis Heilbronn das Gebiet. Heidelberg bildet die Trennungslinie zwischen Kraichgau und Zabergäu. Die Westgrenze (latus occidentale) erstreckt sich von Pforzheim unter Einschluß des Bruhrains bis zum Speyer gegenüberliegenden Rheinufer. Im Süden und Südosten wird der Kraichgau vom württembergischen Gebiet berührt. Zentrum des Kraichgaus ist für Chytraeus Sinsheim a. d. E. Man muß zugeben, daß er bei der Flächenzuteilung für den Kraichgau sehr großzügig verfahren ist.

Die Erklärung, die er für den Namen Kraichgau gibt, ist überraschend und vielleicht auch nicht ganz ernst gemeint. Chytraeus leitet den Namen von Graion gaia ab, was Land der Griechen bedeutet. Von Speyer aus soll eine Kolonne griechischer Soldaten von der Kohorte des Kaisers als Siedler in das fruchtbare Land geführt worden sein, das dann von ihnen "Graion gaia" oder das Kraichgau genannt wurde. Chytraeus hatte seine Freude an dieser Erklärung, meint dann allerdings, daß der Landschaftsnamen doch plausibler vom Kraichbach herkomme.

Auch wendet sich Chytraeus der Geschichte zu, wie es ihm nach dem damaligen Stand der Forschung möglich war. Er nennt die Landesherren, die sich das volkreiche Gebiet teilen, die Kurfürsten von der Pfalz, den Bischof von Speyer, die Grafen von Eberstein und auch die große Zahl der reichsunmittelbaren Rittergeschlechter. Dann aber singt er das hohe Lied seiner Heimatlandschaft, die geprägt ist vom fruchtbaren Boden, den Bächen, Bergen, Wiesen und Wälder, die zusammen einen zauberhaften Garten ergeben.

Für die lokale Geschichtsschreibung wichtig ist der Abschnitt, in dem Chytraeus sämtliche evangelische Pfarrer im Kraichgau aufzählt. Er lobt, daß alle Städte und die meisten Dörfer Schulen haben, in denen man auch Latein lehrt und die Schüler den Katechismus Luthers kennen. In den Städten sei es sogar möglich, im Griechischen unterrichtet zu werden. Die Rede schließt mit einem Gebet, daß der Kraichgau immer ein Stätte der Kirche bleiben möge.

Die Rede wurde 1561 in der lateinischen Urfassung gedruckt. Sie fand einen so guten Absatz, daß bereits 1562 und 1563 Nachdrucke gefertigt werden mußten. Im Jahre 1583 wurde sie von Chytraeus noch einmal neu überarbeitet. Der Menzinger Pfarrer Otto Becker hat 1908 die Rede aus dem Lateinischen ins Deutsche übertragen und sie damit einem weiteren Leserkreis zugänglich gemacht.

Johann Baptist Orbin

(1806 – 1886)

Erzbischof von Freiburg

Durch den fürstbischöflich-speyrischen Hof in Bruchsal angezogen, kamen manche Familien in die Stadt, deren Familienväter dort eine Anstellung fanden. Dazu gehören auch die Orbins, deren Vorfahren von Schweden nach Wien auswanderten, um sich dort als Bortenwirker niederzulassen. Matthias Orbin, Sohn von Johann Baptist Orbin, kam gegen Ende des 18. Jahrhunderts als Musiker an den fürstbischöflichen Hof. Er hatte in den Jahren vorher viel Unglück erdulden müssen. Zwei Frauen und mehrere Kinder waren ihm durch den Tod entrissen worden. In Bruchsal verheiratete er sich mit Franziska Blenker, Tochter eines Domorganisten in Mainz. Aus dieser Ehe stammten elf Kinder. Das erste war Johann Baptist, der am 22. September 1806 das Licht der Welt erblickte.

Schon früh wollte der Junge Geistlicher werden. Das aber war bei der großen Kinderschar und dem schmalen Verdienst des Vaters ohne Hilfe nicht möglich. Man mußte sich um Stipendien bewerben. Die jährlichen Unterstützungsanträge finden sich noch im Generallandesarchiv Karlsruhe, und immer sind ausgezeichnete Zeugnisse Orbins beigefügt. Zunächst war Orbin von 1817 bis 1824 Schüler des Gymnasiums Bruchsal, wo er Beihilfe von der "armen Studentenkasse" erhielt. Dann folgte 1824 bis 1826 das Rastatter Lyceum mit Unterstützung vom "Seminarfonds". Als er nach der Reifeprüfung von 1826 bis 1829 in Freiburg studierte, wurde er aus dem "Alumnatsfonds" unterstützt. Daß dem jungen Mann während seiner gesamten Studienzeit ohne Unterbrechung durch diese sozialen Einrichtungen geholfen wurde, stellt ihm ein hohes Zeugnis aus, denn er mußte dafür dauernd vorzügliche Leistungen erbringen. Nach der abschließenden Ausbildung am Priesterseminar wurde Orbin am 6. August 1830 durch Erzbischof Boll zum Priester geweiht. Unter großer Anteilnahme der katholischen Kirchengemeinde hielt Johann Baptist Orbin am 22. August 1830 in der Hofkirche zu Bruchsal seine Primiz.

Das dienstliche Leben des jungen Seelsorgers vollzog sich in den üblichen Bahnen: Vertretungen, Versetzungen, Gemeinden wechselten einander ab. Zunächst kam Orbin als Vikar nach Mingolsheim, immerhin für etwas länger als ein Jahr. Im Oktober 1831 wurde er Vikar in Jöhlingen. Vor Weihnachten des gleichen Jahres kam er als Pfarrverweser nach Büchenau, vier Wochen später nach Ottersdorf zur Unterstützung des blinden Pfarrers und schließlich am 10. Juli 1832 als Pfarrverweser nach Weinheim.

Im Frühjahr 1834 wurde Orbin mit dem Titel Kooperator als Vikar nach Mannheim versetzt. Dort erteilte er vor allem Religionsunterricht an verschiedenen Lehranstalten. Schließlich wurde Orbin durch den erzbischöflichen Erlaß vom 21. Juni 1839 zum Pfarrverweser der Kirchengemeinde Mannheim bestellt. Zwei Jahre später unterzog er sich auch dem vom Innenministerium vorgeschriebenen "Concursus pro seminaris", dies war die vom Staat am 10. April 1840 verordnete Prüfung bei der Bewerbung um ein Pfarramt.

Mannheim besaß damals zwei katholische Pfarreien, die untere und die obere, die beide arbeitsmäßig von nur einem Pfarrer nicht bewältigt werden konnten. Deshalb erhielt die untere Pfarrei auf An-

*Abb. 15 Johann Baptist Orbin
(Foto: Diözesan-Archiv Freiburg)*

Schulbeamten, Verwaltung des Kirchenvermögens und kirchenbehördliche Verordnungen bedurften der Zustimmung des Staates. Diese gesetzlichen Grundlagen blieben bis 1860 in Geltung und lösten das jahrzehntelange Ringen um ein ausgewogenes Verhältnis zwischen Staat und Kirche aus.

Als jüngster Domkapitular war Orbin zugleich Dompfarrektor. Dieses Amt begleitete er über die eigentliche Verpflichtung hinaus bis 1861. Die Revolutionsjahre mußten überstanden werden. Orbin gehörte zu der großen Mehrzahl der Geistlichen, welche der revolutionären provisorischen Regierung Brentano den Gehorsam verweigerten. Er blieb natürlich von Lasten nicht verschont und hatte von April 1848, also in der Zeit des Heckerputsches, bis Ende 1849 etwa 2000 Mann einzuquartieren und zu verpflegen.

Wegen der Concursprüfung wuchs der Widerstand der Kirche gegen die Maßnahmen des Staates. Dieser reagierte am 7. November 1853 mit der Verordnung, daß keine erzbischöfliche Anordnung ohne Gegenzeichnung eines staatlichen Spezialkommissars verkündet und vollzogen werden durfte. Zuwiderhandlungen wurden wegen "Störung der öffentlichen Sicherheit und Ordnung nach dem Gesetz vom 24.07.1852" bestraft. Der Erzbischof von Vicari beantwortete diese Maßnahme mit dem großen Kirchenbann gegen den Kommissar und die Mitglieder des katholischen Oberkirchenrates, die als Staatsdiener dem Regenten zu Gehorsam verpflichtet waren. Die Regierung zog die Geistlichen, die den Kirchenbann verkündeten, zur Rechenschaft. In dieser spannungsgeladenen Situation leitete der Regent Verhandlungen mit dem Vatikan ein und nahm zur Beilegung des Konflikts die Verordnung zurück. Der Erzbischof fuhr jedoch fort, gegen die Maßnahmen der Regierung zu opponieren, so daß diese sich veranlaßt sah, gegen ihn ein Verfahren wegen Gefährdung der öffentlichen Ruhe und Sicherheit einzuleiten. Der Konflikt spitzte sich zu, als die Regierung

trag Orbins einen eigenen Pfarrer. Er selbst bekam am 12. Dezember 1843 die obere Pfarrei übertragen und übernahm auch den Vorsitz des Dekanats. Erzbischof von Vicari wurde bald auf den tüchtigen Geistlichen aufmerksam und berief ihn am 20. Februar 1847 als Mitglied des erzbischöflichen Domkapitels nach Freiburg.

Es war eine politisch außerordentlich bewegte Zeit. Die Revolution 1848/49 warf ihre Schatten voraus, und das Ringen um ein neues Verhältnis der katholischen Kirche zum Staat nahm immer schärfere Formen an. Nach der Gründung des Erzbistums Freiburg 1821 wurde die katholische Landeskirche als öffentliche Religionsgemeinschaft mit ihrer hierarchischen Verfassung und dogmatisch-moralischen sowie kirchenrechtlichen Zuständigkeit anerkannt. Dem Staat aber blieben wichtige "Gegenstände der Kirchengewalt" vorbehalten: Besetzung der Pfarreien, Ernennung aller ständigen Kirchen- und

am 22.5.1854 den Strafrichter anrief, der sich zum Haftbefehl gegen den Erzbischof entschloß, vollzogen durch die Bewachung des Kirchenfürsten in seinem Palais. Eine merkliche Unruhe entstand im Land. Die Verhandlungen in Rom mußten unterbrochen werden, wurden jedoch mit einem neuen Unterhändler wieder aufgenommen, nachdem das Verfahren gegen den Erzbischof niedergeschlagen worden war.

Orbin unterstützte mit den Mitgliedern des Domkapitels den Standpunkt seiner Kirche. Im Grunde seines Wesens war er aber ein Mann des Ausgleichs, eine Eigenschaft, die ihn einerseits auszeichnete, die ihm andererseits aber in konfliktreichen kirchenpolitischen Zeiten Schwierigkeiten machte. Beispielsweise sprach er sich 1864 in Sachen des Oberschulrates entgegen der Ansicht des Erzbischofs und der Mehrheit des Domkapitels für den Eintritt der Ortspfarrer in den Ortsschulrat aus.

Von 1855 bis 1860 betreute Orbin noch als erzbischöflicher Schulkommissar Lyceum und Gewerbeschule in Freiburg. Weitere wichtige Ämter waren das des Generalvikars (Leiter der bischöflichen Verwaltung und Vertreter des Bischofs in allen Fragen außer der Weihegewalt) und des Präsidiums des Domkapitels. Beide Ämter verwaltete er von 1865 bis 1867, dann löste ihn der spätere Bistumsverweser Lothar Kübel ab. Als Offizial (kirchlicher Richter) unterstand ihm die streitige Gerichtsbarkeit beim erzbischöflichen Ordinariat, gleichzeitig war er Vorsitzender des Diözesangerichtes.

Nach dem Tode des Erzbischofs von Vicari wählte das Domkapitel am 15. April 1868 Weihbischof Domdekan Lothar Kübel zum Kapitelsvikar und Erzbistumsverweser. Die Verhandlungen zur Besetzung des erzbischöflichen Stuhles mit der badischen Regierung scheiterten, hauptsächlich auch an dem noch ungelösten Problem des Staatseides, den ein Erzbischof zu leisten hatte. Dieser Staatseid bedeutete in der Interpretation durch Staatsminister Jolly ("Jolly'scher Revers") eine deutliche Unterwerfung unter den

Staat, was einer Abkehr von Rom gleichkam. Erzbistumsverweser Kübel aber wahrte die Rechte seiner Kirche ohne Rücksicht auf seine eigene Person. So wurde er nie Erzbischof und trug von 1868 bis zu seinem Tode 1881 die Last der Verweserschaft der großen Diözese in einem Klima der Feindseligkeit, des Hasses, der Intrige und Indiskretion, oft gedemütigt von seinem eigenen Domkapitel. Sein Amt wurde dadurch erschwert, daß die Mehrheit seines Domkapitels dem staatstreuen Kurs anhing und auf Ausgleich bedacht war. Dazu gehörte auch Orbin, der ebenfalls die Gegensätze entschärfen wollte. Aber diese waren unüberbrückbar. Erzbistumsverweser Lothar von Kübel, er hatte den persönlichen Adel erhalten, wurde vom Papst mit zusätzlichen Rechten ausgestattet. Das badische Innenministerium erhob am 20. April 1869 gegen diese Maßnahmen Einspruch. Kulturkampfstimmung im staatlichen und kirchlichen Lager stand einer friedlichen Beilegung des Konfliktes im Wege.

Nach dem Tod von Kübels wurde Johann Baptist Orbin zum Erzbistumsverweser und am 10. September 1881 zum Domdekan gewählt. Man sah in ihm den Mann, und zwar von kirchlicher wie von staatlicher Seite, der durch seine Eigenschaften geeignet war, den seit Jahren verwaisten erzbischöflichen Stuhl zu besetzen. Orbin wurde am 2. Mai 1882 zum Erzbischof gewählt. Am 12. Juli erfolgte seine Konsekration und Inthronisation. Auch als Erzbischof blieb Orbin seiner bisherigen Politik treu und setzte sich für den Ausgleich der bestehenden Gegensätze ein. Er stellte, vereinfachend gesagt, dem "politischen" einen rein "religiösen" Katholizismus entgegen. Lange durfte der Oberhirte nicht mehr wirken. Seine Arbeitslast war groß, denn er besaß keinen Weihbischof oder Koadjutor. Sein Körper war geschwächt und konnte einer im November 1885 ausgebrochenen Krankheit nicht mehr lange den notwendigen Widerstand leisten. Erzbischof Johann Baptist Orbin starb am 9. April 1886.

Friedrich Justus Heinrich Knecht

(1839 – 1921)

Weihbischof und Pädagoge

Friedrich Justus Heinrich Knecht war wohl der einzige Weihbischof der Erzdiözese Freiburg, der ursprünglich der evangelischen Konfession angehörte. Er stammte aus einer kirchlichen "Mischehe"; der Vater war evangelisch, die Mutter katholisch. Die fünf Kinder wurden mit Rücksicht auf den Vater evangelisch getauft, aber Vater und Kinder traten 1855 zur katholischen Kirche über. Knecht erblickte am 7. Oktober 1839 in Bruchsal als Sohn des Schneidermeisters Heinrich Knecht und dessen Ehefrau Katherina geb. Schmeer das Licht der Welt. Der Junge besuchte von 1845 bis 1849 die Volksschule und anschließend bis 1856 das Gymnasium Bruchsal. Dann wechselte er an das Lyceum Rastatt über und legte dort 1858 die Reifeprüfung ab.

Früh schon war in Knecht der Wunsch lebendig, Priester zu werden. Deshalb studierte er von 1858 bis 1861 in Freiburg katholische Theologie, und ein weiteres Studienjahr schloß sich am Priesterseminar in St. Peter an. Hier erhielt er am 5. August 1862 aus der Hand des Erzbischofs Hermann von Vicari die Priesterweihe.

Der übliche Weg eines jungen Geistlichen begann. 1862 - 1864 war Knecht Vikar in Durmersheim, Rastatt, Freiburg St. Martin. Dann wurde er Repetitor am Knabenseminar in Freiburg und Religionslehrer an der höheren Bürgerschule. Darauf folgten zwei Jahre (bis 1866) als Kuratieverweser in Emmendingen. 1866 bis 1869 war Knecht Pfarrer in Buchholz, 1869 - 1871 Benefiziatsverweser in Gengenbach, 1871 Pfarrverweser in Salbach und 1871 bis 1877 Pfarrer in Reichenbach bei Lahr.

Schon der junge Geistliche setzte Schwerpunkte seiner Tätigkeit. Für seinen weiteren Werdegang waren die Bemühungen um den Religionsunterricht, die ihn zu einem bekannten, ja berühmten Pädagogen machten, von ausschlaggebender Bedeutung. Dr. Clemens Siebler, Knechts Biograph, hebt hervor, daß dieser sich nachdrücklich zu dem Grundsatz bekannt habe, daß der Bibelunterricht der Katechese dienstbar sein müsse. Für Knecht blieb die *"Schulbibel in erster Linie Hilfsmittel zur Begründung, Belebung, Erweiterung und Fruchtbarmachung des Katechismusunterrichts. Es war unübersehbar, daß er mit dieser Auffassung bewußt in Gegensatz zur protestantischen exegetischen Methode trat"*.

Knecht verband seine pädagogische Arbeit mit der Fähigkeit, diese durch Publikationen bedeutender Art zu unterstützen. 1862 veröffentlichte er seinen "Praktischen Kommentar zur biblischen Geschichte".

Ebenfalls 1882 erschien Knechts "Kurze biblische Geschichte für die unteren Schuljahre der katholischen Volksschule". Diese biblische Geschichte hatte einen außerordentlichen Erfolg. Noch nach dem II. Weltkrieg wurde sie im Unterricht verwendet und in rund zwanzig Sprachen übersetzt. 1907 folgte dann schließlich noch die Edition der größeren "Biblischen Geschichte für Schule und Haus".

Knecht strebte eine umfassende religiöse Erziehung der Jugend an, die nicht auf wenige Wochenstunden Religionsunterricht beschränkt werden konnte und das Elternhaus mit einbezog. Die christliche Familie spielte für ihn eine zentrale

Rolle. Er forderte von der Schule, daß Belehrung und Erziehung den ganzen Menschen umfasse in einem lebendigen, untrennbaren Zusammenwirken. Deshalb strebte Knecht auch eine christliche Erziehung an Gymnasien und Hochschulen an. Diese Bemühungen Knechts hatten auch einen politischen Aspekt, denn in jenen Jahren herrschte Kulturkampf (vgl. dazu die Ausführungen bei Erzbischof Orbin), und die Simultanschule, die christliche Gemeinschaftsschule, wurde obligatorisch eingeführt. Knecht, der immer wieder den kirchlichen Ursprung der Volksschule betonte, blieb ihr entschiedener Gegner.

Es war folgerichtig, daß Knecht im Jahre 1874 Erzbischöflicher Schulinspektor wurde. 1877 - 1879 war er Pfarrverweser in Erlach. 1878 promovierte Knecht zum Dr. theol. an der Universität Tübingen. Dann folgten die Jahre in Schuttertal, wo er von 1879 bis 1882 als Pfarrer amtete.

Knecht war 43 Jahre alt, als er 1882 Domkapitular in Freiburg wurde und das Referat Religionsunterricht übernahm. Als unabdingbar konservativer Mann war er ein scharfer Gegner des liberalen Staates. Das zeigte sich während des Kulturkampfes bei den Deutschen Katholikentagen in Freiburg (1875) und Konstanz (1880) besonders deutlich. Ein so engagierter Streiter für die Freiheit der Kirche mußte natürlich der Regierung suspekt erscheinen. Knecht war für sie eine unliebsame und unbequeme Persönlichkeit. Das Staatsministerium verhinderte deshalb seine für das Jahr 1882 vorgesehene Ernennung zum Weihbischof. Knecht wurde auch 1886 von der Kandidatenliste zur Erzbischofswahl gestrichen, die das Domkapitel dem Staatsministerium vorzulegen hatte. Erst 1894 konnte er dann zum Weihbischof ernannt werden. 1892 wurde er für eine fast zweijährige Sedisvakanz (Zeit der Nichtbesetzung des bischöflichen Stuhles) zum Domkapitularvikar gewählt. Aber auch diesmal scheiterte Knechts Wahl zum

Abb. 16   Friedrich Justus Heinrich Knecht (Foto: Diözesan-Archiv Freiburg)

Erzbischof am Widerstand der Regierung. Beinahe 27 Jahre hatte Knecht das Amt des Weihbischofs inne, nahm an vier Erzbischofswahlen teil und wurde zum wichtigsten Helfer seiner Oberhirten. Er hatte als Schulreferent, Domdekan (1896) und Offizial großen Einfluß auf die Entscheidungen der Kirchenbehörde und widmete diesen Aufgaben ganz seine außerordentliche Schaffenskraft.

Weihbischof Knecht war nicht nur ein religionspädagogischer Denker und Schriftsteller, er war auch ein praxisbezogener Mensch. Seine besondere Aufmerksamkeit galt der Diaspora mit ihren Sorgen und Problemen, denen er sich hilfreich annahm. Knecht kam in enge Berührung mit dem Bonifatiuswerk, das ihm sehr viel verdankte und das er finan-

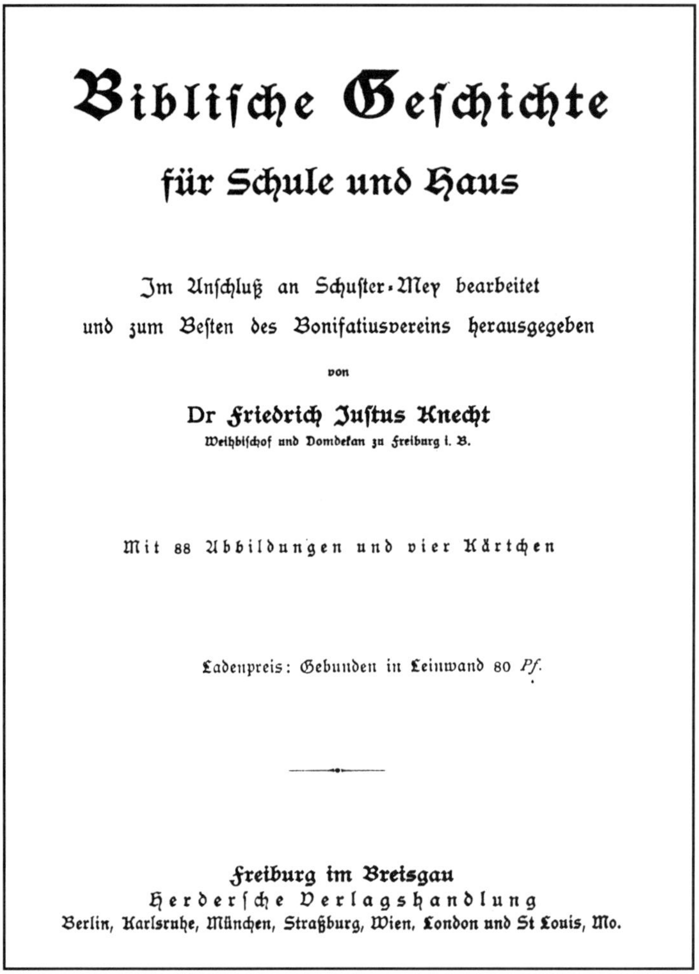
Biblische Geschichte

für Schule und Haus

Im Anschluß an Schuster-Mey bearbeitet
und zum Besten des Bonifatiusvereins herausgegeben

von

Dr Friedrich Justus Knecht
Weihbischof und Domdekan zu Freiburg i. B.

Mit 88 Abbildungen und vier Kärtchen

Ladenpreis: Gebunden in Leinwand 80 Pf.

Freiburg im Breisgau
Herdersche Verlagshandlung
Berlin, Karlsruhe, München, Straßburg, Wien, London und St Louis, Mo.

Abb. 17 Die "Biblische Geschichte für Schule und Haus" von 1915.

ziell tatkräftig unterstützte. Er hat das Werk im Erzbistum Freiburg neu organisiert. Das gesamte Honorar für seinen "Kommentar zur biblischen Geschichte" floß dem deutschen Diasporawerk zu, und seine Einnahmen aus der "Biblischen Geschichte für Schule und Haus" kamen ohne jeden Abzug dem Bonifatiusverein zugute. Das Ziel des Weihbischofs Knecht, den Diasporakatholiken moralisch und materiell Hilfe zu leisten, könnte nicht besser dokumentiert werden.

Justus Knecht besaß in der Öffentlichkeit hohes Ansehen. Großherzog Friedrich I. verlieh ihm das Kommandeurkreuz des Zähringer Löwenordens und den Orden Berthold I. Die schönste Ehrung aber empfing Weihbischof Knecht zu seinem 80. Geburtstag, als ihm seine Heimatstadt Bruchsal das Ehrenbürgerrecht verlieh. Er ist in seiner Geburtsstadt lebendig geblieben, und ein Bruchsaler Gymnasium trägt seinen Namen.

Friedrich Justus Heinrich Knecht schloß am 31. Januar 1921 seine Augen für immer; er wurde in der Heinhofer-Kapelle im nördlichen Chorgang des Freiburger Münsters beigesetzt. Eine Gedächtnistafel hält die Erinnerung an ihn wach.

Ferdinand Julius Bender

(1893 – 1966)

Evangelischer Landesbischof in Baden

Ferdinand Julius Bender kam am 30. August 1893 in Michelfeld zur Welt. Sein Vater war der Bahnbeamte Ferdinand Bender, seine Mutter Caroline geb. Brecht. Der Vater wurde als "Bähnler" öfters versetzt. Der Junge verbrachte seine Jugend in Michelfeld und Mannheim. Dort besuchte er das Gymnasium. Das Abitur legte er im Juli 1912 in Baden-Baden ab, die Familie wohnte damals in Oos-Scheuern. Ab Wintersemester 1912/13 begann Bender das Studium der Theologie an der Universität Tübingen und wechselte nach zwei Semestern an die Universität Kiel. Dann brach der 1. Weltkrieg aus.

Bender rückte im August 1914 als Kriegsfreiwilliger beim Badischen Leibdragoner-Regiment Nr. 2 ein, kam dann zur Luftwaffe und wurde Jagdflieger bei der berühmten Staffel Udet. Als Leutnant kehrte Bender nach Kriegsende in die Heimat zurück und nahm im Januar 1919 in Tübingen sein Studium wieder auf. Hier legte er ein gutes theologisches Examen ab und wurde 1920 in Heidelberg ordiniert.

Es folgte die übliche Vikarszeit: Hagsfeld bei Karlsruhe, St. Georgen im Schwarzwald, dann bis Mai 1922 Schopfheim, und schließlich war Bender Pastorationsgeistlicher von Meßkirch. Er verheiratete sich 1920 mit Luise Kiefer. Aus der Ehe gingen zehn Kinder hervor, drei Söhne und sieben Töchter. Einer der Söhne war der leider viel zu früh verstorbene baden-württembergische Justizminister Dr. Traugott Bender.

Einschneidend und entscheidend wurde für die seelsorgerische Tätigkeit Benders das Jahr 1927. Am Ende dieses Jahres erhielt er das Angebot, Vorsteher des Diakonissenhauses in Nonnenweier zu werden. Er nahm dieses Angebot an, die Kirchenleitung stellte ihn für diese Aufgabe frei und verlieh ihm den Titel Pfarrer. Bender entwickelte in Nonnenweier eine segensreiche Tätigkeit, welche das Diakonissenhaus prägte und die bis heute unvergessen ist. Der Zweite Weltkrieg riß auch ihn aus seinem Wirken heraus. Bender wurde zur Luftwaffe eingezogen und erlebte den Verlauf des Krieges in Österreich, Frankreich und Jugoslawien. Als Major kehrte er bei Kriegsende wieder nach Nonnenweier zurück, aber nicht mehr für lange.

Bender wurde in den erweiterten Oberkirchenrat nach Karlsruhe berufen. Hier konnte er an wichtiger Stelle am Wiederaufbau der evangelischen Landeskirche mitwirken. Seine theologischen und organisatorischen Fähigkeiten verhalfen ihm zu einen solchen Ansehen, daß er am 23. April 1946 vom erweiterten Oberkirchenrat auf Vorschlag der Landessynode zum Landesbischof gewählt wurde. Julius Bender übte das hohe Amt bis zum Jahre 1964 aus, krank ging er in den Ruhestand. Am 19. Januar 1966 erlag der in der ganzen Bundesrepublik hoch angesehene Bischof seinem Leiden.

Landesbischof Bender war ein ernster und seinem Amt mit großem Einsatz dienender Geistlicher. Er empfing früh wichtige Glaubenserkenntnisse durch den Pietismus. Die Erweckungsbewegung erfaßte seit der Mitte des 19. Jahrhunderts vor allem ländliche evangelische Kreise, auch im Kraichgau. Bender kam mit ihr durch das Elternhaus seiner Mutter in nahe Berührung. Aber das gab ihm noch keine Heilsgewißheit. Diese fand er in

Abb. 18   *Ferdinand Julius Bender*
(Foto: Familie Bender)

der Gnadenlehre Luthers. Sein Pietismus wurde durch das reformatorische Zeugnis korrigiert und wurde ihm so ein *"heilsames Gegengewicht gegen Liberalismus und Orthodoxie und gegen eine dialektische Theologie, die die Erfahrung aus dem Glaubensleben verbannen wollte. Alle wichtigen Stellungnahmen Benders haben hier ihren Ursprung. Sein Engagement vom Schulbibelkreis über die Deutsche Christliche Studentenvereinigung bis hin zum Eintreten für die Kirchlich-Positiven, sein missionarischer Impetus, letztlich seine ganze Lebenseinstellung"* (alle Zitate nach Sepaintner).

1923 gehörte Bender zu den Mitbegründern der Jungpositiven in Baden. Im Mittelpunkt stand deren Forderung nach der inneren Umkehr der Kirche und ihrer Diener. Für Bender war die nach innen

und außen missionarische und nach biblischen Gesichtspunkten und dem Vorbild der neutestamentlichen Gemeinde geleitete Kirche das Idealbild, *"die durchdrungen ist von geistlicher Amtsauffassung, geleitet von einer charismatischen Persönlichkeit, dezentral verwaltet, frei vom staatlichen Einfluß und von politischer Tätigkeit"*.

Die Forderung nach einem praktischen Christentum erfüllte Bender selbst. Von 1920 bis 1933 trat er für den "Christlich Sozialen Volksdienst" ein. Der Volksdienst war eine evangelisch-konservative Bewegung, die von Pietismus und Fronterlebnis geprägt war. Er unterstützte z. B. die Politik des Reichskanzlers Brüning. Sein eigenes politisches Bekenntnis hat Bender 1931 in einem Beitrag für die kirchlich-positiven Blätter festgelegt: *"Er trat darin gleichermaßen gegen den entarteten, selbstsüchtigen Kapitalismus wie gegen den Sozialismus auf, forderte eine auf Gott vertrauende Haltung und Opferbereitschaft und stimmte den Notverordnungen zu"*. Es ist selbstverständlich, daß Bender gegen den Antisemitismus der Nationalsozialisten sprach und schon 1933 öffentlich den "Deutschen Christen" entgegentrat. Seine feste Position behielt er bis zum Ende des III. Reiches als Mitglied des Landesbruderrates der Bekennenden Kirche Badens und der Bekenntnissynode Oeyenhausen bei.

Benders Grundsatztreue und feste Haltung bewährten sich beim Wiederaufbau nach dem Kriege. Es standen schwerwiegende Fragen zur Entscheidung an, die auch die Repräsentanten der Kirchen zu einer Stellungnahme zwangen, so z. B. die Wiederbewaffnung. Diese billigte Bender dem Staate zu, und er forderte dem Staat gegenüber eine positive Haltung. Die persönliche Konsequenz dieser Haltung war sein energisches Eintreten für die Militärseelsorge. Er saß derem Beirat in der Evangelischen Kirche in Deutschland vor, nachdem seine Mitarbeit den Staatsvertrag zwischen der Evangelischen Kirche und der Bundesrepublik wesentlich bestimmt hatte.

Bender bezeichnete seine Theologie als Theologie des Glaubens, der nur aus der Bibel resultierte. Sein Hauptanliegen war, das Evangelium von Christus als dem lebendigen, den Menschen befreienden Gott zu lehren und zu leben. Daraus erklärte sich auch die Bedeutung, die Bender allen Bereichen der Mission beimaß.

Auch sein Verhältnis zu anderen Kirchen liegt hier begründet. Zeitlebens trat er für die Diasporakirchen in Frankreich und Italien ein, förderte sie und hielt viele persönliche Kontakte.

Bender dachte auch ökumenisch und schloß die katholische Kirche mit in seine Überlegungen ein - bei klarer Erkenntnis der *"wichtigsten Scheidepunkte"*. Er führte viele Gespräche mit den Freiburger Bischöfen in einem guten gegenseitigen Vertrauensverhältnis.

Julius Bender war über 70 Jahre alt, als er sich nach 18 Dienstjahren vom Amt des Landesbischofs verabschiedete. Seine Verdienste um die Mitgestaltung des Wiederaufbaus der evangelischen Landeskirche in Baden bleiben unvergessen.

Im Frühjahr 1966 erschien die kleine Schrift "Der Christ und die Schrecken des Todes". Ihr Verfasser, Julius Bender, war bereits seit Wochen tot. Noch einmal, im Sterben, zeigte er die Haltung, die sein Leben gekennzeichnet hatte: Der Tod wird mit Christi Hilfe Vollendung des Glaubens. Bender spendete ein letztes Mal Trost. Auch am Grabe wollte er nicht Trauer, sondern die Heiterkeit, die aus dem Wissen von der Erlösung kommt.

Franz Josef Mone

(1796 – 1871)

Direktor des Badischen Generallandesarchivs in Karlsruhe

Franz Josef Mone kam am 12. Mai 1796 als Sohn des Bauern und fürstbischöflichen Ortsschultheißen Mone in Mingolsheim zur Welt. Das Dorf gehörte damals zum rechtsrheinischen Teil des Fürstbistums Speyer und wurde erst sieben Jahre nach Mones Geburt badisch. Die Familie stammte aus den Niederlanden. Der Großvater van Moon war nach Baden ausgewandert, und der Sohn verdeutschte dann den Familiennamen in Mone.

Der Junge wuchs mit mehreren Geschwistern auf. Er war hochbegabt und wurde deshalb früh zum Studium bestimmt. Zunächst erhielt er von 1806 bis 1808 einen sorgfältigen Unterricht in dem im pestalozzischen Geiste geführten Erziehungsinstitut von W. Wittmer im nahen Kislau. Dann folgte der Besuch des Gymnasiums Bruchsal. Die letzten beiden Gymnasialklassen, die man nur in den neunklassigen Lyzeen besuchen konnte, absolvierte Mone wie andere ungezählte begabte Kraichgauer Schüler am Lyzeum in Rastatt.

1814 bezog Mone die Universität Heidelberg in der festen Absicht, später einmal die Gelehrtenlaufbahn zu ergreifen. Er studierte in den Hauptfächern Geschichte und Philologie.

Mone war ein Sprachgenie. Schon auf dem Gymnasium lernte er nebenher Hebräisch und Arabisch. Latein schrieb und sprach er ebenfalls fließend. Auf der Universität nahm er Russisch und andere slawische Sprachen hinzu. In Löwen folgte dann später noch das Holländische. Selbstverständlich beherrschte Mone auch das Englische, Französische und Italienische in Wort und Schrift. Er war während seiner Studienzeit in Heidelberg Mitglied eines "Lese-Kränzchens" von Philologiestudenten und gehörte dem Corps der Suevia an. 1816 schrieb er seine Dissertation in Latein, und 1817 folgte seine Habilitation für das Fach Geschichte.

Im Dezember 1816 bewarb sich Mone um die Stelle eines Kustos der Universitätsbibliothek Heidelberg. Der Bibliotheksdirektor empfahl ihn wegen seiner guten literarischen Kenntnisse und seiner Neigung zum bibliographischen Arbeiten. Mone sollte auf Probe mit einem Jahresgehalt von 100 Gulden angestellt werden. Die Genehmigung des Gesuches ließ aber auf sich warten, deshalb bat er am 16. Januar 1818 um die Entscheidung des Ministers mit dem Hinweis, daß ihm ein Ruf an die niederländische Universität Löwen auf deren Bibliothekarsstelle mit dem Rang eines Professors und 2200 Gulden Jahresgehalt vorliege. Er habe dem Ruf bisher nicht Folge geleistet, weil er dem Lande Baden weiterhin dienen wolle. Endlich wurde Mone im Juni 1818 Bibliothekssekretär der Universitätsbibliothek Heidelberg mit 400 Gulden Jahresgehalt. Im Mai 1819 wurde er unter Belassung auf seiner Bibliotheksstelle außerordentlicher Professor der Geschichte an der Universität Heidelberg mit einer Zulage von 300 Gulden.

Dadurch wurde die Heirat möglich: Ende Mai 1820 ehelichte er die Tochter des Bruchsaler Domänenverwalters Anton Warnkönig. 1822 erfolgte Mones Ernennung zum ordentlichen Professor, als Professor Wagemann von der Universität Heidelberg auf einen Lehrstuhl für Statistik an die Universität Lüttich berufen wurde.

Abb. 19
Franz Josef Mone
(GLA J-Ac-M/23)

Damit waren die Beziehungen zwischen der Universität Heidelberg und den Universitäten der Niederlande geknüpft. Mone hatte mit 700 Gulden die geringste Besoldung als Ordinarius, und auch deshalb nahm er nun 1827 den Ruf an die Universität Löwen an. An dieser Berufung konnte auch sein Schwager Leopold August Warnkönig mitgewirkt haben, der schon seit 1817 als Professor für Römisches Recht und der Rechtsphilosophie an der Universität Lüttich gelehrt hatte und 1827 nach Löwen versetzt worden war. Die belgische Revolution von 1830 machte der Tätigkeit der Professoren deutscher Herkunft ein Ende. Auch Mone verließ die Universität Löwen und kehrte heim. Als Zwischenlösung diente ihm die Tätigkeit in der Redaktion der konservativen "Karlsruher Zeitung", bis er 1835 als Direktor an das Badische Generallandesarchiv in Karlsruhe berufen wurde.

Die Berufung Mones als Staatsarchivdirektor erfolgte aufgrund seiner wissenschaftlichen Leistungen. Er stand mit bedeutenden Gelehrten in Verbindung, so mit den Brüdern Grimm und mit dem Freiherrn von Laßberg, dem Wiederentdecker der Nibelungenhandschrift.

Mone hat das Archiv zu einem hohen Ansehen gebracht. Er machte dessen Schätze durch wissenschaftliche Publikationen und Abdrucke erst recht bekannt. Mones archivalische Tätigkeit hingegen schien seinen Nachfolgern problematisch, für Erwerbungen und innere Ordnung des Archivs habe er fast nichts getan. Um so größer war die Vielfalt seines wissenschaftlichen Werkes und die Variationsbreite seiner Thematik. Mones "Quellensammlung der badischen Landesgeschichte" umfaßt in dreieinhalb Bänden 2235 Seiten. In der "Zeitschrift für die Geschichte des Oberrheins" umfassen seine Beiträge 213 Nummern. Interessant ist, daß man Mone den Vorwurf der "Keltomanie" gemacht hat. Er hatte eine Neigung, Namen und Erscheinungen der oberrheinischen Geschichte auf einen keltischen Ursprung zurückzuführen. Ein großes Verdienst Mones bleibt, daß er früh den Inhalt des Urkundenarchivs der Geschichtsforschung bekannt machte und zur Verfügung stellte. Mone war ein außerordentlich fleißiger Herausgeber. 1826 und 1827 gab er das "Badische Archiv zur Vaterlandskunde in allseitiger Einsicht" heraus. Er war der Autor aller darin enthaltenen Beiträge. Die Übersiedlung nach Löwen machte der Zeitschrift ein Ende. 1835-1839 erschien in alleiniger Verantwortung Mones der "Anzeiger für Kunde des deutschen Mittelalters". 1850 folgte der erste Band der "Zeitschrift für die Geschichte des Oberrheins, herausgegeben von dem Landesarchiv zu Karlsruhe durch den Direktor desselben F. J. Mone". Diese hervorragende Zeitschrift, die bis heute ihren Namen behalten hat, ist Mones bleibende Leistung. 21 Jahrgänge hat er nicht nur redigiert, sondern auch die meisten Beiträge selbst verfaßt.

Politisch war Mone ein ausgesprochen konservativer Mann, der jede liberale Bestrebung bekämpfte. Er war entschiedener Gegner des Staatskirchentums und griff aktiv in den beginnenden Kulturkampf ein.

1841 veröffentlichte er anonym die sensationelle Wirkung erzielende Schrift "Die katholischen Zustände in Baden". In dieser Veröffentlichung stellte Mone die wichtigsten Beschwerdepunkte der Katholiken zusammen, hervorgerufen durch die *"vom Staatskirchentum verschuldeten Fehlleistungen gegenüber der katholischen Kirche in Baden"*. Die Schrift forderte eine Gegendarstellung von Staatsrat Nebenius heraus, die dieser ebenfalls unter dem Titel "Die katholischen Zustände in Baden" veröffentlichte. Mone blieb die Antwort nicht schuldig und schrieb wieder anonym ein zweites Mal über das gleiche Thema. Er wurde so zum Mittelpunkt eines politisch-kirchlichen Kreises, dem alle führenden Männer der katholischen Bewegung angehörten. Mone hat auch 1841 in Verbindung mit Prof. Staudenmaier und dem Freiherrn von Andlaw das für den Kampf der katholischen Kirche wichtige "Süddeutsche katholische Kirchenblatt" gegründet.

Im Jahre 1868 ging Mone in den Ruhestand. Vielleicht wurde ihm dieser Schritt erleichtert durch die politische Entwicklung, welche die Hinwendung Badens zu Preußen nach dem Feldzug von 1866 brachte. Mones Bedeutung für die badische Kulturgeschichte fand erst viel später die gebührende Beachtung. Günther Haselier, einer der Nachfolger Mones als Direktor des Generallandesarchivs, würdigte ihn mit den Worten, daß Mone *"als Mensch des Jahrhunderts, mit verhaltener Leidenschaft seinem Heimatland und dessen Geschichte gedient hat und für die Probleme seiner Gegenwart aufgeschlossen war und bereit, an ihrer Lösung auch praktisch mitzuarbeiten in einer Art, die seinem Wesen gemäß war!"*

Franz Josef Mone starb am 12. März 1871.

Franz Anton Regenauer

(1797 – 1864)

Badischer Finanzminister

Von den vielen hervorragenden badischen Verwaltungsfachleuten, die in Bruchsal zur Welt kamen, ist Franz Anton Regenauer einer der bedeutendsten. Er hat bei der Finanzgestaltung des jungen Großherzogtums in schwierigen Zeiten eine wesentliche Rolle gespielt.

Geboren wurden Franz Anton Regenauer am 10. Februar 1797 als ältester Sohn des fürstbischöflich-speyerischen Hof- und Landchirugen Franz Xaver Regenauer. Am 2. November 1810 verunglückte der Vater tödlich, und die katholische Kirchensektion übernahm die Kosten für die weitere Schulausbildung des Halbwaisen. Diese erfolgte zunächst am Gymnasium in Bruchsal, dann von Herbst 1812 bis 1814 am Lyzeum in Rastatt. Nach der Reifeprüfung begann Regenauer im Herbst 1816 an der Universität Heidelberg das Studium der Kameralwissenschaften und schloß mit einem vorzüglichen Examen ab.

Zunächst nahm Regenauer, der eine Vorliebe für die Mathematik hatte, 1817 eine Lehrerstelle für dieses Fach an einem Erziehungsinstitut in Hofwyl in der Schweiz an und setzte seine Lehrertätigkeit anschließend an den Lyzeen in Mannheim und Rastatt fort. Dem damaligen Finanzrat Nebenius entgingen die auffallenden Fähigkeiten des jungen Mannes nicht, und es gelang ihm, Regenauer für den Staatsdienst zu gewinnen. Das war der entscheidende Schritt in dessen Leben. Sein Aufstieg in der Verwaltung des Staates vollzog sich nun in einer imponierenden Weise.

Im April 1819 wurde Regenauer Assessor beim Murg- und Pfinztaldirektorium in Durlach.

Im Herbst 1820 heiratete er Luise Bürk, Tochter des Bürgers und Ratsverwandten Jakob Bürk.

Zeichen von geistiger Regsamkeit und Wissen vermitteln seine Publikationen. Regenauer begann seine literarische Tätigkeit mit einer gründlichen Bearbeitung der Akzis- und Ohmgeldordnung. 1822 wurde er an das Kreisdirektorium Mannheim und 1823 unter Beförderung zum Kreisrat nach Wertheim versetzt. Aber schon 1824 erfolgte die Berufung Regenauers als Domänenrat an die neugeschaffene Domänenkammer in Karlsruhe. Folge dieser Tätigkeit war 1827 die Herausgabe einer Sammlung der Gesetze und Verordnungen über die Bewirtschaftung der badischen Kameraldomänen.

Auch politisch wurde Regenauer aktiv. Er war ein konservativer und überzeugter Katholik und wurde 1831 in die Zweite Badische Kammer gewählt. Als Abgeordneter setzte er sich vorwiegend für die Abschaffung des Zehnten ein. Er war auch von 1836 bis 1838 Mitglied des Verwaltungsrates der "General Witwen und Brandkasse", einer sehr wichtigen und notwendigen Institution.

Damals war von Boeckh Finanzminister, und dieser holte Regenauer 1832 als Ministerialrat in sein Ministerium. Im neuen Amt widmete sich dieser zunächst seinem Spezialgebiet und fertigte einen Entwurf der Zehntablösungsgesetze. Er konnte es als einen schönen Erfolg buchen, daß seine Arbeit mit nur geringen Änderungen 1836 vom Parlament angenommen wurde. Regenauer war damit als erfolgreicher Verwaltungsfachmann ausgewiesen. Deshalb arbeitete er auch zwischen 1832 und 1834 als Referent des

Finanzministeriums beim Neuaufbau des badischen Forstwesens mit. Es waren politisch bewegte Jahre und zunächst stand der Beitritt Badens zum Deutschen Zollverein zur Debatte. Regenauer setzte sich energisch für den Beitritt Badens ein und nahm, nachdem er 1836 zum Geheimen Referendär befördert worden war, maßgeblich an verschiedenen Zollvereinskonferenzen teil.

Dazwischen fand Regenauer immer noch Zeit, sich um die Verbesserung der Berufs- und Lebensverhältnisse seiner Angestellten zu kümmern. Er bemühte sich um eine geregelte Ausbildung der zukünftigen Finanzbeamten, weil er wußte, daß dies eine Voraussetzung für ein späteres gutes Arbeiten war. Auf seine Initiative hin wurde 1841 eine Witwenkasse der Angestellten der Zivilverwaltung gegründet, eine für die damalige Zeit vorbildliche Einrichtung.

Im März 1842 wurde Regenauer Ministerialdirektor und im November 1844 als Nachfolger von Boeckhs Präsident des Finanzministeriums. In der folgenden Zeit erwarb er sich besondere Verdienste um die Finanzierung des beginnenden Eisenbahnbaues. Es bedurfte dabei so fortschrittlicher Männer wie Nebenius und Regenauer, daß die Rheintalbahn als Staatsbahn gebaut wurde, nachdem die Mehrheit des Landtages in langen Debatten dafür gewonnen worden war.

Die Jahre 1848/49 warfen ihre Schatten voraus. Die II. Kammer wurde immer mehr zum Schauplatz erbitterter Kämpfe der Opposition gegen die Regierung. Dies führte im Februar 1846 zur Auflösung des Landtages durch Großherzog Leopold, und bei den erforderlichen Neuwahlen wurde Regenauer nicht mehr gewählt. Er kam mit der liberalen Kammermehrheit als Präsident des Finanzministeriums nicht gut aus. Es gab schwerwiegende Differenzen in verfassungsrechtlichen Fragen. Regenauer trat deshalb Ende 1847 von seinem Amte zurück und ließ sich am 7. März 1848, also kurz vor dem Heckerputsch, zur Ruhe setzen.

Mit Beginn der Aufstände war keine öffentliche Tätigkeit mehr möglich, und Regenauer, der an den Erhebungen natürlich keinen Anteil hatte, zog sich in seine Studierstube zurück und nützte die Zeit zur Vorbereitung späterer Publikationen auf finanzwissenschaftlichem, zoll- und handelstechnischem Gebiet.

Seine Stunde schlug wieder, als die Revolution gescheitert war. Der Großherzog nahm in den ersten Junitagen 1849 große Veränderungen im Staatsministerium vor. Mit Dekreten vom 3. und 8. Juni 1849

enthob er sämtliche Mitglieder des Staatsministeriums "in Gnaden" ihrer Ämter und versetzte sie in den Ruhestand. Regenauer, der seit 1844 Finanzminister gewesen war, wurde erneut mit diesem Amt betraut. Er sah sich nun vor die schwere Aufgabe gestellt, die durch die Revolution und den Zugriff der revolutionären provisorischen Regierung in die Kassen außer Kontrolle geratenen Staatsfinanzen wieder in Ordnung zu bringen. Neue Steuergesetze und Verwaltungsanordnungen waren zu erlassen, und ein Steueraufschlag mußte 1856 und 1857 durchgeführt werden. Auch der ins Wanken geratene Zollverein bedurfte kräftiger Unterstützung. Zum Glück halfen gute Ernten nach 1850, die Lage im Lande wesentlich zu verbessern. So konnte Regenauer im Jahre 1859 in zwei Denkschriften für die Herabsetzung der Rheinzölle eintreten.

Am 3. März 1859 feierte Franz Anton Regenauer sein 40jähriges Dienstjubiläum. Er wurde aus diesem Anlaß von seinem Großherzog mit der Verleihung des Titels "Staatsminister der Finanzen" geehrt.

Die Konkordatsstreitigkeiten zwischen dem Staat und der erzbischöflichen Kurie 1859/60 hatten im Frühjahr die Ablösung der Regierung Jolly zur Folge. Dies war für Regenauer Anlaß, um seinen Eintritt in den Ruhestand zu bitten, der ihm am 7. April 1860 auch gewährt wurde.

Seine letzte Publikation, die 1863 erschien, war eine präzise Analyse des Staatshaushaltes des Großherzogtums Baden. Außerdem war Regenauer unermüdlich mit den Vorarbeiten für ein Lehrbuch der Finanzwissenschaft beschäftigt, als ihn im Juni 1864 ein Gehirnschlag traf, von dessen Folgen ihn der Tod am 18. August 1864 erlöste.

Ludwig Paravicini

(1811 – 1878)

Posthalter, Bürgermeister, Landtags- und Reichstagsabgeordneter

Paravicini, ein gar nicht zum Kraichgau passender Name! Er klingt nicht nur italienisch, er kommt auch von dort. Im 17. Jahrhundert ist die Familie Paravicini di Capelli aus Italien ausgewandert. Es waren protestantische Edelleute, die in und um Como und auch im Veltlin ihre Sitze hatten. Sie verließen ihre Heimat vermutlich nach dem Veltliner Mord (19.6.1620), wegen jener Bewegung, mit der die katholischen Veltliner die Oberherrschaft des protestantischen Kantons Graubünden abschütteln wollten. Die Paravicini fanden eine neue Heimat in Chur, Basel, Holland und in der Kurpfalz.

Es ist nicht genau bekannt, wann die Paravicini nach Bretten kamen. Der früheste Beleg ist ein Kirchenbucheintrag, wonach getraut wurden *"1659 den 15. Februar Caspar Paravicini de Capellis, Herrn Paravicinis de Capellis aus Veltlin ehelicher Sohn und Marie, Herrn Johann Gillardons Bürgers und Rothgerbers allhier eheliche Tochter"*. Nach einer Grabinschrift war um 1675 Francesco Paravicini kurpfälzischer Amtsschultheiß und Kollektor. Vermutlich kamen die Paravicini als Auswanderer zuerst an den kurpfälzischen Hof, um dann als Beamte im Lande zu wirken. In Bretten stellten sie eine lange Reihe Posthalter, der letzte war Ludwig Paravicini, über den hier zu berichten ist. Alle Paravicinis haben in ihrem Wappen einen weißen Schwan im roten Feld.

Die Aufzeichnungen, die Ludwig (Louis) Paravicini hinterlassen hat, geben einen genauen Einblick in sein Leben und Arbeiten. Er wurde am 18. Februar 1811 als Sohn des Posthalters Alexander Paravicini in Bretten geboren. Die Mutter, Karoline geb. Gumbert, stammte aus dem pfälzischen Impflingen. Ein Jahr ging Ludwig in die Volksschule in Bretten und besuchte dann die Schule des Diakons Doll. Der wohlhabende Vater schickte anschließend im Jahr 1820 seinen Sohn in die Lateinschule in Güglingen, die damals einen guten Ruf hatte. Ludwig wohnte bei dem Präzeptor Wurst. Als dieser 1823 verstarb, verließ Paravicini Güglingen und trat in die Realschule in Karlsruhe ein, wo er bei verschiedenen Familien in Pension war. 1825 wurde er von dem Hofprediger Martin konfirmiert.

Im Spätjahr 1825 war dann die Karlsruher Zeit zu Ende. Paravicini sollte nun in ein Institut im durch Pestalozzi berühmt gewordenen Yverdon gehen. Ein Nervenfieber verhinderte dies zunächst, so daß der Junge erst im April 1826 dort ankam und in das Institut Piquet eintreten konnte. Dort blieb er bis zum Herbst 1827. An dem bisher Dargestellten werden die Bemühungen der Eltern ersichtlich, ihrem Sohn eine vielseitige schulische Ausbildung zu ermöglichen. Diese war mit Yverdon beendet. Der Erbe eines großen Besitzes mußte auch für dessen Übernahme ausgebildet werden, und das hieß Einarbeitung in Post und Wirtschaft.

Folgerichtig trat Ludwig Paravicini eine Lehre im renommierten "Badischen Hof" in Heidelberg an und blieb dort bis zum Herbst 1829. Nun war die Post an der Reihe. Im Januar 1830 kam Paravicini nach Karlsruhe, um auf dem dortigen Postbüro und der Kanzlei der Oberpostdirektion Einblick in den Postdienst zu gewinnen. Am 1. April 1830 kehrte er nach Bretten zurück, um für immer dort zu bleiben. Landwirtschaft, Wirtschaft und Post nahmen ihn voll in Anspruch, besonders, als ihm der Vater am 1. Juni 1835 das ganze Geschäft übergab und ihm damit auch eine große Verantwortung übertrug. Ludwig Paravicini war 24 Jahre alt. Zwei Jahre später, am 15. Mai 1837, heiratete er Emilie Dittler, die Tochter des Pforzheimer Bijouteriefabrikanten Peter Dittler und dessen Ehefrau Katherina geb. Dennig. Dem Ehepaar wurden im Laufe der Jahre vier Töchter geboren, wovon die älteste schon zwölfjährig sterben mußte. Die Geschäfte gingen gut, besonders die Gastwirtschaft wurde von Fremden und Einheimischen gerne besucht. Aber die Revolutionsjahre 1848/49, die Paravicini in seinen Erinnerungen so ausführlich und spannend schildert, warfen auch in Bretten ihre Schatten voraus und gaben Anlaß zur Sorge, zumal Paravicini alles andere als ein Revolutionär war.

Von nun an bestimmten zwei Faktoren das Leben Ludwig Paravicinis: Politik und der Bau der Kraichgaueisenbahn. Im Oktober 1849 wurde er erstmals Gemeinderat. Als er nach der Revolution im Jahre 1851 wieder gewählt wurde, nahm er die Wahl nicht an, zog aber im Spätjahr 1851 als nationalliberaler Abgeordneter in die II. Badische Kammer ein. Damit bürdete er seiner Frau eine fast zu große Last auf, sie wurde zur Stütze des ganzen Betriebes. Noch dreimal wurde Paravicini in den Jahren 1859, 1867, 1871 im Wahlbezirk Bretten als Abgeordneter in den Landtag gewählt, ein schöner Beweis für sein hohes Ansehen, das er über die Stadt Bretten hinaus genoß.

Wie stark moderne technische Entwicklungen in das Leben eines Geschäftsmannes eingreifen können, erfuhr auch Ludwig Paravicini, als 1853 die Eisenbahn Stuttgart-Bruchsal eröffnet wurde. Sie brachte schwere Einbußen im Gastwirtschaftsbetrieb. Er schrieb: *"Während sie [Anm.: die Wirtschaft] sich früher einer soliden stetigen Kundschaft erfreute, war es oft einige Tage still, dann wieder an ei-*

Abb. 21   Ludwig Paravicini (GLA J-Ac-P/47)

nem Tage sehr lebhaft, wo man gerade nicht vorgesehen war, so daß es schwer war, das gute alte Renommee zu erhalten, namentlich mit einem entsprechenden Verdienst". Nach reiflichem Überlegen gab Paravicini die Gastwirtschaft auf. Post und Landwirtschaft brachten noch genug Arbeit. 1863 hatte sich die zweite Tochter Theodora mit Heinrich Fuchs aus Diedelsheim verheiratet, der Haus und Landwirtschaft übernahm. Die Schildgerechtigkeit wurde verkauft. Als Paravicini 1864 zum Bürgermeister der Stadt Bretten gewählt wurde, übergab er auch die Posthalterei an Fuchs. Dieser gab den Postdienst 1869 ganz auf. Ein staatlich angestellter Expeditor zog auf und mietete die Büroräume an. Die Familie hatte damit nach der Gastwirtschaft auch die Posthalterei aufgegeben. Die lange Reihe der Paravicini-

Posthalter hörte damit auf, eine alte Tradition war zu Ende.

Das Jahr 1870 brachte eine neue Gemeinde- und Wahlordnung, sämtliche Ämter mußten durch Neuwahlen frisch besetzt werden. Paravicini wurde wieder zum Bürgermeister Brettens gewählt. Am 22. März 1871 trat der erste Deutsche Reichstag zusammen. Im Wahlbezirk XIII mit den Ämtern Bretten, Eppingen, Sinsheim, Wiesloch und dem Amtsgerichtsbezirk Philippsburg wurde der bekannte Staatsrat Lamey gewählt, der aber auch in Mannheim gewählt worden war. Die notwendige Zweitwahl brachte Ludwig Paravicini in den Deutschen Reichstag, der Höhepunkt seiner politischen Karriere war erreicht. Im Oktober 1871 wurde er nach dem neuen Wahlgesetz auch in die II. badische Kammer gewählt. Der Wahlbezirk war verändert zusammengesetzt worden, so daß der Wahlerfolg hart erkämpft werden mußte. Hinzu kam, daß die Frage der Streckenführung der neuen Eisenbahnlinie, entweder Eppingen-Bruchsal oder Eppingen-Karlsruhe, die Wähler in zwei Parteien spaltete. Die außerordentlich interessante Geschichte der Kraichgaubahn soll an dieser Stelle wenigstens gestreift werden.

Der Kampf um die Kraichgaubahn wurde etwa seit 1865 mit am Anfang voneinander abweichenden Zielsetzungen, dann aber mit Weitblick und erheblichen Anstrengungen geführt, wobei große Opfer in Kauf genommen wurden. Zu einem der eifrigsten Vorkämpfer und Wegbereiter dieser Kraichgaubahn wurde der weitblickende Ludwig Paravicini. Er unterstützte den Bahnbau in Zusammenarbeit mit Freunden aus Eppingen und dem Karlsruher Oberbürgermeister Lauter unter voller Ausnützung seiner Möglichkeiten als Landtags- und Reichstagsabgeordneter nachdrücklich. Er setzte sich für die Streckenführung Eppingen-Bretten-Durlach ein und richtete am 24. Mai 1865 eine entsprechende Eingabe an das badische Handelsministerium. Die Antwort war ernüchternd. Das Ministerium teilte lapidar mit, daß die Errichtung dieser Bahn Sache der beteiligten Gemeinden sei, da es sich zunächst um eine Lokalbahn handele und der Staat kein Geld für eine Staatsbahn habe. Für die Regierungsseite war damit die Angelegenheit zunächst einmal erledigt, nicht aber bei den Gemeinden und der Bevölkerung im Kraichgau. *"In einem Zeitungsbericht, der vermutlich vom Brettener Bürgermeister Paravicini verfaßt war, wurde darüber geklagt, daß allein der Kraichgau nicht nur von den Vorteilen einer Eisenbahnverbindung ausgeschlossen sei, sondern die an den Rändern errichteten Bahnen der Gegend auch noch den früheren Verkehr der alten Handelsstraße von Nürnberg-Heilbronn über Eppingen-Bretten-Karlsruhe gänzlich entzogen hätte. Wenn, wie anderwärts geschehen, bei Herstellung neuer Eisenbahnlinien nach und nach die alten Verkehrswege wieder zur Geltung kämen, könne auch der Kraichgau hoffen, seine frühere Verkehrsbedeutung wieder zu erlangen. Damit war die seitens der Stadt Bretten von vornherein gewünschte Streckenführung erstmals einer breiten Öffentlichkeit vorgestellt worden"* (Bickel S. 12).

Eppingen, das zunächst für eine Streckenführung nach Bruchsal war, schloß sich nun Bretten an, nachdem Paravicini im Landtag einen Beschluß herbeigeführt hatte, welcher den weiterführenden Anschluß Eppingens nach Heilbronn vorsah. Man bildete einen Ausschuß von fünf Mitgliedern, dessen Kopf und Initiator Paravicini war. Die Projektionsarbeiten wurden genehmigt, die Vermessung der Strecke kostete 2000 Gulden. Das Projekt Kraichgaubahn nahm Gestalt an. Paravicini blieb weiterhin ein hartnäckiger Verfechter der nun bevorstehenden Realisierung der Pläne, und das war notwendig, denn das Parlament war im Hinblick auf die Streckenführung durchaus nicht einer Meinung. Auch von Berlin kamen Einwände, die den Einsatz des Reichstagsabgeordneten Paravicini erforderten. Schließlich aber konnte doch am 30. März 1872 das "Gesetz den Bau einer Eisenbahn von Durlach über Bretten nach Eppingen betreffend" verkündet werden. Störungsversuche aber gab es weiterhin, denn auch Württemberg mischte sich ein, weil es ebenfalls Wert auf die Linienführung Eppingen-Bruchsal legte. Heftige Debatten im Landtag waren die Folge, und das alles führte zu einer Bauverzögerung. Für ein Projekt im Umfang von 11 Millionen Mark war auch ein kompetenter Unternehmer nicht leicht zu finden. Die laufende Reichstags- und Landtagsperiode war für Paravicini äußerst anstrengend und aufregend. Deshalb verzichtete er 1874 auf eine Wiederwahl in den Reichstag.

1875 wurde Paravicini wieder einstimmig in den Landtag gewählt, obwohl damals die Eisenbahnfrage noch nicht ganz geklärt war. Er schrieb in seinen Erinnerungen: *"Erst gegen Ende 1876 fand sich eine günstige Lösung, indem der Stadt Karlsruhe unter ziemlich günstigen Bedingungen die Konzession erteilt wurde, nachdem die Gemeinde Bretten mit 20 % für allenfallsige Verluste eingetreten war"*. Auch das war ein Werk Paravicinis. Den Bau der Bahn sollten die Firma des Brettener Gemeinderates Kögler und das große Unternehmen Holtzmann u. Cie, Frankfurt, übernehmen.

Durch das Vertrauen des Großherzogs wurde Ludwig Paravicini 1876 zum Mitglied der Generalsynode ernannt. Da zur gleichen Zeit das Bürgermeisteramt auslief, nahm Paravicini keine Neuwahl mehr an. Die Einwohnerschaft Brettens bedankte sich in beeindruckender Weise für die Leistungen ihres langjährigen Bürgermeisters. Sie drückte ihre Anerkennung und Hochachtung durch Fackel-

zug und Ständchen aus, und bei dem Bankett hielt Stadtpfarrer Flad die Laudatio. Man sammelte Geld für ein bleibendes Andenken. Dieses, ein schöner silberner Tafelaufsatz, wurde Paravicini im Dezember 1876 im festlich geschmückten Rathaussaal überreicht. Er schrieb: *"Ich muß ehrlich gestehen, daß ich bei Übernahme der verschiedenen öffentlichen Ämter und deren Leitung jeweils von dem ernsten entschiedenen Willen durchdrungen war, meine geringen Kräfte und Kenntnisse in der redlichsten Weise meiner Vaterstadt Bretten zu widmen"*.

Aber natürlich konnte bei einem so aktiven Mann, wie Paravicini einer war, von Ruhestand keine Rede sein. Der Wahlkampf zur Reichstagswahl 1877 und der Eisenbahnbau beschäftigten ihn stark. Dazu wurde er am 17. Februar 1877 vom Zentralausschuß zum Präsidenten des landwirtschaftlichen Vereins gewählt. Mit der Annahme dieses mit vielen Mühen verbundenen Amtes tat sich Paravicini schwer. Er nahm weiterhin mit großem Interesse am Bahnbau teil. Es gab vor allem technische Schwierigkeiten und unerwartete Hindernisse, zum Teil auch dadurch, daß die technische Baubehörde der Großherzoglichen Baudirektion von ganz anderen Anschauungen ausging, als dies bei dem Vertragsabschluß der Stadt Karlsruhe mit den Bauunternehmern anzunehmen war. Paravicini nahmen solche Probleme in den letzten zehn Jahren seines Lebens sehr in Anspruch, und ihnen widmete er seine ganze freie Zeit.

Am 8. Dezember 1878 beschloß Ludwig Paravicini sein Leben, das ganz dem Wohle seiner Heimatstadt und dem Kraichgau gewidmet war.

Ludwig Karl Friedrich Turban

(1821 – 1898)

Badischer Staatsminister

Der Kraichgau hat dem Lande Baden seit jeher eine ganze Reihe hervorragender Verwaltungsfachleute gestellt, die es zu Ministerwürden gebracht und dem Staat ausgezeichnete Dienste geleistet haben. Einer davon ist Ludwig Karl Friedrich Turban.

Geboren wurde er am 5. Oktober 1821 in Bretten als Sohn des Pfarrers Karl Friedrich Turban und dessen Ehefrau Friederike geb. Sauerbeck. Der Vater starb schon im Jahre 1828, und die Mutter siedelte in das großelterliche Haus in Karlsruhe über. Die Residenzstadt des jungen Großherzogtums bot Turban die Möglichkeit zu einer gründlichen Schulausbildung. Er besuchte das Lyzeum und legte am 16. Oktober 1839 die Reifeprüfung ab. Nahtlos schloß sich das Universitätsstudium daran an. Turban bezog im Wintersemester 1839/40 die Universität Heidelberg und begann, Philosophie und Archäologie zu studieren. Er tat dies ohne innere Befriedigung nur zwei Semester lang, dann wechselte er zur Rechtswissenschaft über. Das Studium erfuhr eine Unterbrechung durch eine von dem russischen Staatsrat von Bekk finanzierte Reise, die Turban durch Italien und Frankreich führte. Diese Reise diente ihm vor allem zur Vervollkommnung seiner Sprachkenntnisse, die er später für seine Karriere so nutzvoll einsetzen konnte.

Nach der Rückkehr wurde Turban im Sommersemester 1844 wieder in Heidelberg immatrikuliert, um dann im Wintersemester an der Universität Berlin zu studieren. Nach erfolgreich bestandenem Staatsexamen wurde Turban am 18. Dezember 1845 unter die badischen Rechtspraktikanten aufgenommen. Nun folgte die Verwendung an vielen Orten. Das bedeutete einerseits wiederholtes Einleben in immer andere Realitäten, andererseits aber war dies auch die Voraussetzung, umfassende Verwaltungskenntnisse zu gewinnen. Bald galt Turban als ausgezeichneter Verwaltungsfachmann. Seine erste Stelle fand er im März 1846 als Kriminalsekretär beim Oberamt Heidelberg, und im gleichen Jahr wurde er im Heidelberger Ziviljustizbüro eingesetzt. Und wieder folgte eine Reise mit einer erfreulichen Folge. Auf Einladung einer befreundeten Familie besuchte Turban 1847 St. Petersburg. Dort lernte er die Tochter Sophie des Kaufmanns Ludwig Heyse kennen, die am 6. Juni 1853 seine Frau werden sollte.

Zunächst mußte der Amtspraktikant Turban 1848/49 Dienst beim Oberamt Durlach tun, dann als Sekretariatspraktikant beim Hofgericht des Mittelrheinkreises in Bruchsal. Im Oktober 1849 kam er in gleicher Eigenschaft an das Justizministerium und im Dezember 1850 an die Regierung des Oberrheinkreises in Freiburg. An diesen dienstlichen Stationen sieht man, daß Turban die Revolutionsjahre unbeschadet überstanden hat, und - obwohl er loyal gegenüber seinem Großherzog geblieben war - wegen seiner Tüchtigkeit von der revolutionären Regierung nicht entlassen wurde. Ein für den flexiblen jungen Juristen interessantes Zwischenspiel war sicher seine Verwendung für einige Zeit als Kanzleisekretär des Bundestagsgesandten Freiherr von Marschall. Dann folgte am 2. Juli 1851 seine Ernennung zum Ministerialsekretär beim badischen Innenministerium, und am 23. Oktober 1852 wurde Turban

Assessor bei der Regierung des Unterrheinkreises in Mannheim. Jetzt konnte er heiraten.

Während der Auseinandersetzungen des badischen Staates mit der erzbischöflichen Kurie wurden Graf Leiningen-Billigheim und später Staatsrat Brunner als Verhandlungsvertreter Badens nach Rom geschickt. Turban durfte sie als sprachkundiger Sekretär begleiten, und er nützte die Gelegenheit, sich in Kirchenrechtsfragen einzuarbeiten. Das hatte zur Konsequenz, daß er ab Oktober 1854 der für Ordnung in Kirchenrechtsangelegenheiten eingesetzten Kommission als Hilfskraft zugeordnet wurde. Nachdem Turban am 24. Januar 1855 zur Regierung des Mittelrheinkreises in Karlsruhe versetzt worden war, wurde er am 12. Dezember 1856 zum Regierungsrat ernannt.

Am 20. Juni 1860 folgte die Beförderung zum Ministerialrat, und Turban wurde Mitglied des neu ins Leben gerufenen Handelsministeriums. Damit erweiterte sich sein Aufgabenbereich wesentlich. 1862 gab er einen Kommentar zum badischen Gewerbegesetz heraus, das hauptsächlich auf seine Vorarbeiten zurückging. Auch die 1872 kommentiert herausgekommene Gewerbeordnung war vorwiegend sein Werk. Seit 1861 war Turban auf fast allen Landtagen als Regierungskommissar für das Gewerbewesen tätig. Er wurde zu einem hochgeschätzten Kommentator und Autor. Neben anderen Fachzeitschriften schrieb er besonders viel für die Zeitschrift der badischen Verwaltung und Verwaltungspflege. Am 12. Juli 1864 wurde Turban mit der ständigen Wahrnehmung des Staatsinteresses bei den Verhandlungen des Verwaltungsgerichtshofes beauftragt, eine Funktion, die zeigte, welches Vertrauen man in ihn setzte. Sein Arbeitskreis erweiterte sich wieder, als er am 6. November 1870 als Vorsitzender in die Ministerialkommission für Feldbereinigung berufen wurde, zu allen Zeiten eine schwierige Aufgabe.

Den verdienten Lohn für seine rastlose Tätigkeit erntete Turban, als er am 28.

Abb. 22 Ludwig Karl Friedrich Turban (GLA J-Ac-T/19)

Oktober 1872 zum Präsidenten des Handelsministeriums ernannt wurde. Das Ansehen, das er genoß, wurde auch dadurch deutlich, daß er 1866 von der Stadt Lahr und 1873 und 1877 vom Amte Triberg als Nationalliberaler in die Zweite Kammer des badischen Landtages gewählt wurde. Als am 25. September 1876 der wegen des Kulturkampfes vom Großherzog nicht mehr zu haltende Minister Jolly von seinem Amte abgelöst wurde, folgte ihm Turban als wirklicher Staatsminister nach, indem er das Präsidium des Staatsministeriums mit dem Handelsministerium in Personalunion vereinigte. Das war der Höhepunkt von Turbans Berufsleben, er war an der Spitze der badischen Verwaltung angelangt.

1861 wurde das Handelsministerium aufgelöst, und seine Aufgaben wurden größtenteils dem Innenministerium zugewiesen. Turban übernahm die Leitung dieses erweiterten Ministeriums. Er war ein außerordentlich aufgeschlossener Minister, der viele Initiativen entwickelte. Vorwiegend ihm war es zu danken, daß z. B. eine Fabrikinspektion geschaffen und Handelskammern eingerichtet wurden, Institutionen, die heute nicht mehr aus dem öffentlichen Leben wegzudenken sind. Auch im privaten Leben setzte sich Turban für öffentliche Belange ein. Seiner Herkunft als Pfarrersohn gemäß war er 26 Jahre Kirchengemeinderat und von 1864-1870 Vorsitzender des evangelischen Oberschulrates.

Das tätige Leben des Ludwig Karl Friedrich Turban rundete sich. Im Alter von 70 Jahren schied er auf eigenen Wunsch aus dem Innenministerium aus, behielt aber auf Bitte des Großherzogs den Präsidentenposten des Staatsministeriums bei. Aber die Beschwerden des Alters mehrten sich und zwangen ihn, am 7. März 1893 auch aus dem Staatsministerium auszuscheiden. Immer noch wollte man ihn nicht ganz gehen lassen. Turban wurde Präsident der Oberrechnungskammer, ein Posten, der mit weit weniger Repräsentationsverpflichtungen verbunden war, und den er mehr und mehr nur noch formell ausübte. Nach mehrwöchiger Krankheit setzt der Tod am 12. Juni 1898 den Schlußpunkt hinter das von Pflicht und Arbeit geprägte Leben Turbans.

Mit ihm ging ein vorbildlicher Diener des badischen Staates, der immer ein sehr gutes und harmonisches Verhältnis zu seinem Großherzog hatte. Sein bleibendes Verdienst ist es, daß er an der wirtschaftlichen und verwaltungsmäßigen Entwicklung Badens in den beiden ersten Jahrzehnten nach 1870/71 maßgeblich mitgewirkt hat. Seine Tätigkeit fand vielfache Anerkennung. 1886 verlieh ihm die Universität Heidelberg die Ehrendoktorwürde der Philosophischen Fakultät, und Frankreich, Österreich, Rußland, Schweden und natürlich Baden zeichneten ihn mit ihren Orden aus.

Wilhelm Nokk

(1832 – 1903)

Präsident des Staatsministeriums

Geboren wurde Wilhelm Nokk am 30. November 1832 in Bruchsal als Sohn des Gymnasialprofessors Anton Nokk. Der Vater wurde 1848 Leiter des Freiburger Gymnasiums, und der Sohn beendete dort seine in Bruchsal begonnene Schulausbildung. Anschließend studierte er Jura an den Universitäten Freiburg, Bonn und Heidelberg. Das Studium schloß Nokk in Freiburg ab. Der junge Mann besuchte während der ganzen Studienzeit auch die Vorlesungen anderer Fakultäten mit dem Schwerpunkt Philosophie. Nokk erwarb sich so eine breite Wissens- und Bildungsgrundlage, die ihm später sehr zugute kam.

Da Nokk nach dem Examen nicht sofort in den Staatsdienst übernommen werden konnte, machte er 1858-1859 zusammen mit seinem Freund und Kollegen August Eisenlohr, dem späteren badischen Innenminister, eine große Reise, die über Paris nach Rom führte, wo man mit dem badischen Maler Anselm Feuerbach freundschaftlich verkehrte.

Nach der Rückkehr von dieser erlebnisreichen Reise wurde Nokk sogleich in den badischen Staatsdienst übernommen und amtete zunächst an den Gerichten in Freiburg und Ettenheim. 1860 wurde Nokk als Sekretariatspraktikant in das Karlsruher Innenministerium berufen. 1865 war er bereits Assessor. Er übernahm nun ein Arbeitsgebiet, das ihn sechzehn Jahre lang beschäftigen sollte: katholische Kirchen- und Ehesachen, kirchliche Stiftungen und Wohlfahrtsanstalten, und dazu kam noch das weniger geliebte Forst- und Bergwesen.

1866 übernahm Jolly die Leitung des Innenministeriums. Mit diesem verband

Nokk eine enge Freundschaft, die auf der Übereinstimmung der nationalen und liberalen Anschauungen gegründet war, obwohl Nokk nicht mit allen kirchenpolitischen Entscheidungen Jollys einverstanden war. Jolly vereinheitlichte die Verwaltung und Nokk übernahm, befreit von anderen Lasten, das Volks- und Mittelschulwesen und die Lehrerseminare. 1868 wurde Jolly Präsident des Staatsministeriums. Nokk, 1867 zum Ministerialrat ernannt, übernahm das Hochschulwesen und die Schulstiftungsangelegenheiten hinzu, so daß das Unterrichtsressort unter einheitlicher Leitung stand.

1881 erfolgte eine durchgreifende Änderung der Behördenorganisation, und die Kultur- und Unterrichtsverwaltung wurde vom Innenministerium abgetrennt. Es war selbstverständlich, daß der bewährte Fachmann Nokk das Präsidium des neuen Justiz- und Kultusministeriums übernahm. Den Höhepunkt seiner Laufbahn erreichte er im Jahre 1893, als er Präsident des Staatsministeriums wurde.

Schwerpunkt von Nokks Tätigkeit blieb weiterhin seine Arbeit im Bereich des Kultus und Unterrichts. Hier hatte er seine nachhaltigsten und bleibenden Erfolge zu verzeichnen. In den 90er Jahren veranlaßte Nokk im Volks- und Mittelschulwesen eine Reihe grundlegender Reformen. Auch den Universitäten gehörte seine Fürsorge. Die Universitätsinstitute erhielten eine zeitgemäße Ausstattung, und ihre Lehrkörper wurden vergrößert. Die Polytechnische Schule in Karlsruhe wurde durch einen planmäßigen Ausbau des Lehrbetriebes und das Recht der Titelverleihung zum Rang einer wirklichen Technischen Hochschule

Abb. 23 Wilhelm Nokk (GLA J-Ac-N/5)

Auch die so wichtige Inventarisierung der Kunstdenkmäler des Landes geht auf Nokks Anregung zurück.

Der Präsident hatte nach der Jolly-Zeit kirchenpolitisch große Probleme zu bewältigen. Er war ein auf Ausgleich ausgerichteter Mann, der, ohne doktrinär zu sein, auf die Wahrung der staatlichen Autorität bedacht war. Der Wille zum Entgegenkommen fand seine Grenzen in Nokks sicherem Blick für die Durchführbarkeit zu weit gespannter Wünsche und Forderungen. Nokk stand aber der Kirche immer wohlwollend gegenüber. Er erließ eine Reihe wichtiger Maßnahmen im Interesse der katholischen Kirche. Es gelang ihm auch die glückliche Lösung der Freiburger Bistumsfrage 1882, und auch die neue Kirchensteuergesetzgebung trug seine Handschrift.

1901 war es um den Gesundheitszustand Nokks so schlecht bestellt, daß er um Entlassung aus dem Dienst bat. Großherzog Friedrich I. gewährte diese mit allen Ehren für den treuen und erfolgreichen Diener seines Staates. Die Hochschulen, die Nokk so viel zu verdanken hatten, wetteiferten miteinander, ihn zu ehren. Nokk wurde eine siebenfache Ehrendoktorwürde zuteil, für einen Staatsdiener wohl ein einmaliger Vorgang. Ebenso einmalig war auch die erstmals vollzogene Verleihung des Ehren-Doktor-Ingenieurs an ihn.

Wenige Monate nach seinem 70. Geburtstag starb Wilhelm Nokk am 13. Februar 1903.

erhoben. Auch die Kunstschule verdankt Nokk die Entwicklung zu einer reich ausgestatteten Akademie. Der Minister selbst hatte persönlich ein reges künstlerisches Interesse, und durch ihn gelang der Ankauf von Feuerbachs berühmtem "Gastmahl des Plato".

Friedrich Ries

(1849 – 1929)

Gestalter des Karlsruher Stadtgartens

Friedrich Ries wurde am 31. Oktober 1849 in Eichtersheim geboren, zu der Zeit also, da der Stern seines berühmten Landmannes Friedrich Hecker in Baden schon gesunken und dieser in die USA ausgewandert war. Der Junge kam nach der Schulzeit in der Schloßgärtnerei in die Lehre und wurde Gärtner. Ihm genügte das Dasein in Eichtersheim bald nicht mehr, und er wußte, daß er sich um Bildung bemühen mußte, wollte er in der Welt weiterkommen. Untrügliches Zeichen seiner Intelligenz ist es, daß er sich autodidaktisch in den alten Sprachen, Geometrie und Mathematik weiterbildete.

Dann folgten die Wanderjahre, die Ries nach Paris und Nancy führten. In die Heimat zurückgekehrt, wechselte er in das Wasser- und Straßenbaufach über. 1876 legte Ries die Straßenbaumeisterprüfung vor der Wasser- und Straßenbaudirektion in Karlsruhe ab. Bei dieser Behörde wurde er anschließend Bauaufseher. Es folgten Tätigkeiten in Offenburg und Lörrach. Dann kehrte Ries endgültig nach Karlsruhe zurück.

Am 1. August 1876 trat Ries beim Wasser- und Straßenbauamt der Stadt Karlsruhe als Straßenbaumeister in den Dienst. 1884 wurde er zusätzlich mit der Leitung der Stadtgärtnerei betraut. Dieser Entschluß des Oberbürgermeisters Lauter wurde für die Stadt und ihre Bevölkerung höchst bedeutungsvoll. 1889 wurde Ries zum Stadtgärtner ernannt, und die Doppelfunktion hörte auf.

Abb. 24
Das Wasser-
schloß der Herren
von Venningen
in Eichtersheim,
heute Rathaus
der Gemeinde
Angelbachtal
(Foto: L. Vögely)

Abb. 25   Der alte Rosengarten im
Karlsruher Stadtgarten
(Stadtarchiv Karlsruhe 8/PBS XIII C 75)

Abb. 26   Stele mit der Büste von Ries
im Stadtgarten Karlsruhe
(Foto: L. Vögely)

Bis zu seiner Pensionierung 1917 hat der später zum Gartenbaudirektor beförderte Friedrich Ries eine segensreiche Tätigkeit für die Stadt Karlsruhe entfaltet, er hat sie zur Gartenstadt gemacht.

Was wäre Karlsruhe ohne seinen Stadtgarten? Die Nachrufe, die zum Tode von Friedrich Ries in der "Badischen Presse" und im "Karlsruher Tagblatt" erschienen, zeigen, was er aus dem Stadtgarten gemacht hat und welch großartiger Gärtner und Landschaftsplaner er war. Die beinahe überschwenglichen Lobpreisungen zeigen deutlich, wie die Bewohner *die günstige Entwicklung, die großzügige Verwandlung dieses herrlichen Fleckchens Erde, Lieblingsaufenthalt der Karlsruher"* bewunderten. Diese Entwicklung könne

nur der ermessen, der den Stadtgarten in seinen kleinsten Anfängen miterlebt habe. Aus den alten Anfängen habe Ries das Entzückende und Geschmackvolle geschaffen.

In seinem "Führer durch den Stadtgarten zu Karlsruhe" (erschienen 1910) ging Ries auf die Geschichte des Gartens ein und dokumentierte damit auch seine Leistung. Ihm waren die Schaffung landschaftlich schöner Seen, die Gestaltung des Lauterbergs mit dem Schwarzwaldhaus, die Alpenpflanzengruppe und die wunderbaren Blumenbeete, der japanische Garten und der hervorragende schöne Rosengarten zu verdanken. Besondere Bewunderung erregte bei den Besuchern der Rosengarten, welcher später leider

der Bundesgartenschau geopfert wurde. Die alten Karlsruher trauern um die einmalige Anlage heute noch. Mit Recht wurde Ries noch zu seinen Lebzeiten eine Herme mit seiner von H. Bausinger geschaffenen Büste in seinem Garten errichtet, eine seltene, aber hochverdiente Ehrung.

Aber der Stadtgarten allein machte Karlsruhe noch nicht zu einer Gartenstadt. Unter der Leitung von Ries entstanden die das Stadtbild mitprägenden Anlagen des Sallenwäldchens, des Beiertheimer Wäldchens, des Erbprinzengartens mit der Nymphengruppe und des Friedrichsplatzes. Ries hat sich auch um den Friedhof und die Krematoriumsanlage intensiv gekümmert, er hat viel für diesen Ruheplatz der Toten getan.

Friedrich Ries opferte sich neben seinen vielen beruflichen Tätigkeiten für die ihm zugewachsenen Ehrenämter auf. Sein Sachverstand wurde vielfach in Anspruch genommen. Wettbewerbe, Preisgerichte, Verbandstagungen, Ausstellungen waren ohne Ries kaum denkbar. Er war auch viele Jahre Vorsitzender des Gartenbauvereins, des Badischen Vereins für Geflügelzucht und Ehrenvorsitzender des Vereins Deutscher Rosenzüchter sowie des städtischen Beamtenvereins. Sein hohes

Ansehen in Fachkreisen wurde durch die Herausgabe der "Gartentechnik und Gartenkunst" gemeinsam mit dem Professor der Großherzoglichen Kunstgewerbeschule Franz Sales Meyer noch gesteigert.

Mit seinen physischen Kräften kann der Mensch nicht unbegrenzt Raubbau treiben, das mußte auch Ries erfahren. Zudem hatte er in seinen letzten Dienstjahren neue große Aufgaben zu bewältigen. Die Verlegung des Bahnhofes an seinen heutigen Platz und die dadurch bedingte Erweiterung des Stadtgartens und anderer Anlagen verlangten von dem Gartenbaudirektor eine weitsichtige Planung und Durchführung der Projekte.

Der Gesundheitszustand Ries' litt unter diesen Belastungen so erheblich, daß er 1915 nach 37 Dienstjahren bei der Stadt um seine Pensionierung bat. Diese wurde ihm *"unter besonderer Anerkennung seiner hervorragenden Verdienste"* bewilligt (Badische Presse vom 1.3.1929).

Durch den Krieg bedingt, wurde der Eintritt in den Ruhestand erst 1917 wirksam. Friedrich Ries lebte dann noch zwölf Jahre in Durlach.

Er wurde am 28. Februar 1929 von seinem erfolgreichen und tätigen Leben abberufen.

Karl Kölmel

(1896 – 1979)

Der Retter der badischen Schlösser

Karl Kölmel wurde am 21. Februar 1896 in Bretten geboren. Er ist damit ein Sohn des Kraichgaus, dem er zeitlebens eng verbunden blieb. Kaum jemals hat er eines der großen Feste Brettens versäumt. Die Lebensbahn freilich führte aus dem Kraichgau hinaus. Der Vater war als badischer Beamter der Steuer- und Zolldirektion in jungen Jahren gezwungen, öfter Dienst- und Wohnort zu wechseln. So kam die Familie – der Vater stammte aus Ötigheim, die Mutter aus Rastatt – von Bretten über Müllheim, Rastatt im Jahre 1901 in die Residenz Karlsruhe, um dort seßhaft zu werden.

Karl Kölmel besuchte von 1905 an das Großherzogliche Gymnasium (heute Bismarckgymnasium), wo ihn sein Zeichenlehrer Emil Bender (später Professor an der Karlsruher Akademie) besonders förderte und sein zeichnerisches und gestalterisches Talent anregte. Am 3. Juli 1914 bestand er das Abitur. Karl Kölmel gehörte damit jener Generation an, die sofort nach dem Abitur das graue Kleid der Kriegsfreiwilligen anzog. Nach Kriegsende 1918 konnte er endlich das Studium der Architektur an der Technischen Hochschule Karlsruhe beginnen. Die Namen seiner Lehrer haben heute noch einen guten Klang. Es waren dies die Professoren Billing, Caesar, Laeuger, Sackur, Wulzinger und Baldus, dem er schon während seines Studiums assistierte.

1921 legte Kölmel die Diplom-Hauptprüfung mit Auszeichnung ab und wurde als Baupraktikant in die Badische Hochbauverwaltung übernommen. Mangels geeigneter Bauvorhaben in der schweren Nachkriegszeit praktizierte Kölmel sofort nach dem Diplom bei Prof. Hermann Bil-

ling und anschließend in dem damals sehr angesehenen Architekturbüro Pfeifer und Großmann in Karlsruhe und Müllheim-Ruhr. Schlußpunkt jener Jahre bedeutete die erfolgreich abgelegte Regierungs-Baumeister-Prüfung 1925, Neubeginn der Dienstantritt bei der Bauabteilung des Landesfinanzamtes Karlsruhe – Reichsbauverwaltung – im Jahre 1926, ab 1928 bei der Hochbauabteilung des badischen Finanzministeriums.

Das folgende Jahrzehnt trug die Merkmale der Tätigkeit eines sich im Staatsdienst befindlichen Architekten. Man könnte das Erstellen von Behördenbauten, Kliniken oder später von Kasernen Routinearbeiten nennen, wenn man nicht wüßte, wieviel Sorgfalt, Weitsicht und Können beispielsweise Planung und Ausführung einer Universitätsklinik beanspruchen. Es nimmt nicht wunder, daß der zum Fachmann in solchen Bauvorhaben gewordene Karl Kölmel zu einem Wanderleben gezwungen wurde, da man ihn dahin holte, wo er für wichtige Bauvorhaben gebraucht wurde. 1930 erfolgte die Versetzung an das Bezirksbauamt Freiburg i. Br. zum Neubau der Universitätskliniken. 1932 folgte Heidelberg, wo die neue chirurgische Klinik der Universität erbaut wurde. Das Jahr 1935 brachte die Versetzung zum Bezirksbauamt Karlsruhe zur Aufstellung eines neu zu bildenden Baubüros der Neubauten Pforzheim-Hagenschieß (Truppenunterkünfte).

Schließlich wurde Karl Kölmel, nunmehr Regierungsbaurat, zum Bezirksbauamt Baden-Baden zur Übernahme der Planungen und Bauleitung der Baumaßnahmen der Bäder- und Kurverwaltung versetzt. Das weltbekannte Bad war nach einem großen Wettbewerb im Begriff, seine Bäderbauten großzügig zu erweitern.

Persönlicher Höhepunkt Karl Kölmels in jener Zeit war die Heirat im Jahre 1929. Seine Frau Liesel, geb. Lange, Karlsruher Bürgerstochter, wurde ihm auf dem gemeinsamen Weg zu einer verständnisvollen Helferin in allen Lebenssituationen.

Die großen Aufgaben warteten noch auf Karl Kölmel. Zunächst riß ihn der Zweite Weltkrieg aus dem vollen Schaffen und machte ihn wieder zum Soldaten. Nach dem Westfeldzug wurde er für ein Jahr u.k. gestellt und als Dienstvorstand an das Bezirksbauamt Heidelberg versetzt. Im Januar 1946 kam Kölmel aus englischer Gefangenschaft zurück. Wieder stand er vor einem Neubeginn, denn für das Hochbauwesen bedeutete das Kriegsende im wahrsten Sinne des Wortes die Stunde Null.

Der älteren Generation sind die ersten Jahre nach dem Kriege unvergeßlich. Waren einerseits die Menschen abgehärmt, unterernährt, hungernd, frierend, zusammengepfercht wohnend, ohne viel Hoffnung auf baldige Besserung, so entsprachen diesem Bild des Menschlichen die Ruinen der in Schutt und Asche gesunkenen Dörfer und Städte im Bereich des Materiellen. Nicht nur die Wohnungen der Bürger waren vernichtet, auch viele wertvolle Kirchen, Schlösser und andere großartige Baudenkmäler hatten das gleiche Schicksal erlitten. Städte und Dörfer mußten wieder aufgebaut werden, darüber war nicht zu diskutieren. Wozu aber sollten wertvolle und knappe Baumaterialien und viel, viel Geld in den Wiederaufbau von Schlössern gesteckt werden? Der harte Realismus der Nachkriegsjahre mußte dies mit der Priorität wichtigerer Aufgaben ablehnen. Das Denken für die Behebung der Not hatte eben seine Grenzen in den Forderungen des Tages. Männer mit weitreichendem Blick hatten einen schweren Stand. Für Nordbaden war es ein großes Glück, daß in dieser für unsere Baudenkmäler bedenklichen Lage ein Mann wie Karl Kölmel zum 1. Januar

Abb. 27   Karl Kölmel (Foto: Familie Kölmel)

1948 an die Spitze der staatlichen Hochbauverwaltung berufen wurde.

Die "Badischen Neuesten Nachrichten" schrieben zu Kölmels 70. Geburtstag: *"Ihm auch ganz persönlich, nicht etwa der Bereitschaft des Landtags, hierzu das notwendige Geld auszugeben, verdanken die im Krieg bis zur Unkenntlichkeit zerstörten Schlösser in Karlsruhe, Mannheim und Bruchsal ihr Wiederauferstehen. Diese großartigen Baudenkmäler im Äußeren historisch, im Innern neuen Zwecken dienstbar wiederaufzubauen, war in keinem Falle ein unbestrittenes Programm. Es bedurfte der aus tiefer Liebe zu den kulturellen Werten des Baudenkmals kommenden Überzeugungskraft Karl Kölmels, um in jeder der drei Städte und nicht zuletzt in Regierung und Parlament die volle Unterstützung seiner Absichten zu erhalten"*. Diese Worte lassen ahnen, welche Kämpfe der Baudirektor Kölmel durchfechten mußte, um seine Anschauungen durchzusetzen. Hinter diesen Anschauungen aber stand die unerschütterliche Überzeugung, daß die Heimat einen unverzichtbaren Anspruch auf Wiedergutmachung und Wiederaufbau des Zerstörten habe, um sie und die getroffenen Städte vor einer geschichts- und gesichtslosen Zukunft zu bewahren. Und diese Gedanken hatten das entscheidende Gewicht.

Versucht man nun die Baumaßnahmen in Nordbaden in den folgenden Jahren zu überblicken, die unter der Verantwortung Karl Kölmels bis zu seiner Pensionierung 1962 geplant, begonnen und durchgeführt wurden, möchte man angesichts der Anzahl und Vielfalt beinahe resignieren. Die wichtigsten aber müssen genannt werden, und hierunter fallen zunächst die großen Schlösser Nordbadens:
1. Wiederaufbau des Schlosses Karlsruhe als Badisches Landesmuseum; Gestaltung des Schloßplatzes mit den Gebäuden des Regierungspräsidiums, der Staatsschuldenverwaltung, der Landeskreditanstalt, des Finanzamtes der Stadt Karlsruhe, des Landratsamtes und des Amtsgerichts. Eine schwierige Aufgabe im Hinblick auf die Harmonie zwischen alten und neuen Baukörpern in diesem exponierten Bereich; hervorragend gelungen die Unterbringung des Landesmuseums im Schloß.
2. Wiederaufbau und Einrichtung des Erbgroßherzoglichen Palais in Karlsruhe als Sitz des Bundesgerichtshofes (1950).
3. Kurfürstliches Residenzschloß in Mannheim; Wiederaufbau als Behördensitz und ab 1952 Bau und Unterbringung der Wirtschaftshochschule (jetzt Universität) im gesamten Ostflügel, 1955 vollendet. Der Mitteltrakt wurde im historischen Sinne restauriert: Großes Treppenhaus, Rittersaal (1961 übergeben), Schloßkirche (Altkatholische Gemeinde, 1956 festlich eingeweiht). Auch in Mannheim wurde die Aufgabe, das Schloss zu erhalten und

einer modernen Nutzung zuzuführen, vorbildlich gelöst.
4. Schloß Bruchsal, Wiederaufbau und Restaurierung aller Bauten. Der Kammerflügel als Landratsamt wurde 1950, das Dienergebäude als Finanzamt und das Kanzleigebäude als Amtsgericht 1951, das Gesundheitsamt 1952 fertiggestellt. Die Einweihung des herrlichen Musiksaales im Kammerflügel erfolgte 1955, und das Richtfest des Schloß-Hauptbaues, des Corps de Logis, konnte 1956 begangen werden. Das Jahr 1975 brachte dann den Abschluß eines kunsthandwerklich kaum zu übertreffenden Auf- und Ausbaus, vornehmlich des berühmten Haupttreppenhauses Balthasar Neumanns und der Prunksäle. Damit wurde das fürstbischöfliche Schloß wieder zu dem Juwel, das es einst war.

Aber nicht nur der Wiederaufbau der Schlösser und ihre Neugestaltung im Innern, auch ihre denkmalpflegerische Erhaltung war zu allen Zeiten eine Aufgabe von besonderer Größenordnung. Auch in dieser Beziehung hat die staatliche Hochbauverwaltung Vorbildliches geleistet:
1. Schloß Heidelberg: Hier wurden u. a. der von gefährlichen Rissen im Gewölbe zerstörte Große Altan gesichert und kunstgeschichtlich bedeutende Fassaden des Friedrichbaues und des Ottheinrichbaues samt ihrem reichen Figuren- und Ornamentwerk wie der Bibliotheksbau und der Gläserne Saalbau durchgreifend konserviert. In seinem Kellergeschoß hat das Deutsche Apothekenmuseum eine würdige Stätte erhalten.
2. Schloß und Schloßgarten Schwetzingen: Nach teilweise amerikanischer Nutzung durchgehende denkmalpflegerische Restaurierung und Erneuerung aller Bauten in Dach und Fach; Restaurierung der Säle des nördlichen und südlichen Zirkelbaues für die Schwetzinger Festspiele (seit 1952). Im herrlichen Rokokotheater mußten Feuerschutzmaßnahmen durchgeführt und der Zuschauerraum erneuert werden. Das Theater erhielt ein neues

Deckenbild von Carolus Vocke und ein neues stehendes Bühnenbild, gestaltet von Trude Karrer, Karlsruhe.

3. Instandsetzung der Schlösser Kislau, Stutensee und Scheibenhardt.

Als dritte große Gruppe kommt hinzu: der Wiederaufbau der kirchlichen Baudenkmäler, z. B. ev. Stadtkirche in Karlsruhe, Schloßkirche St. Michael in Pforzheim, Stiftskirche Unsere Liebe Frau in Bruchsal, Bauten der Universitäten, Kliniken und Institute, Akademien und Fachhochschulen Nordbadens, Krankenanstalten, Strafvollzugsanstalten, des Mannheimer Hafens, viele Behördenbauten und staatliche Wohnungen.

Überblickt man diese gedrängte Zusammenfassung, so liegt auf der Hand, daß hier eine riesige Arbeitslast bewältigt werden mußte. Der treibende Motor all dieser Unternehmungen war der Regierungsoberbaudirektor Karl Kölmel, der dafür die Verantwortung trug, der aber ebenso angewiesen war auf die Mitarbeit aller Bediensteten der Staatlichen Hochbauverwaltung. Diese Leistung stellt ein Ehrenblatt für das gesamte Hochbauwesen dar, angefangen vom Leiter, von dem die schöpferischen Impulse ausgingen, bis hin zum letzten Mitarbeiter. Der Oberbaudirektor konnte deshalb, als er 1962 in den Ruhestand trat, auf eine hohe eingebrachte Ernte blicken, und Ehrungen blieben nicht aus. Er wurde 1950 Ehrensenator der Technischen Hochschule (Universität) Karlsruhe und 1955 der Wirt-schaftshochschule (Universität) Mannheim. Die Stadt Mannheim verlieh ihm 1955 die Schillerplakette, der Bundespräsident das Bundesverdienstkreuz 1. Klasse.

Der Graphiker Karl Kölmel hätte eine besondere Würdigung verdient. Als Architekt war er ein sicherer Beherrscher des Stiftes. Im Laufe der Jahre füllten sich Mappen und Skizzenbücher. Bei Sitzungen, Tagungen oder Bahnfahrten bot sich Karl Kölmel oft die Gelegenheit, den Zeitgenossen in rasch hingeworfenen "Momentaufnahmen" zu Papier zu bringen, ihn gewissermaßen zu notieren, denn vor allem interessierte Kölmel das menschliche Gesicht, das G. Chr. Lichtenberg die unterhaltendste Fläche auf der Erde genannt hat. Und so finden sich in den Skizzenbüchern, die sich jetzt im Generallandesarchiv in Karlsruhe befinden, treffsichere Porträtblitze, manchmal auch Karikaturen, im ganzen eine ungewöhnliche Dokumentation jener Jahre harter Aufbauarbeit.

Karl Kölmel starb am 23. Dezember 1979. Mit ihm ging ein Mann mit hohem fachlichen Wissen und Können und großem Durchsetzungsvermögen, von sich und seinen Mitarbeitern das Maximale verlangend. Karl Kölmel war kritisch, sofort das Wesentliche erfassend, schlagfertig und von scharfer Ironie, wenn es gegen zeitliche und bauliche Auswüchse ging, aber voll Humor und Herzlichkeit, wenn er sich verstanden wußte.

Karl Wilhelmi

(1786 – 1857)

Dekan und Begründer der Altertumsforschung in Süddeutschland

Karl Wilhelmi ist eine jener Persönlichkeiten, die nicht im Kraichgau zur Welt kamen, die aber ihr ganzes Leben im Kraichgau verbrachten und weit über dessen Grenzen hinaus bekannt, ja berühmt wurden. Er ist deshalb mit Fug und Recht als Kraichgauer zu betrachten; er ist ein großer Sinsheimer.

Karl Wilhelmi wurde am 17. März 1786 im Hause seiner Großmutter in Heidelberg geboren, eine Viertelstunde vor seinem Bruder Heinrich. Der Vater, Heinrich Karl Wilhelmi, war Pfarrer in Odernheim bei Kreuznach. Dort geriet er mitten in die französischen Revolutionskriege hinein, und als das linke Rheinufer französisch wurde, ließ er sich 1798 nach Hilsbach versetzen. Die Zwillingsbrüder, die bisher vom Vater unterrichtet worden waren, besuchten nun das Gymnasium in Heidelberg und bezogen nach der Reifeprüfung im Jahre 1804 die dortige Universität, um Theologie zu studieren. Nach dem erfolgreichen Abschluß des Studiums folgte das übliche Wanderleben eines jungen Theologen: 1807–1811 Vikar und Pfarrverweser in Ziegelhausen, Kirchheim, Weinheim, Sinsheim. Dann amtete Wilhelmi von 1811–1819 als Pfarrer auf dem Dilsberg. In jene Zeit fiel auch seine Heirat mit Wilhelmine Wettich, Pfarrerstochter aus Mauer. Am 23. April 1819 folgte die für das Leben Wilhelmis entscheidende Versetzung nach Sinsheim, wo er als Stadtpfarrer bis kurz vor seinem Tode wirkte. 1846 wurde er Dekan des Kirchenbezirkes Sinsheim. Seine Frau starb im Jahre 1850. Sie hatte ihm acht Kinder geboren, von denen nur ein Sohn und drei Töchter den Vater überlebten. Als das Alter Wilhelmi zu

schaffen machte und er zu kränkeln begann, heiratete er wohl seiner Versorgung wegen noch einmal. Seine zweite Gattin wurde Amalie Fröhner aus Stuttgart. Man muß leider feststellen, daß die Kenntnisse von Wilhelmis Privatleben nicht sehr gründlich, eher oberflächlich sind. Bekannt geworden sind zwei größere Reisen. Die erste führte 1819 nach Würzburg, Jena, Halle, Leipzig, Dresden und über Nürnberg zurück nach Sinsheim. Nach einem zeitlich großen Sprung reiste Wilhelmi 1844 über Freiburg nach Basel und Zürich. Diese Reise brachte ihm einen guten Kontakt zu an der Altertumsforschung interessierten Männern, was für sein Lebenswerk wichtig wurde.

Der Amtsantritt Wilhelmis in Sinsheim fiel in eine Zeit, die von den Bestrebungen gekennzeichnet war, Reformierte und Lutheraner zusammenzuschließen, dies nicht zuletzt auf Wunsch des Großherzogs. Es spricht für das Ansehen Wilhelmis, daß 1820 im Sinsheimer Pfarrhaus eine Vorbesprechung gleichgesinnter Männer stattfand, eine erweiterte Konferenz zur Vorbereitung für die kommende Generalsynode, die dann 1821 die Union zwischen der lutherischen und reformierten Landeskirche brachte. An diesem Einigungswerk hat also Wilhelmi tätige Mithilfe geleistet. 1825 erfolgte seine erste theologische Veröffentlichung, eine Apostelgeschichte, die in einem Heidelberger Verlag herauskam.

Als Wilhelmi dann im Jahre 1827 seine Ausgrabungen im Sinsheimer Wald "Drei Bückel" begann, trat der Theologe für die Allgemeinheit rasch hinter die Altertumsforscher zurück, denn das segensvolle Wirken eines Pfarrers vollzieht sich

weit weniger spektakulär, als es aufse-
henerregende Ausgrabungen sind.

Es bedurfte einiger Voraussetzungen,
die Wilhelmi befähigten, Beruf und Altertumsforschung zu koordinieren: enormer
Fleiß, genaue Zeiteinteilung und Arbeits-
organisation. Er hatte häufige Reisen zu
Archiven und vor allem zur Heidelberger
Universitätsbibliothek zu unternehmen.
Das theoretische Rüstzeug mußte sich
Wilhelmi zuerst einmal aneignen, um die
Ergebnisse seiner Ausgrabungen wissenschaftlich einordnen und publizieren zu
können. Daß er sich dieses Wissen tatsächlich aneignete, ist eine außerordentliche Leistung.

Auf Veranlassung Wilhelmis schloß
sich 1827 in Sinsheim eine Reihe angesehener Männer zusammen mit dem Ziel,
eine Gruppe von vierzehn frühzeitlichen
Grabhügeln und eine zweite Hügelgrup-
pe im Osterholz und die Trümmer einer
römerzeitlichen Siedlung auszugraben.
Zu diesem Zweck gründeten 33 Alter-
tumsfreunde aus Sinsheim und Umgebung am 7. März 1830 die "Sinsheimer
Gesellschaft für Erforschung vaterländi-
scher Denkmale der Vorzeit", deren Satzung Wilhelmi verfaßte. Er wurde 1831
einstimmig zum Direktor der Gesellschaft gewählt und hatte dieses Amt bis
zu seinem Tode inne.

Die Forschungsergebnisse wurden
vorwiegend in den vierzehn Jahrbüchern
der Gesellschaft in den Jahren 1831 bis 1856
publiziert, die mit geringen Ausnahmen
allein von Wilhelmi verfaßt wurden. Der
13. Band von 1851 enthält außerdem die
Geschichte der Amtsstadt Sinsheim. Die
Jahrbücher enthalten mehrere Monographien religiösen, historischen, geographischen und archäologischen Inhalts. Eine
für die badischen Landschulen bestimmte "Kurze Geographie des Großherzogtums Baden" von Wilhelmi erlebte von
1834 bis 1843 drei Auflagen.

Das alles schreiben und veröffentlichen zu können, ging vermutlich nur
durch starken Raubbau an Wilhelmis Arbeitskraft. Allein in den "Heidelberger

Abb. 28   Karl Wilhelmi
(GLA J-Ac-W/105)

Jahrbüchern" erschienen zwischen 1834
und 1837 über 120 Buchbesprechungen,
und Wilhelmi wurde zu einem wichtigen
Rezensenten bedeutender Werke. Er hat
auch mehrere selbständig erschienene
Abhandlungen über die Ausgrabungser-
folge der "Sinsheimer Gesellschaft" geschrieben. Die im Manuskript fertigge-
stellte Beschreibung und Geschichte der
Burgruine Steinsberg bei Weiler wurde
1857 kurz nach dem Tode Wilhelmis von
Karl Klunzinger herausgegeben. Nicht
mehr ganz vollenden konnte Wilhelmi
sein Hauptwerk "Vergleichende Darstellung der Resultate der bis jetzt geschehe-
nen Eröffnungen der uralten, nicht römi-
schen Grabstätten in der südlichen Hälfte
Deutschlands". Auch der Plan, mit L. Lin-

denschmidt die Ergebnisse der Vorge-schichtsforschung der ganzen Merowin-gerzeit zusammenzufassen, konnte nicht realisiert werden.

Karl Wilhelmi setzte sich unermüdlich für die Altertumsforschung ein. Auf der 1. Generalversammlung des neugeschaf-fenen Altertumsvereins für das Großher-zogtum Baden am 5. November 1844 in Baden-Baden hielt er die Festansprache über Entstehung, Zweck und Einrichtung der Geschichts- und Altertumsvereine in Deutschland. Wilhelmi war Mitbegrün-der dieser Vereinigung und ihr Ehrenvor-sitzender. Seine Wirkung reichte bis zu den Museumsneugründungen in Mainz (Römisch-Germanisches Zentralmuseum) und Nürnberg (Germanisches National-museum).

Zu erwähnen ist noch, daß die Sinshei-mer Grabhügelfunde, das "Sinsheimer Antiquarium", auf Veranlassung Wilhel-mis im Jahre 1850 in die Großherzog-lichen Sammlungen nach Karlsruhe ka-men. Ein gedrucktes Verzeichnis gab er ein Jahr später heraus. Seine Privatbiblio-thek soll Wilhelmi nach Nürnberg gege-ben haben. Dazu meint Adam Schlitt: *"Man hat von beiden wenig Spuren gefun-den, von Letzterem noch gar nichts"*.

Wilhelmi war Mitglied oder Ehrenmit-glied von etwa vierzig Gesellschaften und Orden. Der Tod nahm ihm am 8. April 1857 nach einem erfüllten und ar-beitsreichen Leben die Feder endgültig aus der Hand.

Hauptkonservator Klaus Eckerle, der vielfach ausgewiesene Wissenschaftler, würdigte Wilhelmis Wirken 1986 mit fol-genden Worten: *"Versucht man das Werk Karl Wilhelmis auf archäologischem Gebiet zusammenzufassen, so bleiben folgende Verdienste: Bedeutendes leistete er im Be-reich der Ausgrabungsmethode. Es gelang ihm beim Sammeln und Vergleichen von Fundstücken und Ausgrabungsbefunden solche der Reihen- oder Flachgräber von den übrigen nichtrömischen Funden zu trennen, und er half durch wichtige Beiträ-ge bei der Gründung regionaler wie weit darüber hinaus weisender Institutionen. Heute [...] darf Karl Wilhelmi mit vollem Recht als Begründer der Altertumsfor-schung in Süddeutschland gelten"*.

Karl Schumacher

(1860 – 1934)

Wissenschaftler, Museumsdirektor und Heimatforscher

Karl Emil Martin Stephan Schumacher erblickte am 14. Oktober 1860 in Dühren das Licht der Welt. Sein Vater Emil Schumacher war ein kluger und großzügiger Mann, der Medizin studiert hatte, um sich dann in Dühren der Landwirtschaft zuzuwenden. Die Mutter Ludwine war eine geborene Fuchs.

Karl Schumacher besuchte mit zwölf Jahren das Gymnasium in Heidelberg und studierte nach dem Abitur klassische Philologie und Archäologie an den Universitäten Freiburg, Bonn und Heidelberg. Dort übten die Professoren von Duhn und Zangemeister einen bestimmenden Einfluß auf den Werdegang Schumachers aus. Nach dem Staatsexamen trat er in den badischen Schuldienst ein, die Promotion mit einer philologischen Dissertation folgte nach. 1887 wurde Schumacher Assistent am Landesmuseum in Karlsruhe. Damit war der für sein weiteres Leben wichtigste Schritt vom Schuldienst zur Museumslaufbahn vollzogen.

In jener Zeit wurde die Reichslimeskommission ins Leben gerufen, und Schumacher erhielt als Streckenkommissar 1892 die badische Strecke anvertraut. Er war der erste Wissenschaftler, der die Beschreibung aller Kastelle seiner Strecke und der Heerstraßen zwischen Main und Neckar veröffentlichte (1895– 1901). Im Jahre 1894 wurde Karl Schumacher Professor und begann eine Reihe von Ausgrabungen für das Landesmuseum. Zwischenzcitlich hatte er – finanziell unabhängig – Gelegenheit, mehrere große Reisen nach Frankreich, Italien, Griechenland, Südrußland, Kleinasien und Nordafrika zu unternehmen, die nicht nur seiner eigenen Weiterbildung dienten, sondern auch dem Landesmuseum zugute kamen. So hat er u. a. die jungsteinzeitlichen Pfahlbauten am Bodensee untersucht, einen Hallstattgrabhügel bei Villingen, eine Spätlatèneschanze bei Gerichtstetten, römische Landhäuser, eine karolingische Villa bei Großeicholzheim ausgegraben, wissenschaftlich ausgewertet und die Ergebnisse veröffentlicht.

Die große Wende seines Lebens erfolgte für Schumacher im Jahre 1901 durch seine Wahl zum 1. Direktor des Römisch-Germanischen Zentralmuseums in Mainz. Er brachte für dieses Amt außer einem philologischen und klassischen Rüstzeug eine große Erfahrung als Vorgeschichtsprofessor mit. Das war wohl ausschlaggebend für seine Wahl gewesen. In Mainz erwarteten Schumacher Aufgaben von großer wissenschaftlicher Breite, die außerdem von ihm ein gutes Organisationsvermögen forderten. Er setzte seine rege Publikationstätigkeit fort, obwohl der räumliche und wissenschaftliche Ausbau des Museums ihn stark beanspruchten. In den 25 Jahren, die Schumacher als Direktor amtierte, wuchs das Museum von vier auf 25 Schausäle an. Bedeutsamer war jedoch der wissenschaftliche Ausbau, denn zahlreiche neue Funde und die daraus gewonnenen Erkenntnisse erforderten eine sofortige museale Publikation. Es entstanden auch die ersten "Lebensbilder", die dem Besucher anhand der Modelle und Bilder Einblicke in die Vergangenheit vermittelten. Schumachers große pädagogische Fähigkeiten kamen dadurch zum Ausdruck. Ihm ging es um die Verlebendigung der Schausammlungen, und hierher gehören auch die hervor-

Abb. 29   Karl Schumacher
(GLA Za: 468, Seite 276)

ragenden Führungen des Direktors durch
sein Museum.

Aus Schumachers gedrucktem Werk,
etwa 197 Schriften, ist eine Entwicklung
abzulesen, die ihn vom klassischen Philo-
logen und Archäologen zum Heimatforscher auf provinzialrömisches, dann vor-
geschichtliches und schließlich frühmit-
telalterliches Gebiet führten. Größere Arbeiten galten der Vor- und Frühgeschich-
te. Das Fundament dazu lieferten 1913
die "Materialien zur Besiedlungsge-
schichte Deutschland, Karten, Pläne, pho-
tographische und zeichnerische Aufnah-
men, Modelle usw. von den ältesten Zeiten bis ins Mittelalter". 1921, 1923 und
1925 veröffentlichte Schumacher drei
Handbücher "Siedlungs- und Kulturge-

schichte der Rheinlande von der Urzeit
bis ins Mittelalter". Richtungsweisend
waren seine Arbeiten über Germanendar-
stellungen, so z. B. 1909 "Verzeichnis der
Abgüsse und wichtigsten Photographien
mit Germanen-Darstellungen" in Form
eines Kataloges zu dieser Abteilung des
Museums. Schon 1912 erlebte der Katalog
die dritte Auflage.

Früh schon gingen Schumachers Bestrebungen dahin, Publikationsreihen zu
organisieren, die durch ein örtlich und
sachlich bedingtes Band zusammengehalten wurden. 1890 gründete er mit seinem
Kollegen Ladewig die "Zwanglosen Hef-
te" des Karlsruher Altertumsvereins.
1905 erfolgte der Druck des 5. Bandes der
"Altertümer unserer deutschen Vorzeit".
Eine Neubelebung bedeutete die "Zeitschrift des Vereins zur Erforschung der
rheinischen Geschichte und Altertümer
in Mainz", die einen beachtlichen Stellenwert im wissenschaftlichen und kulturellen Leben der Stadt einnahm. 1909 folgte
als Neugründung die "Prähistorische
Zeitschrift".

Bei all dieser wissenschaftlichen
schriftstellerischen Arbeit vernachlässig-
te Schumacher nie die Publikationen seines Museums. Seit 1909 erschienen die
Kataloge der einzelnen Abteilungen, 1922
die "Kulturgeschichtlichen Wegweiser",
die parallel zu den streng wissenschaftlichen Veröffentlichungen liefen. Sie fanden durch ihren allgemein verständli-
chen Text und den günstigen Preis weite
Beachtung. Den Schlußstein Schumachers
jahrzehntelanger siedlungsgeschichtli-
cher Forschung bildete die neu gegründete Reihe der Handbücher "Siedlungs-
und Kulturgeschichte der Rheinlande".
Den noch fehlenden Band konnte Schumacher nach seiner Pensionierung krank-
heitsbedingt nicht mehr schreiben.

Vom Schuldienst kommend lag Schumacher pädagogisches Wirken besonders
am Herzen. Dies machte sich bei der Ausbildung der Volontäre besonders bemerkbar, die sich mit berechtigtem Stolz
"Schumacher-Lehrlinge" nannten. Er gab

den jungen Leuten einen gründlichen Überblick über die Vorgeschichte und die ausgestellten Objekte und legte so den Grundstein für deren eigenes wissenschaftliches Arbeiten. Schumacher wies ihnen früh Spezialthemen zu, die selbständig zu erarbeiten waren. Er gewann so den notwendigen Überblick über die Fähigkeiten der Leute. Auch zog er sie zu Führungen im Museum heran, was ebenfalls ihrer Ausbildung diente.

Eine öffentliche Lehrtätigkeit nahm Schumacher nie an, obwohl er oft darum gebeten wurde und auch die venia legendi der Universität Gießen besaß. Vergeblich bot man ihm nach seiner Pensionierung an, an der Universität Heidelberg prähistorische Vorlesungen zu halten.

Prof. Dr. Karl Schumacher ging am 1. Oktober 1926 in Pension. Zum Ruhesitz wählte er Bad Mergentheim seines ihn Jahrzehnte plagenden Gallenleidens wegen. Er war durch dieses Leiden bei seinen Unternehmungen stark gehemmt. Aber untätig blieb der sein Leben lang mit großer Arbeitskraft ausgestattete Gelehrte nicht. Er gründete mit anderen zusammen die "Mergentheimer Heimatblätter", die er meist selbst mit Beiträgen versorgte. Daß er auch das Heimatmuseum betreute, war für ihn, den ehemaligen Leiter eines berühmten Museums, kein Abstieg, sondern einfach die Rückkehr von der großen wissenschaftlichen Welt zum überblickbaren Raum der Heimat.

Zeitlebens hielt er enge Verbindung zu seinem Geburtsort Dühren und schenkte dieser Gemeinde das erste Heimatbuch "Dühren bei Sinsheim an der Elsenz. Bilder aus dem mehr als 5000-jährigen Werdegang einer Siedlungsstätte im Neckarhügelland" und ließ es auf eigene Kosten drucken.

Schumacher ging Ehrungen aus dem Wege, so gut er es konnte, aber ganz zu vermeiden waren diese nicht. Er erhielt die Ehrenmitgliedschaften vieler Geschichts- und Altertumsvereine. Freude machte ihm die zu seinem 65. Geburtstag von der Technischen Hochschule Darmstadt verliehene Würde eines Dr. Ing. e. h. 1932 verlieh der Reichspräsident Schumacher die Goethe-Medaille. Die höchste Ehrung aber, die ihm als Gelehrter erwiesen wurde, war die Festschrift zu seinem 70. Geburtstag, zu der 63 Wissenschaftler ihre wertvollen Aufsätze beisteuerten. Seine Heimatgemeinde Dühren ernannte ihren berühmten Sohn ebenfalls zu dessen 70. Geburtstag zu ihrem Ehrenbürger, und 1962 wurde an seinem Geburtshaus eine Gedenktafel enthüllt.

Karl Schumacher beschloß sein tätiges und außerordentliches erfolgreiches Leben am 17. April 1934 in Bad Mergentheim. Mit ihm ging ein großer Wissenschaftler, Erzieher, Museumsdirektor und Heimatforscher in die ewige Ruhe ein. Er war *"ein ebenso strenger Direktor wie hilfsbereiter Lehrer, ein glühender Patriot und humorvoller Gesellschafter"* (Behrens).

Karl Hermann Zahn

(1865 – 1940)

Weltberühmter Botaniker

Fachgelehrten geht es oft so, daß sie in ihrer Disziplin weltweit Achtung und Anerkennung finden, während sie in der näheren und weiteren Heimat relativ unbekannt bleiben. Prof. Karl Hermann Zahn gehört wohl zu diesen Persönlichkeiten, aber er hat in seinem Geburtsort und in einer Publikation des Kraichgauvereins (Heft 7, 1981) eine hochverdiente Renaissance erfahren dürfen. Damit hat dieser Gelehrte, Pädagoge und noble Mensch den ihm gebührenden Platz unter den Wissenschaftlern nicht nur des Kraichgaus eingenommen.

Karl Hermann Zahn wurde am 3. Dezember 1865 in Baiertal bei Wiesloch als ältestes von elf Kindern geboren. Sein Vater war der Müllermeister und Besitzer der oberen Mühle Konrad Zahn. Dieser war zweimal verheiratet: mit Katherina Goos und danach mit Christiane Jenne, der Mutter des gemeinsamen Sohns Karl Hermann.

Der Junge besuchte die Realschule in Wiesbaden und anschließend die Höhere Bürgerschule im benachbarten Wiesloch. Er ging weiter den Weg vieler begabter Kraichgauer Schüler. Eine jahrzehntelang bevorzugte Möglichkeit der Weiterbildung und Berufsfindung war der Besuch eines Lehrerseminars mit Internat. Der junge Zahn bezog deshalb in den Jahren 1884 und 1885 für zwei Jahre das Lehrerseminar I in Karlsruhe, dessen Direktor der bekannte Pädagoge Leutz war. Dieser war ein begeisterter Botaniker, der auch für seine Seminaristen Exkursionen durchführte. An diesen nahm Zahn teil und wurde dadurch zur Botanik gebracht, die neben seinem Beruf zu seinem Lebensinhalt werden sollte. Am 1. September 1885

legte Zahn die Prüfung als Schulkandidat ab. 1885 bis 1889 war er Hilfslehrer an der Realschule Heidelberg und Unterlehrer in Freiburg und Donaueschingen. Zahn aber hatte sich höhere Ziele gesetzt und studierte 1889/1890 an der Technischen Hochschule in Karlsruhe Mathematik und Naturwissenschaften. Dadurch wurde ihm der Einstieg in höhere Lehranstalten ermöglicht. Zahn kam nach einer Tätigkeit an der Realschule Weinheim 1891 an die Großherzogliche Baugewerbeschule, dem späteren Staatstechnikum. Er blieb vierzig Jahre an dieser angesehenen Schule – gewiß ein Beweis seiner Standhaftigkeit und auch dafür, daß ihn die Lehrtätigkeit voll ausfüllte und befriedigte. 1894 verheiratete er sich mit Kreszentia Zeiser aus Haigerloch, die im Jahre 1933 verstarb. Der einzige Sohn Hermann, kriegsfreiwilliger Gymnasiast, fiel am 23. Oktober 1917 im Ersten Weltkrieg. Die Tochter Elsa war in Frankfurt verheiratet.

1923 wurde Zahn Professor für darstellende Geometrie, Chemie und Baustofflehre am Staatstechnikum. Er ging am 28. Februar 1931 in den Ruhestand und zog 1934 nach Haigerloch, dem Geburtsort seiner Frau. Dort vollendete sich am 8. Februar 1940 nach schwerer Krankheit im Alter von 74 Jahren sein Leben.

Zahn war ein vorbildlicher Pädagoge, dem seine gründliche Ausbildung und Praxis an den verschiedenen Schulen sehr zustatten kamen. Er unterrichtete beinahe in allen Bereichen des Staatstechnikums; dazu war er durch sein breitgefächertes Wissen in der Lage. Sein Hauptfach war die Werkstofflehre. Daß Zahn sein Wissen auch in Lehrbüchern darstellte, war sein weiterer großer Vor-

*Abb. 30
Karl Hermann Zahn
mit dem Kleinen Ha-
bichtskraut, einem Ver-
treter der Hieracien
(Zeichnung: Fritz Raap)*

teil. Er verfaßte während seiner Tätigkeit am Staatstechnikum zwei ausgezeichnete Lehrbücher – eines über die Baustofflehre, das vier Auflagen erlebte, und eines für Chemie, das es auf fünf Auflagen brachte.

Zahn besaß die Fähigkeit, die einen Pädagogen zu einem erfolgreichen Lehrer macht, das Interesse der Schüler zu wecken und sie aktiv in den Unterricht einzubeziehen. Er besaß Humor, und schon Pestalozzi wußte, daß die Heiterkeit, hier auf einen angebrachten Zeitpunkt des Unterrichts bezogen, der Himmel ist, unter dem alles gedeiht. Zahn besaß unter der rauhen Schale ein weiches und mitfühlendes Herz. Er hatte ausgeprägte Charakterzüge, zu denen Selbstlo-

sigkeit, Gläubigkeit, Nächstenliebe und Hilfsbereitschaft gehörten. Mit Leidenschaft wandte sich Zahn neben seinen vielfältigen Dienstobliegenheiten der Botanik zu. Die Beschäftigung mit ihr setzte er nach dem Seminar als Lehrer in Donaueschingen intensiv fort und wurde zu einem ständigen Begleiter von Dr. Josef Anton Schatz aus Geisingen auf dessen Exkursionen und vielen Wanderungen. Von Schatz, einem Experten der Flora der Baar, profitierte Zahn so sehr, daß er schon 1899 das ausgezeichnete Botanikbuch "Flora der Baar" schreiben und herausbringen konnte. Das war für den damals 34jährigen ein beachtlicher Erfolg, der ihm auch die Mitgliedschaft des Botanischen Vereins Karlsruhe einbrachte. Zahn stand am Beginn weitreichenden Forscherruhmes.

Berühmt wurde er aber nicht durch sein Buch über die Flora der Baar. Es war ein ganz anderes Gebiet der Botanik, dem Zahn nun sein ganzes Interesse zuwandte und das für den Laien wegen seiner Kompliziertheit schwer zu beschreiben und zu verstehen ist: Zahn erlangte weltweite Anerkennung durch seine bahnbrechenden Arbeiten über das Hieracium; er wurde zum Hieracienforscher schlechthin. Hieracium ist der aus dem Griechischen stammende Sammelname für das Habichtskraut, das zu den Korbblütlern zählt. Es ist außerordentlich vielgestaltig und mit 750 Arten und Zwischenarten eine der formenreichsten Gattungen in Mitteleuropa mit dem Hauptverbreitungsgebiet in den Alpen.

Ungezählte Exkursionen durch Süddeutschland und die Alpen mußte Zahn durchführen. Das allein genügte aber nicht. Im Laufe vieler Jahre studierte Zahn die großen Hieraciensammlungen von Genf, Lausanne, Zürich, Wien, Innsbruck, Prag, Budapest, St. Petersburg, Berlin, weitere 235 Hieracienherbarien und viele kleine Privatsammlungen.

Aufgrund dieser intensiven Studien schrieb er grundlegende Arbeiten über die Hieracien in Ungarn, Bosnien, Montenegro, Herzegowina, Mazedonien, Bulgarien, Transsilvanien, Rußland, Polen, in der Schweiz und in Italien; eine kaum zu übertreffende Arbeitsleistung. Besonders hervorzuheben ist aber Zahns Beitrag über die Gattung Hieracium für Geheimrat Dr. Englers Werk "Das Pflanzenreich". Er schloß diese Riesenarbeit nach 18jähriger Forschung im Jahre 1923 mit seinem Lebenswerk "Monographie der Hieracien"

ab (Genus Hieracium in Engler "Das Pflanzenreich" IV, 280, S. 1-1705, 1923). Insgesamt hat Prof. Zahn 31 botanische Abhandlungen, darunter 14 Bücher größeren Umfangs, in deutscher, lateinischer und französischer Sprache verfaßt. Er war zum weltweit besten Kenner der Hieracien geworden, eine Autorität in der Erforschung dieser so überaus facettenreichen Gattung. Ehrungen blieben nicht aus. Prof. Zahn wurde zum Ehrenmitglied oder korrespondierenden Mitglied in dreizehn wissenschaftlichen Gesellschaften, Instituten und Vereinen des In- und Auslandes. An seinem 70. Geburtstag ernannten ihn der Badische Landesverein für Naturkunde und Naturschutz, der Thüringische Botanische Verein, die Mitteldeutsche Botanische Vereinigung in Halle und der Botanische Verein der Provinz Brandenburg zu ihrem Ehrenmitglied.

Man steht beinahe fassungslos vor dem Lebenswerk Prof. Zahns, das er neben seiner geliebten Lehrtätigkeit geschaffen hat. Welche Schaffenskraft, welch eiserner Fleiß, welches Können und welche Begeisterung für die Botanik waren notwendig, um dies zu vollbringen! Die Tochter bezeugte, daß der Vater von 5 Uhr früh bis in die Nacht gearbeitet hatte, obwohl er zuletzt auf einem Auge blind geworden war. Karl Hermann Zahn war eine Persönlichkeit mit starkem Charakter, der von tiefer Religiosität geprägt wurde, die auch die ganze Familie besaß. Es war Gnade, daß er nicht mehr erleben mußte, daß sein Enkel, der sein ganzer Stolz war und der ihm an Charakter und Begabung sehr glich, 1943 in Rußland fiel, so wie er im Ersten Weltkrieg schon seinen Sohn verloren hatte.

Die Egler-Brüder

Maler, Musiker, Bildhauer

Es ist wohl eine große Seltenheit, wenn einem Ehepaar drei Buben geboren werden, die zu namhaften Künstlern heranreifen, die in der Landeshauptstadt Karlsruhe eine wichtige kulturelle und gesellschaftliche Rolle spielen und aus der Kunstszene der Stadt nicht wegzudenken sind. Die drei Künstler, von denen hier die Rede ist, sind die Egler-Brüder. Sie stammen, und das war sicher eine wichtige Voraussetzung für ihre spätere Laufbahn, aus einer künstlerisch begabten Familie. Der Vater, Ludwig Wilhelm Egler (1859–1900), stammte aus Knittlingen und war Obersteiger und damit Leiter der Saline Rappenau. Dort wohnte auch die Familie. Die Mutter Karoline, geb. Meisenhalter, (1865–1932) stammte aus Biberach bei Heilbronn. Der früh verstorbene Vater wäre am liebsten auch Künstler geworden. Er hat viel gezeichnet und gemalt. In den alten Wirtsstuben um Wimpfen und Neckar hingen noch zur Studienzeit seiner Söhne seine Zeichnungen und Aquarelle. Er wollte um jeden Preis auf die Kunstschule, aber der väterliche Wille war stärker, und er mußte eben Beamter werden. Die Mutter war eine geistig vielseitig interessierte Frau. Sie zeichnete ihren Buben die ersten Bilderbücher mit Szenen aus dem dörflichen Leben und suchte die Talente der Söhne nach besten Kräften zu fördern. Deshalb zog sie auch nach dem Tode ihres Mannes 1902 mit der Familie nach Karlsruhe, um ihren Kindern eine bessere Ausbildung zu ermöglichen. Die drei Egler-Brüder, die "Eglerei", wie man sie oft nannte, kamen alle in Rappenau zur Welt: Willi 1887, Ludwig 1894, Carl 1896. Ein weiterer Bruder und drei Schwestern vervollständigten die Familie.

Willi Egler

(1887 – 1953)

Maler und Grafiker

Willi Egler wurde am 18. Dezember 1887 als ältester der drei Buben geboren. Nach dem Besuch der Volksschule in Rappenau und der Realschule in Wimpfen nahm Willi Egler, seinen früh sich zeigenden Neigungen folgend, 1902 eine Lehre als Lithograph in der Firma Geissendörfer in Karlsruhe auf. Was ihn durch sein ganzes Leben hindurch besonders kennzeichnete, war seine Naturverbundenheit und seine Reiselust. Er war ein großer Wanderer, dem es wahrhaft in den *"Wanderschuhen brannte"*, und seine Brüder bezeugten, daß Willi eigentlich dauernd unterwegs gewesen sei. So zog er nach der Lehre auf Schusters Rappen von Paris nach Bilbao und trank von der erlebten Welt, *"was die Wimper hielt"*. Das waren wichtige Erfahrungen für die künstlerische Laufbahn, und diese Art, *"sich die Welt als Modell vor die Leinwand zu holen, hat Egler auch später nie verloren"* (Röhrdanz). Er verstand es, immer etwas zu erleben, und er griff hinein ins volle Menschenleben, das nach Goethe interessant ist, wo man es anpackt.

Willi Egler besuchte anschließend die Kunstgewerbeschule in Karlsruhe. Dann aber machte er sich wieder auf die Reise, diesmal nach Italien. Egler studierte eine Zeit an der Kunstakademie Giacomelli in Florenz. Tief beeindruckt von den großen Leistungen der italienischen Malerei kam er nach Karlsruhe zurück und nahm von 1907 bis 1914 das Studium an der Kunstakademie auf. Seine Lehrer waren die Professoren Schmid-Reutte und Georgi, später dann auch Prof. Conz. In der Radierklasse von Walter Conz erfuhr Egler eine gründliche Erweiterung seiner Kenntnisse in der sicheren Beherrschung der graphischen Techniken des Holzschnittes, der Radierung und der Lithographie. Eglers Blätter wurden bald in die Jahresmappen des Karlsruher Radiervereins aufgenommen. Es sind glänzend erfaßte Landschaftsausschnitte und Szenen dörflichen Lebens, Erinnerungen an seine Reisen. Und tatsächlich unterbrach Willi Egler seine Arbeit an der Kunstakademie und zog 1912 zu Fuß nach Spanien, besuchte Toledo und Madrid und hat auch von dort viele Zeichnungen und Radierungen heimgebracht.

Inzwischen hatte der junge Maler und Grafiker an künstlerischem Ansehen gewonnen, und das ließ ihn auch die gesellschaftliche Sprossenleiter hinaufklettern. 1909 wurde Egler als Mitglied in den Karlsruher Kunstverein aufgenommen, und schon 1911 war er im Vorstand tätig. Aber dann kam der Erste Weltkrieg. Er meldete sich 1914 als Kriegsfreiwilliger, machte Langenmarck mit und war schließlich Fotograf einer Fliegerstaffel.

Glücklich in die Heimat zurückgekehrt, trat Willi Egler wieder in die damalige Landeskunstschule ein und wurde 1919 Meisterschüler von Professor Haueisen. Zur Graphik traten jetzt Ölgemälde. Die heitere, zupackende Art und spontane Malweise Haueisens entsprachen Eglers Wesen. Dieser aber entwickelte in der Folge seinen eigenen Stil, der eindeutig vom Schauen, also vom optischen Eindruck des Subjekts auf den Maler geprägt ist. Besonders beschäftigte ihn das Problem von Licht und Schatten, wie es gerade einen Italienreisenden ansprechen muß. Die italienischen Landschaften gehören deshalb zum Eindrucksvollsten, das Egler geschaffen hat. Hinzu kommen

Abb. 31
Willi Egler im
Kreis seiner Fami-
lie (Foto: Elisa-
beth Egler)

Rheinlandschaften voller Stimmung, Karlsruher Straßen und Plätze, Stilleben, Impressionen vor der Stadt. Viele seiner schönsten und stimmungsvollsten Bilder sind hier entstanden. *"Diese Bilder sind deswegen die schönsten Eglers, weil er nicht nur einen Blick, eine Landschaft, eine Naturstimmung festgehalten hat, sondern weil er in die einzelnen Bilder mit hinein-geschrieben hat, daß er mit ganzem Herzen an diesem Land hängt"* (Röhrdanz).

Besonders geschätzt waren auch Eglers Aktdarstellungen. Der Akt hat bei ihm immer eine besondere Rolle gespielt. Die ausgewogenen und farblich sehr diskret gehaltenen Darstellungen des schönen menschlichen Körpers, besonders des weiblichen, sind auch ästhetisch anziehende Leistungen Eglers. Er wurde im Laufe der zwanziger Jahre zum meistbeschäftigten Maler der Landeshauptstadt und konnte es schon sehr bald wagen, als freier Künstler zu leben.

1923 zog es Willi Egler wieder nach Italien. Vier Monate blieb er mit Bruder Carl, dem Bildhauer, fort. Die Brüder legten zusammen folgenden höchst beachtlichen Weg zurück: Verona, Vicenza, Padua, Venedig, wo sie zwei Wochen blieben. Dann ging es weiter nach Chioppia, Ferrara, Ravenna, Rimini, Ancona, Pescara, dann landeinwärts nach Foggia, die Adria hinunter bis Brindisi. Auf dem späteren Heimweg durchquerten Willi und Carl Egler den Appenin und weilten längere Zeit in Rom und Florenz. Man lebte in Cortona in der Toscana, Willi hatte dort ein eigenes Atelier. Hier in Italien wurde der Maler vermehrt ein Freund des hellen Lichtes und der kräftigen Farben, und die dadurch erzeugten Gegensätze charakterisieren die Malweise Eglers in jenen Jahren. In Cortona gewann er viele Freunde, und er reiste später immer wieder dahin, in diese Landschaft, die er mit Auge und Seele suchte. In Italien, besonders bei seinem Aufenthalt in Florenz, erfaßte er auch die Elemente der Wandmalerei, und von dort aus begann der lange Weg zu Eglers eigenen Schöpfungen. Das hohe handwerkliche Können und die Kunst der Komposition brachte Egler mit. Aber die Aufträge zu solch großen Arbeiten blieben in der wirtschaftlich schlechten Zeit aus.

Das änderte sich dann im Dritten Reich. Die vielen neu errichteten Kasernen mußten mit Wandbildern geschmückt werden. Willi Egler gestaltete dafür 1938 und 1940 einfache Szenen aus dem Soldaten- und Bauernleben. Sie atmen, im Gegensatz zu seinem vorhergehenden Schaffen, den Geist der Zeit, in der sie entstanden sind, zeigen aber in guter Manier das große malerische und technische Können Eglers, das man für Wandmalereien benötigt. Ein Auftrag, der ihm viel Anerkennung einbrachte, war die Ausmalung der Wände der chirurgischen Universitätsklinik in Heidelberg 1936.

Für Karlsruhe und sein künstlerisches Leben spielten die Egler-Brüder eine große Rolle. Sie waren eng verbunden mit dem Künstlerbund in dessen bester Zeit. Geradezu sagenhaften Ruhm erlangten seine Feste. Da waren Phantasie, Originalität, Humor, kurz, eine reiche Palette von Fähigkeiten gefragt, um diesen Festen Glanz zu verleihen. Und das alles besaßen die drei Egler-Brüder in reichem Maße. In Erinnerung blieben lange die humorvollen Herrenabende im leider später zerbombten Künstlerhaus. Immer warteten die Brüder Egler mit neuartigen und originellen Einfällen und Darbietungen auf. Berühmt, und manchmal auch gefürchtet, waren die Fastnachtsfeste, die immer einen närrischen Namen hatten, z. B. 1926 Utobali, 1927 Bobicoca, 1928 Kapopolina. Unter dem Mantel trockenen Witzes blieb die nackte Wahrheit trotzdem sichtbar, wenn die Leviten verlesen wurden.

Die Brüder Egler gingen in ihren künstlerischen Ansichten nicht immer konform. Aber es spricht für sie, *"daß jeder von ihnen immer die Leistungen seiner beiden Brüder respektierte. Nach außen hin jedoch, im Künstlerverein und bei seinen unvergessenen Festen im Künstlerhaus an der Karlstraße und in der zum Stadtgarten architektonisch geöffneten Festhalle, traten sie als eine geschlossene und unangreifbare Einheit auf"* (Kleinhans).

Willi Egler war ein Künstler mit Temperament, lebhaft, beweglich, ein großer Erzähler voll Witz und Schlagfertigkeit. Er war von kraftvoller, gesunder Art, eine in sich geschlossene Persönlichkeit. 1948 verheiratete sich Willi Egler mit Elisabeth Münsing, und den Eheleuten wurde der Sohn Mario geboren. Lange aber dauerte das Familienglück nicht mehr.

Am 25. Januar 1953 schloß der hoch angesehene Künstler seine Augen für immer.

Ludwig Egler

(1894 – 1965)

Musiker, Komponist, Schriftsteller

Der zweitälteste der Egler-Brüder, Ludwig Egler, wurde am 19. Juni 1894 geboren und war sieben Jahre alt, als die Mutter mit den Kindern nach Karlsruhe zog. Der lebhafte Junge nahm sehr bewußt das Leben in Karlsruhe um die Jahrhundertwende in sich auf. Die Residenz mit Hof, Gesellschaft, Garnison, Theater usw. vermittelte ihm viele dauerhafte Eindrücke. Die Liebe zu Karlsruhe schlug sich denn auch später in seinen Gedichten nieder. Die hohe musikalische Begabung Ludwig Eglers trat sehr früh zutage. Es gab damals schon die heute noch existierende Schülerkapelle, ein weithin bekanntes Orchester mit eigenem Flair und hohem Ausbildungsstand, das jungen Musikanten Gelegenheit bot, mit anderen in einer Kapelle zusammenzuspielen und die eigenen Fähigkeiten zu fördern. Mit neun Jahren trat Ludwig Egler in die Schülerkapelle ein und gehörte ihr zwölf Jahre lang als Klarinettist an, gewiß eine schöne Leistung für einen Jugendlichen.

Ludwig Egler war nicht nur hoch musikalisch, er hatte auch eine ausgeprägte poetische Ader. Er besserte sein Taschengeld dadurch auf, daß er für seine Kameraden gegen ein kleines Honorar Liebesbriefe und Gedichte schrieb. Das eingenommene Geld legte er für Reclam-Hefte an und gewann so erste literarische Kenntnisse. Egler war sehr sprachbegabt und konnte später seine eigenen Lieder französisch, italienisch, englisch, russisch und schwedisch singen.

Von früh an Klarinettenspieler, studierte Willi Egler nach der Schulzeit dieses Instrument bis zur Konzertreife und anschließend Musikwissenschaft und Gesang bei Jan van Gorkom und Max Büttner, den berühmten Solisten des damaligen Badischen Landestheaters. Fast zwangsläufig, möchte man sagen, kam er dabei zur Laute. Dieses herrliche, alte und traditionsreiche Instrument hatte es ihm bald angetan, und es war besonders die mittelalterliche Lautenmusik, die ihn fesselte. Egler tat sein ganzes Leben lang viel für ihre Verbreitung. Er gründete eine Lautenschule, aus der viele begabte Spieler und Sänger hervorgegangen sind. Und es ist kennzeichnend für sein Bestreben, sich musikalisch weiterzubilden, daß er eine zeitlang am Karlsruher Konservatorium Studierender in der Gesangsklasse war und gleichzeitig Fachlehrer für mittelalterliche Lautenmusik. Gesang und Musik, das war die tragende Basis für die nun beginnende jahrelange Konzerttätigkeit. Mit ihm reisten seine Frau Lydia, ebenfalls Lautensängerin, und Tochter Elfi, die Sopranistin. Die Konzerte der Eglers in ganz Süddeutschland und der Schweiz waren außerordentlich geschätzt, und Egler gewann eine große Popularität. Diese wurde noch wesentlich gesteigert, als er 1936 mit Mitgliedern der Badischen Staatskapelle die "Karlsruher Volksmusik" gründete. Diese badische Volksmusik war zu jener Zeit ein Begriff im ganzen Lande. Ungezählte Sendungen kamen durch das Radio in die Wohnungen der Bürger. Ludwig Egler war und blieb ein volksnaher Musiker, der sich seine Eigenständigkeit bewahrte, sich aber auch der guten Moderne aufgeschlossen zeigte.

Allerdings, und das war wohl auch ein Kennzeichen der Eglers, wo ihm etwas nicht gefiel, hielt er mit seiner Meinung nicht hinter dem Berge.

Abb. 32
Ludwig Egler mit
Frau (Foto: Elfi
Egler)

Abb. 33   Ludwig Eglers Karlsruher Liederbuch

Abb. 34   Karlsruher Lied (aus Karlsruher Liederbuch, Karlsruhe 1962)

Ludwig Egler war eine ausgesprochene Doppelbegabung, er war Komponist und Schriftsteller in einem ausgewogenen Verhältnis. Wie alle drei Egler-Brüder war er ein sehr naturverbundener Mensch und ein Autor, der sehr feinfühlig auf das Außen und Innen reagierte. Seine sprachlich schöne Lyrik beweist dies. Egler war ein Stimmungsschilderer, der Natur und Erleben in allen Schattierungen meisterte, leise Töne findend, gefühlsstark, humorvoll, aber auch satirisch, wenn er ungute Entwicklungen anprangerte.

Für seine Verbundenheit mit Karlsruhe mag die erste Strophe des "Karlsruher Wiegenliedes" stehen:

Ei, so drink doch dei Schöpple
un schlof dann, mei Böpple,
mei herziges Goldele du!
Die Mädle und Bürschle,
im Hardtwald die Hirschle,
die schlofe un hawe jetzt Ruh.

Egler vertonte seine Gedichte selbst; so auch das "Karlsruher Wiegenlied", mit dem die Erinnerung an die große Sängerin Erika Köth verknüpft ist, die Anfang der zwanziger Jahre am Badischen Staatstheater engagiert war. Sie sang dieses Lied mit ihrem glockenreinen Sopran, und es war die erste Funkaufnahme der später so berühmt gewordenen Sängerin.

Wie Ludwig Egler die *"verhaltene Schönheit der Stadt"* (Bentmann) erfaßt hat, zeigt die Strophe aus dem Band "Die Fächerstadt":

Durch alles Tun und laute Tagesgeschehen
geht deine lächelnde Gelassenheit,
wenn Weltbetrieb und blinde Tüchtigkeit
die Schönheit deines Angesichts nicht sehen.

Egler hat mehrere hundert Lieder geschrieben und viele in Liederzyklen zusammengefaßt: "Irrgarten der Liebe", "Maria im Rosenhag", "Gilm-Lieder", "Zwölf Überlinger und Bodenseelieder", "Zehn Kinderlieder mit Reigen" usw. Er schrieb das schöne "Karlsruher Liederbuch", das "Badische Liederbuch" (50 Lieder), das "Oberrheinische Liederbuch" (weitere 50 Lieder), "Im Morgenrot" (geistliche Lieder) und vertonte etwa 70 Gedichte von Lenau, Eichendorff, Brentano und Storm. Auch Bühnenwerke komponierte Ludwig Egler, z. B. "Das kalte Herz", eine Volksoper, "Der silberne Käfig", Volksoper mit Ballett. Zu dem Werk mit dem eindeutigen Titel "Fidelitas oder der Markgraf als Bauer" schrieb er auch den Text. Für die Gitarre komponierte Egler zwölf Soli "Die Quelle" und 75 Studien für Gitarre solo. An geistlicher Musik sei die Kantate "Jesu Bergpredigt" erwähnt.

Eglers große Gedichtfolgen stellen einen ganz wesentlichen Teil seines Werkes dar. Diese Gedichte zeigen den heimat- und naturverbundenen Autor am deutlichsten, denn sie sind nicht nur mit dem Kopf, sondern auch mit dem Herzen geschrieben in einfacher, sauberer und ansprechender Sprache, so z. B. "Am Strom", "Trost am Ufer", "Glück im Garten", das von Ernst Feuerstein illustrierte "Bunte Alphabet", "Asphalt" und die "Daxlander Schwänke" in Mundart. An Daxlanden, dem alten "Fischernest", hing Egler mit besonderer Liebe. Am bekanntesten geworden ist wohl der Gedichtband "Die Fächerstadt", der 32 Gedichte enthält. In diesen Gedichten spürt Egler dem Charakteristischen der Stadt in Historie und Gegenwart nach, bezieht die Vororte und die Umgebung mit ein. Und schließlich enthält der Band Gedichte, die berühmten Männern Karlsruhes – z. B. Scheffel – gewidmet sind.

In seinen letzten Lebensjahren war er Vorsitzender des Conradin-Creutzer-Bundes, der – 1862 gegründet – damals noch Arbeiter-Bildungs-Verein hieß. Dieser Verein spielte durch seine Veranstaltungen eine beachtliche kulturelle Rolle in der Stadt und erforderte von seinem Vorsitzenden Wissen, Können und viel Zeit. Ludwig Egler hat auch diese Aufgabe gemeistert, und die Liederabende, die er gab, sind heute noch bei den alten Mitgliedern unvergessen.

Ludwig Egler starb am 8. August 1965 als hoch angesehener Musiker und Schriftsteller, landesweit beliebter Künstler und humorvoller, ausgeglichener Mensch, um den viele Freunde trauerten.

Carl Egler

(1896 – 1982)

Bildhauer und Keramiker

Carl Egler kam am 3. Juli 1896 zur Welt. Wie bei allen Egler-Brüdern, zeigte sich auch bei Carl sehr früh die hohe Begabung, der Drang, etwas mit den Händen zu gestalten. Er wäre gerne in die Fußstapfen seines Bruders Willi getreten. Doch dieser, als der Stellvertreter des Vaters, verbat sich dies. Aber als später der Bildhauer Dietrich des Bürgerschülers Carl Begabung bestätigte, nahm Willi ihn aus der Schule und gab ihn nach dem Besuch der Volks- und Bürgerschule im Oktober 1911 als Lehrling für das Modellieren in die Werkstatt der Großherzoglichen Majolika-Manufaktur in Karlsruhe.

Carl fand in Max Heim einen umsichtigen Lehrer. Um sich weiter zu üben und zu bilden, belegte der junge Mann einen Abendkurs in der Gewerbeschule bei dem bekannten Bildhauer Otto Schließler. Bei ihm erhielt er die erste künstlerische Anleitung für figürliche Darstellungen. In der Folge modellierte der Siebzehnjährige Brunnen- und Gartenfiguren und einen Minnesänger zu Roß, dessen Vertrieb die Manufaktur im Jahre 1913 übernahm. Es war deshalb gut, daß Egler in seinem letzten Lehrjahr zu Bildhauer Hermann Föry kam.

Der 1914 ausbrechende Weltkrieg setzte der Lehrzeit ein Ende. Carl Egler meldete sich als Kriegsfreiwilliger, war jahrelang an der Ostfront, kam im März 1918 in den Westen und wurde schwer verwundet. Im Dezember 1918 wurde er aus dem Heeresdienst entlassen und trat nun als Geselle in die nunmehr Staatliche Majolika-Manufaktur ein; er war 22 Jahre alt.

1919 besaß der junge Künstler schon eine eigene Werkstatt und widmete sich nun ganz der Bildhauerei. Weiterbildung im anatomischen Bereich war notwendig, und deshalb besuchte Egler als Gastschüler den Anatomieunterricht bei Prof. Max Auerbach. *"Selbstlernend modellierte Egler während der wirtschaftlich schwierigen Jahre eine Reihe neuartiger, figürlicher Kleinplastik, Typen der russischen Etappe: Asketen, Händler, Bettler und Vagabunden, derb, ursprünglich, packend und locker"* (Wilkendorf). Die zwanziger Jahre warfen ihre Schatten voraus.

Immerhin konnte Egler 1920 als Auftrag eine "Trauernde" als große Grabsteinfigur gestalten, und im gleichen Jahr stellte der Kunstverein erstmals Plastiken von ihm aus, Köpfe junger Mädchen, deren Darstellung ihn besonders reizte. 1921 wurde er durch Hans von Volkmann in den Künstlerbund Karlsruhe aufgenommen. 1923 unternahmen die Brüder Willi und Carl jene berühmte Italienreise, die bei Willi Egler beschrieben wurde. Auch Carl sammelte bei dieser Reise unauslöschliche Kunsteindrücke und brachte viele Skizzen und Aquarelle mit nach Hause. Beide Brüder beteiligten sich nach der Rückkehr an der "Großen Deutschen Kunstausstellung Karlsruhe 1923", Carl war mit einem schönen Frauenakt vertreten.

Die folgenden Jahre waren von den Bemühungen Carl Eglers gekennzeichnet, sich in der Beherrschung jeglichen Materials, mit dem ein Bildhauer zu arbeiten hat, zu vervollkommnen: Ton, Holz, Metall, Stein. Dabei hat er u. a. große Puttos frei aus Hartholz gehauen. Wenn Carl Egler mit Holz arbeitete, dann gewann dieses Leben und eine starke Ausdruckskraft. Aber auch sehr schöne Kleinkinderplastiken und Jungmädchenakte in Kera-

mik und Bronze entstanden. Ein vorbildlicher weiblicher Terrakotta-Halbakt
zeigt, daß Egler den Schritt weg von den
Mädchenakten und hin zur Darstellung
der Frauengestalt erfolgreich vollzogen
hatte. Er erntete denn auch hohe Anerkennung bei der Ausstellung des Karlsruher Kunstvereins 1925 und bei der Sam-
melschau badischer Künstler in Eisenach
1926. Im Alter von dreißig Jahren besaß
Carl Egler ein künstlerisches Ansehen,
das so groß war, daß nunmehr einer akademischen Ausbildung, die ihm ja noch
fehlte, nichts mehr im Wege stand.

Im Herbst 1925 wurde Carl Egler Meisterschüler bei Prof. Georg Schreyögg in
der Badischen Landeskunstschule mit eigenem Atelier. Der Professor förderte vor
allem Eglers technisches Können. Nach
Prof. Schreyögg kam Egler für kurze Zeit
zu Prof. Kurt Edzard, um dann von Prof.
Christoph Voll als Meisterschüler übernommen zu werden. Bald aber geriet Egler in Gegensatz zu seinem Lehrer. Auseinandersetzungen junger Künstler mit
erfahrenen akademischen Lehrern über
die Auffassung von Kunst und das Abschütteln des Schattens, den der Lehrer
wirft, sind keine Seltenheit. Fritz Wilkendorf interpretierte dies mit folgenden Be-
merkungen: *"Er [Anm.: Egler] widerstrebte
mit seiner ethisch gegründeten edlen For-
mensprache der zu wirklichkeitsnahen, fast
dem Häßlichen verbundenen Kunstauffas-
sung Christoph Volls".* Dies heißt, daß Egler eine maßvolle Plastik des untadeligen
Frauenkörpers anstrebte, die im unüber-
brückbaren Gegensatz zu Volls *"Schreck-
gestalten und massigen Weibern"* (Wilkendorf) stehen mußte. Das Für und Wider
beider Kunstauffassungen muß hier neutral so stehen bleiben. Jedenfalls zog Egler die Konsequenzen und verließ im
Sommer 1932 die Akademie, um frei
schaffen zu können.

Während dieser Zeit bewies Carl Egler
sein organisatorisches Geschick, politisches und soziales Engagement. Seit 1925
war er 1. Vorsitzender des Ausschusses
der Studierenden an der Akademie. 1927

*Abb. 35 Carl Egler
(Stadtarchiv Karlsruhe; 8/PBS OIII 129)*

organisierte er eine badische Kunst-Lot-
terie, die 21000 Mark einbrachte. Egler
genoß großes Ansehen beim Senat und
kam für die Abteilung Kunst in den Vorstand des Deutschen Studentenbundes
mit dem Sitz Berlin. Diese Tätigkeiten
werfen ein warmes Licht auf den Menschen Carl Egler.

1935 verheiratete sich der Künstler mit
der Karlsruherin Berthe Schäfer, die ihm
eine verständnisvolle und fürsorgende
Lebensgefährtin wurde. Das Ehepaar erwarb 1936 ein Haus in Alt-Mühlburg.
Dieses Heim mit dem Garten und Atelier
gestaltete Carl Egler zu einer künstlerischen Oase aus, wie sie kein anderer Bildhauer oder Maler in Karlsruhe besaß. Gerade während des Zweiten Weltkrieges,
als es an Aufträgen mangelte, war Egler

Abb. 36 Gußmodell für eine Büste des ehemaligen Karlsruher Oberbürgermeisters Schnetzler von Carl Egler (Stadtarchiv Karlsruhe; 8/PBS oXIVb 129)

unermüdlich beim Ausschmücken seines Künstlerheimes. Statuen standen im Garten, darunter das großartige Bildnis seiner Mutter in Bronze mit der schönen Inschrift "Nihil maius, amore matris", also "Nichts ist größer als die Liebe der Mutter". Fritz Wilkendorf, ein Augenzeuge, schildert die Idylle mit folgenden Worten: *"Wohnhaus und Werkstatt, Innenhof und Hausgarten wurden mit selbstgeschnitzten Pfeilern und Möbeln, geschmiedeten Beschlägen und Laternen, gekachelten Öfen, Garten- und Wandbrunnen mannigfaltig ausgeschmückt. Dabei haben des Meisters bildnerische Phantasie mit Schnitzmesser, Modellierholz, Schmiedehammer und Steinmeißel in dem eingeschossigen Alt-Mühlburger Häuschen ein Wunder vollbracht, das jeden Besucher in*

die Welt des Schönen, aber auch Schattenhaften entrückt". Zum großen Glück wurde das alles von dem Bombenhagel, der auf die Stadt des öfteren niederging, nicht getroffen, und Egler konnte alle seine verschont gebliebenen Bildhauerwerke wie in einem Museum aufstellen.

In den dreißiger Jahren schuf der Bildhauer viele hervorragende Werke, darunter ein Kriegerehrenmal in Karlsruhe-Daxlanden, eine aus hartem Schwarzwaldgranit gehauene Soldatengruppe, wofür er mit einem 1. Preis ausgezeichnet wurde. Und immer wieder waren es Frauenbildnisse, denen Egler seine ganze Künstlerschaft schenkte. 1937 schuf er für die Frontseite des ersten Karlsruher Arbeitsamtes die zeittypischen "Arbeiter der Stirn und der Faust".

Es sei noch vermerkt, daß Carl Egler zwar bei Beginn des Zweiten Weltkrieges eingezogen, aber schon 1940 wegen eines Nierenleidens wieder aus dem Kriegsdienst entlassen wurde.

Nach Beendigung des Krieges besann man sich im Bauwesen wieder auf die uralte Technik der Fliesen- und Kachelherstellung. Einen Keramiker wie Egler mußte die Herstellung dieser bemalten und glasierten Kacheln mit ihren Gestaltungsmöglichkeiten reizen. Mit Energie nahm er sich der neuen-alten Kunst an, und er baute damals dreißig verschiedenartige Öfen und Kamine. Figürliche Tonplastiken nach lebendem Modell wurden gerne ausgeführt, um den Lebensunterhalt zu sichern. Und eine für den Kraichgau feine Plastik schuf Egler 1949, das auf hoher Säule sitzende Brettener Hundle, das Wahrzeichen der Stadt.

Als nach 1950 das Wirtschaftswunder einsetzte, erhielt Egler wieder Aufträge, und eine Reihe monumentaler Arbeiten entstand. Zu erwähnen sind die 1952 mit Putzkeramik geschmückte Giebelwand der Friedhofkapelle Durlach-Aue mit drei lebensgroßen Figuren der Auferstehung, und farbige, emailleartige Fliesen für die Landesversicherungsanstalt Karlsruhe "Rast im Freien". Für die 1953 bezogene Drais-Schule in Karlsruhe war der Künstler mehrfach tätig. Die hohe Giebelmauer schmückte er in Putzkeramik mit dem Forstmeister Drais von Sauerbronn mit seinem Laufrad. Für den Turnhallen-Vorraum hat Egler 1959 auf kobaltblauem Kachelgrund einen überlebensgroßen Speer- und einen Diskuswerfer geschaffen. Und später kam noch eine nackte, wasserspeiende Bubengruppe für den Drais-Schulgarten hinzu. Hervorzuheben ist noch die Belebung der Stirnwand der neuen städtischen Sparkassenhalle mit einem geflügelten Merkur, ein bedeutendes Wandbildwerk.

Dem Krieg waren viele Denkmäler und Büsten zum Opfer gefallen, die wieder ersetzt wurden. Egler schuf bedeutende Bronzebüsten für die im Kriege eingeschmolzenen, so 1953 die des ehemaligen Karlsruher Oberbürgermeisters Karl Schnetzler, eine von Carl Benz und 1960 das bronzene Grashof-Denkmal in der "Fridericiana".

Die Gemeinden gingen in jenen Jahren daran, ihre Kriegsgräberanlagen in Ordnung zu bringen oder sie neu zu gestalten. Ehrenmale für die gefallenen Soldaten zu schaffen, ist für einen Bildhauer aus vielen Gründen eine schwierige Aufgabe. Carl Egler erwies sich mit seinem Gespür für das Wahre, Würdige auch darin als Meister. 1961 schuf er für Karlsruhe-Mühlburg eine überlebensgroße Muttergestalt, denn Mütter trugen das größte Leid um ihre gefallenen Männer und Söhne. Und 1963 erhielt er den Auftrag der Stadt Bretten, das Gedächtnismal für die Toten beider Weltkriege zu schaffen. Sieben Meter hoch und drei Meter breit überragt es die Umgebung und zeigt als Symbol der Überwindung des Todes eine Christusfigur mit waagrecht ausgebreiteten Armen.

Abb. 37   Brettener Hundle
(Foto: L. Vögely)

Vor allem hat das für den Karlsruher Hauptfriedhof geschaffene Euthanasie-Denkmal "Tor der Schmerzen" den Namen des zu den profiliertesten deutschen Bildhauern zählenden Künstlers im *"Gedächtnis der übernationalen Kunstwelt"* gefestigt (Kleinhans).

Carl Egler wurde von dem damaligen Ministerpräsidenten Kiesinger zum Professor ernannt. Unermüdlich, bis ins hohe Alter täglich in seiner schönen Werkstatt arbeitend, nahm ihm der Tod am 16. August 1982 den Meißel aus der Hand.

Gustav Wolf

(1887 – 1947)

Maler und Graphiker in Deutschland und Amerika

Leben und Werk von Gustav Wolf nachzuzeichnen, ist eine notwendige Pflicht, denn er ist der einzige Maler des Kraichgaus, der weit über die Grenzen der Heimat hinaus in Deutschland und den USA hohe Anerkennung gefunden hat. Und doch weiß man in seiner engeren Heimat wenig von ihm, denn sein Leben war voller Wechsel, Unruhe und Tragik, und sein Werk erschließt sich nicht leicht. Und doch übt dieser Künstler eine große Wirkung auf denjenigen aus, der sich eingehend mit ihm beschäftigt, denn er hat es mit einem in sich selbst ruhenden Menschen mit nobler Gesinnung zu tun, der sein Schicksal als Jude mit philosophischer Gelassenheit trug.

Gustav Wolf wurde am 26. Juni 1887 in Östringen als jüngstes Kind des Papierfabrikanten Sigmund Wolf und seiner Ehefrau Jette, geb. Bernheim, geboren. Der Junge besuchte das Gymnasium in Bruchsal bis Juni 1904. Da schon früh seine künstlerische Begabung zutage trat, erhielt er seinen ersten Unterricht von der damals bekannten Karlsruher Malerin Emilie Stephan. Auf den Rat Hans Thomas hin begann Wolf 1904 das Studium an der Kunstgewerbeschule in Karlsruhe, merkwürdigerweise im Fach Architektur. Seine Lehrer waren die Professoren Groh und Fenger. Schon 1906 beendete er das Studium, um sich in der Folgezeit selbst weiterzubilden. Dies geschah durch das Kopieren alter Meister in den Museen in Frankreich und Italien. Wolf war in jenen Jahren in Florenz, Rom, Neapel und Paris. Weitere Reisen führten ihn nach Dalmatien, in die Schweiz, nach Südfrankreich und Marokko. Alle diese Reisen kamen seinem künstlerischen Schaffen zu-

gute, und schon 1906 oder 1907 hatte er seine erste Ausstellung in München und 1908 in Paris im "Salon d'Autumne".

Ab dem Jahre 1906 entstanden erste Radierungen und Holzschnitte, denen sich 1908/1909 die erste Holzschnittfolge "Confessio, Worte und Zeichen" anschloß, 12 Holzschnitte, zu denen Wolf auch den Text verfaßt hat. In diesem Werk, das dem Jugendstil zugeordnet werden muß, obwohl Wolf keiner Stilrichtung verpflichtet war und ein Einzelgänger blieb, verarbeitete er kompositionell tiefsinnige, mythische Einsichten und viele orientalische und fernöstliche Anregungen. Diese verleihen den Blättern einen eigenen Reiz und eine märchenhafte Fremdheit. Es finden sich Fragmente phantastischer Tiere, ein Bestiarium, das Wolf erfand und immer mehr erweiterte, bizarre Drachen, Schlangen, Flug- und Schwimmtiere, Mischwesen, grotesk, dämonisch. Weitere Mappen schlossen sich an, so 1911 zehn Holzschnitte, die "Aufzeichnungen", der "Almanach für das Jahr 1912" mit Texten und Zeichnungen von Wolf. Dann ging der Künstler wieder auf Reisen, die ihn diesmal nach Kairo und Jerusalem führten. 1913/14 entstand als bedeutendes Werk die Lithographienfolge "Am Anfang/Genesis" nach dem lateinischen Bibeltext der Vulgata mit der deutschen Übersetzung von Martin Luther, Wolfs eigene Version der Schöpfungsgeschichte.

Dann brach der Erste Weltkrieg aus. Wolf meldete sich als Kriegsfreiwilliger. Er kämpfte in Flandern und Frankreich und wurde 1915 bei La Bassée schwer am Oberschenkel verwundet. Diese Verwundung brachte Wolf für ein Jahr in das Lazarett in Gelsenkirchen. Vielleicht als Reaktion auf sein Erleben entstanden in jener Zeit viele satirische Lithos und Texte, z. B. "Helden u. dgl." für die Soldatenzeitschrift "Wachtfeuer". Der Neubeginn nach dem Kriege war schwer. Durch die Kriegsinvaliden-Arbeitsvermittlung erhielt Wolf schließlich eine Stelle als Zeichenlehrer in Schwerin/Mecklenburg.

Das Hauptwerk der im letzten Kriegsjahr beginnenden Phase ist die großformatige Holzschnittfolge "Die Blätter vom lebendigen Sein" (1918/1919). In dieser Folge gerät Wolfs Kunst zu monumentaler Größe und wird zu einem dramatischen Ausdruck gesteigert. Wolfs Auseinandersetzung mit Alfred Momberts kosmischer Weltsicht hat dazu beigetragen. Es war ein Glücksfall, daß Gustav Wolf um 1917 zwei gleichgesinnte Männer kennenlernte, die beide in Heidelberg wohnten und denen er in lebenslanger Freundschaft verbunden blieb. Es waren dies der etwa gleichaltrige Kunsthistoriker Richard Benz und der fünfzehn Jahre ältere Dichter Alfred Mombert. Gerade die Begegnung mit Mombert, dem Verfasser hymnischer Gedichte, kosmischer Visionen, war für Wolf von großer Bedeutung, *"denn hier fand er sein eigenes Weltbild eindrucksvoll bestätigt, bereichert und vertieft"* (Frau Wolf). Die Anregungen, die Wolf von Mombert empfing, waren anhaltend und wurden sichtbar in seinem Werk. Beide Künstler erschließen sich schwer und brauchen Verständnis, Geduld, Einfühlungsvermögen und Unvoreingenommenheit. Dann aber offenbaren sich bei diesen verwandten Seelen alle Schönheiten ihrer Werke, im Dichterischen bei Mombert, in der Graphik bei Wolf.

Gustav Wolf hatte inzwischen einen so guten Namen, daß er 1920 als Professor für Graphik an die Badische Landeskunstschule berufen wurde. Er versuchte, neue Lehrformen zu erproben, arbeitete sehr eng mit seinen Studenten zusammen und machte die Graphikwerkstatt "kleines b" zum Mittelpunkt der Ausbildung. Das Ergebnis von Wolfs Professorentätigkeit ist das berühmt gewordene "Zeichenbüch-

Abb. 38   Gustav Wolf (Stadt Östringen)

lein", das die Grundsätze seiner Auffassung von der Graphik zeigt, wobei er Beispiele graphischer Gestaltung aus Vergangenheit und Gegenwart, aus Ost und West anführte. Zu diesem Büchlein verfaßte Wolf den Text, die Studenten lieferten die Holzschnitte und Illustrationen. Wolf war ein ausgezeichneter Lehrer, der mit großem Einsatz und Ernst seine Aufgabe erfüllte. Aber das gerade kostete ihn zu viel Zeit und Kraft, die seinem eigenen Schaffen fehlten. Deshalb gab er schon 1921 seinen Lehrauftrag zurück.

Wolf war ein sehr fleißiger Arbeiter, wie die zahlreich entstandenen Mappenwerke beweisen. 1923 beteiligte er sich an der "Großen Deutschen Kunstausstellung" in Karlsruhe, schon 1922 war er dabei gewesen und auch 1924 wieder. Er hatte, und das war eine Auszeichnung, ein Gustav-Wolf-Zimmer im Vorraum, eine Ausstellungskoje, die er ausmalte.

Abb. 39   Graphik von Gustav Wolf:
"Das Eine" aus "Blätter vom lebendi-
gen Sein", 1918 (Stadt Östringen)

1924/1925 gab Wolf mit Richard Benz die Kulturzeitschrift "Pforte-Blätter" heraus. Unmittelbar nach dem Ende des Ersten Weltkrieges konstituierte sich auf Betreiben von Benz ein Kunst- und Kulturrat für Baden, der eine Neuordnung aller kulturellen Einrichtungen anstrebte. Mitglieder waren z. B. so verschiedenartige Künstler wie Wolf, H. A. Bühler oder Bissier. Dieser Kulturrat existierte nicht lange. Eine kleine Gruppe, u. a. Mombert und Wolf, schlossen sich unter der organisatorischen Leitung von Benz zur "Gemeinschaft der Pforte" in Heidelberg zusammen. Diese gab in Verbindung mit dem Diederichs-Verlag eigene Publikationen heraus und betrieb im ehemaligen Palais Weimar eine Druckwerkstatt, die von Wolf geleitet wurde. Bis Ende der zwanziger Jahre wurden dort Druckerzeugnisse produziert, die von kleinen Broschüren bis zum großformatigen Plakat reichten. Für Wolf war die Druckwerkstatt der "Pforte" von großer Wich-

tigkeit. Er konnte sie von Karlsruhe aus leicht erreichen und dort seine eigene Druckgraphik herstellen.

1924 ging Wolf wieder auf Reisen, diesmal nach Spanien, Tetuan, Marokko und Kairo. 1925 erschienen die Bücher "Zeugnis" und "Monumenta Spiritus Humani" (25 Zeichnungen), "Der größte Gedanke der Menschheit" von Jean Paul, ausgewählt von Benz und mit Aquarellen von Wolf, und der Bericht der Reise vom Frühjahr 1924, die "Reise nach Tetuan".

In der zweiten Hälfte der zwanziger Jahre entstanden bedeutende Holzschnittfolgen unterschiedlichen Charakters. Sie zeigen die große Spannweite der Ausdrucksmöglichkeiten Wolfs zwischen Abstraktion und einer skurrilen Verfremdung der Realität. 1926 bis 1930 schuf der Künstler die kleinformatigen Holzschnitte "Dinge", die unveröffentlicht blieben, 1927–1929 die Holzschnittfolge "Welt" aus 12 querformatigen Holzschnitten, 1928–1929 "Zehn Worte des Anfangs", eine Holzschnittserie, die nicht für die Veröffentlichung vorgesehen war. In diesen Holzschnitten griff Wolf uralte jüdische Traditionen der hebräischen Schrift auf – eindrucksvolle Versuche, diese neu zu beleben. Die "Blätter vom lebendigen Sein" stellen eine zu hoher Spannung gesteigerte Variante vom Werden und Vergehen der Welt dar. Die Blätter wurden nun großformatiger und auch wieder wirklichkeitsnäher, ohne an Ausdruckskraft zu verlieren. Das Reisen war ein Lebensbedürfnis Wolfs. 1926 galt eine Fahrt Hamburg und der holländischen Küste, 1929 war er wieder in Südfrankreich, in Polen und erstmals in Prag, das er 1930/31 ein zweites Mal besuchte. Seine Tätigkeit war weiterhin vielfältig. Er wurde Mitbegründer der Badischen Secession und nahm an deren erster Ausstellung in Freiburg teil. Dann holte ihn der Regisseur Fritz Lang als künstlerischen Mitarbeiter bei dem Ufa-Film "Die Frau im Mond". 1930 schuf Wolf die Wanddekoration in einem Gebäude der "Deutschen landwirtschaftlichen Ausstellung" in Mannheim.

Er gestaltete 1930 mit Text die großformatigen Zeichnungen "Ein Hexenalphabet
unserer Zeit". Das Jahr 1932 brachte eine
große Ausstellung des Badischen Kunstvereins in Köln, zu der Wolf viele Aquarelle beisteuerte. 1932/33 malte er ein im
Zweiten Weltkrieg zerstörtes Deckenbild
im Bibliotheksraum der Badischen Kunsthalle. Während der Jude Wolf malte, veranstaltete der Nationalsozialist H. A. Bühler
in anderen Räumen die berüchtigte Ausstellung, welche die Verdammung der "entarteten Kunst" durch die Nationalsozialisten einläutete. Eine groteske Situation!

Das Jahr 1933 machte Wolf heimatlos,
es wurde für ihn zu einem Jahr des Um-
herirrens. Er verließ Deutschland, ohne
zunächst zu emigrieren, kehrte aber nur
noch selten heim. Der Künstler hielt sich
in Zürich bei den guten Freunden Niel-
sen auf, malte die Porträts der Kinder
und schöne Stadtansichten. Aber er bekam in der Schweiz keine Arbeitserlaub-
nis, durfte nicht ausstellen und nichts
verkaufen. Auch in Ronco weilte Wolf in
einem kleinen Sommerhaus der Freunde
Heim und Bloch und malte viele Ölbilder
von der herrlichen Landschaft um und
über dem Lago Maggiore. Schließlich
durfte er dann doch als erste Ausstellung
in der Schweiz in der "Grafischen Son-

derausstellung von Max Slevogt und Gustav Wolf" im Züricher Kunstgewerbe-
museum seine Arbeiten zeigen. Unstet
trieb es ihn wieder auf Reisen nach Griechenland und Italien. 2000 Zeichnungen
und Aquarelle brachte er mit, aber die ge-
planten Reisebücher ließen sich nicht
mehr verwirklichen.

Dann schlug endgültig die Abschieds-
stunde von Europa. Am 10. Februar 1938
verließ Gustav Wolf Deutschland für immer und fuhr mit dem Schiff zunächst
nach Southhampton. Einige Zeit blieb er in
Halifax bei seinen Karlsruher Freunden
Stern. Dann ging es weiter; am 8. April 1938
kam Wolf in New York an. Er mußte dann
für einige Monate in Kuba leben, um ein
Einreisevisum in die USA zu erhalten,
denn er besaß nur eine Besuchserlaubnis.
Am 31. Oktober 1938 kam Wolf zurück
nach New York, und der Kampf um den
Lebensunterhalt begann. Er erhielt wohl
viele Einladungen wohlmeinender Leute,
fand aber keine Arbeit.

Wolf mußte einige seiner besten Bücher veräußern, die er mitgebracht hatte,
und bekam wenig dafür. Die Columbia-
Universität erwarb seine wertvolle Sammlung von Kinderbüchern für ein Butter-
brot, und Wolf mußte seltene Stücke seiner Graphiksammlung verkaufen. New

York berührte ihn tief und machte einen überwältigenden Eindruck auf ihn. Die Stadt inspirierte ihn zu phantastischen Zeichnungen. Im Mai 1939 bekam Wolf endlich seine Ausweispapiere und zog, um besser über die Runden zu kommen, nach New Jersey. Dort arbeitete er einige Monate auf der Hühnerfarm seiner Nichte Hilde Honig in New Brunswick, eine deprimierende Erfahrung für den sensiblen Künstler. Im März 1939 war Wolfs ehemalige Schülerin Lola Stein in New York angekommen. Er hatte sie nachkommen lassen, und das Paar heiratete am 1. August. Lola wurde ihm eine unentbehrliche Helferin und verständnisvolle Frau. Das Paar nahm in New York eine kleine Wohnung. Etwa dreieinhalb Jahre blieben die Wolfs in der Riesenstadt. Er malte Ansichtskarten, Bilder für ein Rahmengeschäft, schuf Werbegraphik, zeichnete Illustrationen für Zeitschriften und hatte auch einige Privatschüler. Frau Wolf arbeitete in der Stadt. Erst 1941 konnte sich Wolf wieder mit der Druckgraphik beschäftigen. Er ging jetzt zu Radierungen über, und die Blätter "Vision of Manhattan" zeigen ihn als Meister auch dieser Kunst. Er schilderte das Herzstück der Stadt, wie es sich ihm, der aus dem provinziellen Karlsruhe kam, darstellte: düster, unheimlich, bedrohlich. Manhattan war für Wolf "New Babylon".

Eine Wende im Leben Wolfs trat ein, als das Ehepaar im Sommer 1942 eine Einladung erhielt, für eine Zeit im "Refugee Hotel" – Frau Wolf nannte es "Flüchtlingsherberge" – in Cummington (Massachussets) zu wohnen. Ziel dieser Einrichtung war, Einwanderer in die amerikanische Lebensweise einzuführen und ihnen damit das Fußfassen zu erleichtern. Aus dem vorübergehenden Aufenthalt in Cummington wurden dann insgesamt zweieinhalb Jahre. 1943 gab man die Wohnung in New York endgültig auf und zog in die Cummington School of Arts um, wo sich auch die Cummington-Press befand, die Wolf für seine Graphik dringend brauchte.

In seinen letzten Jahren schuf Wolf noch einige seiner bedeutendsten Werke. 1943/1944 entstand das Buch "Hiob", die Hiobsgeschichte aus dem Alten Testament. Es ist die Gestaltung des Menschenbildes schlechthin, besonders Hiob wurde ungemein eindrucksvoll geschildert. Wolf war dem leidenden Hiob ein *"tief mitempfindender Bruder"* (Frau Wolf). 1946/47 fertigte Wolf als letztes Werk den aus zwölf Holzschnitten bestehenden Zyklus "Die Psalmen". Es sind ausgewählte Psalmenverse, welche die Eigenschaften Gottes verherrlichen, die durch Wolfs Kunst zu starker bildlicher Wirkung kommen. Im letzten Blatt der Holzschnitte zeigt der Künstler die Vergänglichkeit und Nichtigkeit des Menschen, die er der Unendlichkeit Gottes gegenüberstellt.

Im Spätsommer 1944 zogen die Wolfs nach East Northfield (Massachussets) um, wo er in der "Northfield School for Girls" Kunstunterricht erteilte. Diese Tätigkeit machte ihm große Freude, und seine Schülerinnen verehrten ihn. Die etwas über zwei Jahre in Northfield wurden zur letzten Station Wolfs in USA. Gleich nach dem Umzug machte sich eine Diabetes bemerkbar, die sich stetig verschlimmerte. 1945 mußte Wolf in eine Bostoner Spezialklinik, wo man ihm vorübergehend Besserung verschaffen konnte. 1946 kam wieder die Verbindung mit dem alten Freund Richard Benz in Heidelberg zustande, der den Krieg heil überlebt hatte und nun im kulturellen Leben Badens eine bedeutende Rolle spielte. Am 26. Juni 1947 feierte Wolf seinen 60. Geburtstag, und zu dieser Zeit erreichte ihn die von Benz veranlaßte Anfrage, ob er eine Berufung an die Akademie der bildenden Künste in Karlsruhe annehmen würde. Wolf lehnte ab, er wollte nicht mehr zurück, vielleicht auch wegen seiner immer schlechteren Gesundheit. Er mußte schließlich in das Krankenhaus von Greenfield eingeliefert werden, wo er am 18. Dezember 1947 starb. Gustav Wolf wurde dort auf dem hebräischen Friedhof beigesetzt.

Ludwig Barth

(1898 – 1983)

Maler und Gestalter religiöser Kunst

Ludwig Barth wurde am 7. Juni 1898 in Bruchsal geboren, wo sein Vater Zeichenlehrer am Gymnasium war. Das musische Elternhaus hatte Einfluß auf den Wunsch des talentierten Jungen, einmal Maler zu werden. Nach dem Besuch des Gymnasiums in Bruchsal bezog Ludwig Barth 1915 die Karlsruher Akademie. Seine Lehrer waren der Freskenmaler Prof. Walter Georgi und von 1920–1924 Prof. Walter Conz, der berühmte Radierer. Barth gründete in jener Zeit mit den Malern Scholz, Dillinger und Kast die Realistengruppe in Karlsruhe. An den Jahreszahlen ist leicht abzulesen, daß der Erste Weltkrieg die Ausbildung Barths unterbrochen hatte. Aber er kam nach Kriegsdienst und Gefangenschaft glücklich wieder heim und ließ sich in Karlsruhe nieder. Die Stadt wurde zu seiner zweiten, geliebten Heimat.

Es spricht für sein großes Selbstvertrauen, daß Barth sich ab 1924 selbständig machte und eine umfangreiche künstlerische Tätigkeit entfaltete. Nach dem Studium bei Walter Conz ist es nicht überraschend, daß Barth sich bald als sehr guter Zeichner und Graphiker erwies. Dabei wirkten sich seine zahlreichen Reisen positiv aus. Es entstanden ungezählte Bilder, die heute schon zu Dokumenten einer veränderten Landschaft geworden sind. Das trifft in besonderem Maße für die gezeichneten Dörfer zu, die sich in den letzten Jahrzehnten so stark verändert haben, daß sie oft nicht wiederzuerkennen sind.

Man hat den Künstler einen Poeten des Zeichenstiftes, des Stichels, des Messers und des Pinsels genannt. Diese Bezeichnung, die ja auch eine Wertung ist, trifft zu.

Wenn man ein Blatt von ihm sieht, weiß man: Das ist ein Barth! Er hat zu seinem unverkennbaren Stil gefunden, und poetisch sind alle die trefflich gelungenen Landschafts-, Stadt- und Dorfskizzen.

Ein Meister des Stifts und des Stichels, wie Barth einer war, ist prädestiniert für Illustrationen. Bekannt wurde z. B. Barths subtile Holzschnittfolge mit einprägsamen Motiven seiner Geburtsstadt Bruchsal. Welch ein großer Könner er im Umgang mit dem unbestechlichen Messer war, beweisen seine großen und eindrucksvollen Holzschnitte, die er für das Buch von Heinz Schröder "Jesus und das Geld" 1977/78 geschaffen hat. Barth hat viele Bücher bekannter Autoren und Verlage illustriert, die in zehn Mappenwerken vorlagen. Es sind Illustrationen zu "Leben des Benvenuti Cellini" (100 Feder- und Pinselzeichnungen), "Hoffmanns Erzählungen" (60 Zeichnungen), "Gullivers Reisen" (90 Zeichnungen), "Der grüne Heinrich" und viele mehr. Barth verstand auch die hohe Kunst der Kinder- und Lesebuchillustration, die besonders viel Einfühlungsvermögen verlangt. Schon 1924 fertigte er 150 Zeichnungen für drei Johanna-Spyri-Kinderbücher. 1927 bis 1930 folgten die drei Bände des Badischen Volksschullesebuchs, 1930 16 Illustrationen zu einem Band deutscher Sagen und 1950/52 zwei Bände "Kinderlegenden".

Lange Jahre lieferte Barth die oft hintergründig humorvollen Illustrationen zum "Konradsblatt" und "Konradskalender". Ab 1959 zeichnete er für die "Badischen Neuesten Nachrichten" das Porträt der Woche. Es entstanden Hunderte solcher Porträts. Politiker, gekrönte Häupter,

Abb. 41   Ludwig Barth, Selbstporträt von 1968 (Badische Neueste Nachrichten)

Abb. 42   Ludwig Barth: Kreuzweg in Birndorf (Stadtarchiv Bruchsal)

Professoren, Diplomaten, Dichter, Sportler fanden in Barth in dessen rasch gearbeiteten Skizzen ihren Interpreten. Diese oft unter Zeitdruck entstandenen Zeichnungen berühmter Besucher der Stadt Karlsruhe sind ein Beweis schneller Auffassungsgabe des Künstlers und des Erfassens einer Persönlichkeit. Fleiß war ein Charaktermerkmal Ludwig Barths. Die Quantität seiner Arbeiten für Zeitungen, Zeitschriften, Kalender usw. ist bei gleichbleibender Qualität nicht zu erfassen. Sie reichen von Feder- und Pinselzeichnungen, Radierungen, Holzschnitten und Holzstichen, zahlreichen Ölbildern bis hin zu Entwürfen von Urkunden, Briefmarken und Schmucktelegrammen.

Im Jahre 1924, seit dem Barth als freier Künstler arbeitete, begann auch sein Aufstieg als Gestalter von Wandgemälden. Sein erster großer Auftrag war ein Christus für die katholische Kirche in Lübeck. Es folgten viele Sgraffiti in Pfarr- und Klosterkirchen, aber auch an weltlichen

Gebäuden. 1947 entstand ein Deckengemälde al secco "Gnadenstuhl" in der Pfarrkirche zu Balzfeld bei Wiesloch. Im gleichen Jahr schuf Barth das Fresko "Thronender Christus" mit zwei Sgraffiti daneben für die Provinzialkirche der Pallotiner in Friedberg bei Augsburg und ein sieben Meter hohes dreifarbiges Sgraffito am St. Josephs-Krankenhaus in Offenburg. Mit 11 mal 12 Metern das flächengrößte Fresko gestaltete Barth für die Chorwand der St. Ulrichs-Kirche in Kapsweyer (Pfalz); für diese Kirche lieferte er auch die Ölbilder des Kreuzweges.

Religiöse Darstellungen entsprachen der religiösen Grundeinstellung Barths. Darin lag auch der Erfolg, den er damit hatte, weil er in diesen Darstellungen einen guten Teil seines Wesens einbrachte. Ehe Barth ein solches Werk begann, machte er eingehende Studien theologischer, ikonographischer und auch historischer Art. Er schöpfte aus der reichen Bilderwelt der Bibel, die er genau kannte, und ließ sich von ihr inspirieren. Solchermaßen vorbereitet, entstanden dann ganz genaue Pläne und Skizzen. Waren diese gemacht, das Vorhaben also geistig geklärt, wurden die oft sehr flächengroßen Werke in kurzer Zeit ausgeführt. Der Künstler stand dann viele Stunden am Tag auf dem Gerüst. Das beste Beispiel für Barths große Schaffenskraft bleibt jenes riesige Fresko in Kapsweyer, das er in sieben Tagen fertiggestellt hat, eine beinahe unglaubliche Leistung.

In den Bereich religiöser Kunst gehören auch die Kirchenfenster, die Barth für viele Gotteshäuser geschaffen hat, z. B. in Kirchen seiner näheren Umgebung wie die Herz-Jesu-Kirche in der Karlsruher Weststadt, in St. Peter-und-Paul in Durlach, in Münchweier an der Rotalb oder in der St. Anna-Kirche in Menzingen im Kraichgau. Alle diese Fenster zeichnen sich durch eine hervorragende Komposition und hohe Leuchtkraft aus. Seinen ersten Kreuzgang gestaltete Barth 1953 in Öltemperabildern in der Filialkirche Delkhofen im Dekanat Speichingen.

Aber natürlich schuf Barth neben religiösen Darstellungen auch zahlreiche Wandgemälde mit weltlichen Themen. Bedeutsam für Karlsruhe sind die im März 1969 entstandenen sieben stadtgeschichtlichen Fresken im "Hotel Lutz" in der Kriegsstraße. Alle diese Arbeiten, die religiösen und die weltlichen, die Zeichnungen, Radierungen, Holzschnitte zeigen Barths Beherrschung aller bildnerischen Techniken.

Barth war kein Avantgardist, er stand ganz auf dem Boden einer guten Tradition. Ihm lag der schöngeistige Ästhezismus nicht, er wollte, daß die Menschen seine Kunst verstehen konnten. Deshalb strebte er die Formenklarheit an, die seine Werke auszeichnen, die Beschränkung auf das Wesentliche, und er löste sie nicht aus dem Bereich des Gegenständlichen. Barth liebte den lebensvollen Bezug, dies erst recht dort, wie Prof. Bellm, ein Freund des Künstlers, einmal feststellte,

Abb. 43 St. Josef in der St.Josefs-Not-Kirche Bruchsal (Stadtarchiv Bruchsal)

wo er den *"verlorenen Sohn in die Kupferplatte sticht, eine hochdramatische Geschichte des Menschen überhaupt, die sich in der Gestalt des Vaters und des heimkehrenden Sohnes verdichtet, ein Thema, das den Künstler existentiell bewegte"*.

Ludwig Barth trat ganz hinter seinem Werk zurück. Bescheiden blieb er immer einer der Stillen im Lande, und immer war er mehr, als er schien. Er starb am 25. Oktober 1983.

Johann Andreas Stein

(1728 – 1792)

Orgelbauer und Freund Mozarts

Die Steins waren eine bedeutende Familie von Musikinstrumentenbauern und ausübenden Musikern mit einem weitverzweigten Wirkungskreis und hohem Ansehen. 1719 kam der aus Helmsheim stammende Johann Georg Stein als 22jähriger nach Heidelsheim und wurde dort als Bürger angenommen. Im gleichen Jahr heiratete er die Heidelsheimer Bürgerstochter Anna Katharina Kummer. Er war Orgelbauer, betrieb in Heidelsheim eine größere Werkstatt und wurde zum Begründer der Klavier- und Orgelbauerdynastie, deren bedeutendster Vertreter sein am 6. Mai 1728 geborener Sohn Johann Andreas Stein wurde.

Der Junge kam beim Vater in die Lehre. 1748 ging er auf die Wanderschaft und gelangte nach Straßburg. Hier hatte er das große Glück, bei Johann Andreas Silbermann (1712-1783) in die Lehre gehen zu dürfen. Er trat damit in die berühmteste Instrumentenbauerfamilie ein, die sich neben der Orgel auch dem Cembalo und dem Pianoforte widmete. Die Familie Silbermann stammte aus dem Erzgebirge. Der Orgelbauer Andreas Silbermann, 1678 in Kleinbobritsch bei Frauenstein geboren, war auf seiner langen Wanderschaft auch nach Paris gekommen, wo er bei dem Orgelbauer Francois Thierry zwei Jahre lernte und dessen Klangideale übernahm. Silbermann-Orgeln haben einen unverwechselbaren Klang. Andreas Silbermann wurde 1702 Bürger von Straßburg, wo er bis zu seinem Tode 1734 lebte, und wirkte von hier aus richtungsweisend im Elsaß und in Baden. Sein Hauptwerk war die Erneuerung der Straßburger Münster-Orgel, die einem Neubau gleichkam. Berühmt wurde auch

die 1731 gebaute Orgel der Benediktiner-Abtei Ebersmünster mit dem klassischen Aufbau einer französischen Barockorgel. Er baute außerdem Orgeln in Basel und beispielsweise eine Orgel für die Benediktiner-Abtei Maursmünster.

Große Bedeutung für Baden erlangte sein Sohn Johann Andreas, bei dem Stein lernte. Er baute hervorragende Orgeln im Elsaß, in Lothringen, in der Schweiz und in Baden. Die Silbermanns haben zahllose Orgeln am ganzen Oberrhein errichtet; ihre Werke stehen bzw. standen von Basel bis Schwarzach, von Colmar bis St. Blasien. Insgesamt gingen aus der Werkstatt von Johann Andreas Silbermann etwa 50 Orgeln hervor. Oft wird Stein bei diesen Arbeiten dabei gewesen sein, dabei genoß er die hohe Schule der Orgelbaukunst. Daß die Silbermanns auch Cembali und Klaviere bauten, war ein weiterer Vorteil für Stein, denn ohne diese Erfahrungen wäre er wohl nie ein berühmter Klavierbauer geworden.

Nach dieser wichtigen Zeit wanderte Stein 1750 von Straßburg über Karlsruhe, Durlach, Königsbach, Pforzheim, Liebenzell, Hirsau nach Augsburg. Natürlich besuchte er auf dieser Reise seine Familie und half seinem jüngeren Bruder Johann Heinrich, der auch Orgelbauer war, beim Aufbau seines Geschäfts in Durlach. Dieser Bruder verlegte nach dem Tode des Vaters die Werkstatt nach Durlach, wo er 1764 das Bürgerrecht beantragte. Hier erhoffte er sich bessere Verdienstmöglichkeiten, und so wurde er der Begründer der heute noch als Gebäude existierenden Orgelfabrik. Nach seinem Tod im Jahre 1767 führte sein Vetter Georg Markus Stein die Orgelbauanstalt weiter. Als dieser 1794 starb, heiratete seine Tochter Katherine Friederike im gleichen Jahr den aus Schweinfurt zugewanderten Orgelbauer Johann Volkmar Voit, Angehöriger einer seit 1670 orgelbauenden Familie. 1798 übernahm Voit den ganzen Besitz des Georg Markus Stein. Unter seinem Sohn Johann Heinrich Voit nahm die Durlacher Orgelfabrik einen hohen Aufschwung und wurde in der zweiten Hälfte des 19. Jahrhunderts zu einer im In- und Ausland berühmten Orgelbauanstalt. Nach einem wechselvollen Schicksal wurde die Orgelfabrik 1987 durch die Stadt Karlsruhe vor dem Abbruch bewahrt und dient heute kulturellen Veranstaltungen – ein wichtiger Zeuge eines einst blühenden Gewerbes, durch die Steins nach Durlach gebracht, blieb so erhalten.

Ein Grund, warum Johann Andreas Stein sich nicht in seiner badischen Heimat, sondern in Ausgsburg ansiedelte, war wohl, daß er kein Konkurrent seines Bruders werden wollte. Mehrere Orgelbauer hatten keine Existenzgrundlage in der kleinen Markgrafschaft, die durch die spanischen, polnischen und österreichischen Erbfolgekriege stark mitgenommen war. So ließ er sich in Augsburg als Meister nieder, in einer Stadt mit reichem kulturellen und musikalischen Leben, die für ein halbes Jahrhundert zu seiner Wirkungsstätte wurde. Er führte sich mit einem Meisterstück ein, seiner Orgel, die er uneigennützig in der Barfüßerkirche 1755-1757 erbaute. Man berichtet, kein Musiker von Rang sei durch Augsburg gereist, ohne die Orgel gespielt oder wenigstens gesehen zu haben. 1760 heiratete Stein Maria Regina Burkhart, die ihm fünfzehn Kinder schenkte.

Johann Andreas Stein widmete sich nun immer mehr dem Klavierbau und begründete damit seinen Weltruf. Dazu gehörte die Erfindung der "Deutschen (Wiener) Mechanik"; mit Mechanik meint man den zwischen den Tasten und Saiten liegenden Teil des Flügels. Die Flügel Steins hatten eine sogenannte Repetitionsmechanik. Die Stoßzunge, die den Ham-

Abb. 44   Johann Andreas Stein (Württembergisches Landesmuseum Stuttgart)

mer zur Saite führt, gibt diesen kurz vor der Berührung der Saite frei, sie "löst aus". Der Hammer steigt allein durch den erhaltenen Schwung weiter auf bis zum Schlag gegen die Saite und wird nach dem Rückprall vom Fänger festgehalten. Mittels der in ihre Ausgangslage zurückgekehrten Stoßzungen kann der Anschlag wiederholt ("repetiert") werden. Beim Niederdrücken der Taste gibt die Dämpfung die Saite zum Schwingen frei und hindert sie beim Loslassen am Weiterschwingen. Mit seiner Deutschen/Wiener Mechanik, die Stein um 1770 erfand und die bis in die Mitte des 19. Jahrhunderts vorwiegend angewendet wurde, wandelte er das Klangideal des Klaviertones entscheidend.

Stein war selbst ein ausgezeichneter Musiker, der mehrere Instrumente spielte

107

Abb. 45 Hammerklavier von Johann
Andreas Stein, Augsburg um 1780.
Das Klavier steht heute in Bad Krozin-
gen.

und ein gastfreundliches Haus führte.
Viele der großen Musiker seiner Zeit ver-
kehrten bei ihm, beispielsweise Nicolai
und Beethoven, vor allem aber Leopold
Mozart und dessen Sohn Wolfgang Ama-
deus. Mit dem jungen Mozart verband
Stein eine enge und für sein Schaffen
wichtige Freundschaft. Mozart hielt sich
auf seiner Reise nach Mannheim im Oktober 1777 länger als vorgesehen in Augsburg auf. Er besuchte seine Verwandten,
darunter sein "Bäsle" Maria Thekla Mozart (1758-1841). Mozart lobte in seinen
Briefen an den Vater besonders Steins
Maschine, wo man mit dem Knie drückt,
ein Produkt der Steinschen Erfindungs-
gabe. Er probierte auch bei Stein Sinfoni-

en zu seinem Augsburger Konzert und
erzählte von dessen Tochter Nanette, die
1794 den Pianisten Andreas Streicher,
Freund und Leidensgefährte Schillers auf
dessen Flucht aus Stuttgart, heiratete. Sie
zog mit ihm und dem Geschäft nach
Wien, wo sie später für den vereinsamten
Beethoven sorgte. Die Briefe Mozarts
spiegeln die Freude wider, die er beim
Musizieren mit Stein empfand und wie
wohl er sich in diesem Freundeskreis
fühlte. Ein das Schaffen und die Klavier-
baukunst Steins charakterisierender Brief
Mozarts an seinen Vater sei hier zitiert:
"Augsburg, nach 17. Oktober 1777
Nun muß ich gleich bei die Steinischen
Pianoforte anfangen. Ehe ich noch vom
Stein seiner Arbeit etwas gesehen habe,
waren mir die Späthischen Klaviere die
liebsten; nun muß ich aber den Steinischen
den Vorzug lassen; dann sie dämpfen noch
viel besser als die Regensburger. Wenn ich
stark anschlage, ich mag den Finger liegen
lassen oder aufheben, so ist halt der Ton in
dem Augenblick vorbei, da ich ihn hören
ließ. Ich mag an die Klaves [Tasten] kom-
men, wie ich will, so wird der Ton immer
gleich sein, er wird nicht scheppern, er
wird nicht stärker, nicht schwächer gehen
oder gar ausbleiben; mit einem Wort, es ist
alles gleich. Es ist wahr, es gibt so ein Pia-
noforte nicht unter 300 Fl., aber seine
Mühe und Fleiß, die er anwendet, ist nicht
zu bezahlen. Seine Instrumente haben be-
sonders das vor andern eigen, daß sie mit
Auslösung gemacht sind. Da gibt sich der
Hundertste nicht damit ab; aber ohne Aus-
lösung ist es halt nicht möglich, daß ein
Pianoforte nicht scheppere oder nachklinge.
Seine Hämmerl, wenn man die Klaviere
anspielt, fallen in dem Augenblick, da sie
and die Saiten hinaufspringen, wieder her-
ab, man mag den Klaves liegen lassen oder
auslassen. Wenn er solch ein Klavier fertig
hat (wie er mir selbst sagte), so setzt er
sich erst hin und probiert allerlei Passa-
gen, Läufe und Sprünge und schabt und
arbeitet so lange, bis das Klavier alles tut;
dann er arbeitet nur zum Nutzen der Mu-
sik und nicht seines Nutzens wegen allein,

sonst würde er gleich fertig sein. Er sagt oft: 'Wenn ich nicht selbst so ein passionierter Liebhaber der Musik wäre und nicht selbst etwas weniges auf dem Klavier könnte, so hätte ich gewiß schon längst die Geduld bei meiner Arbeit verloren; allein ich bin halt ein Liebhaber von Instrumenten, die den Spieler nicht ansetzen und die dauerhaft sind.' Seine Klaviere sind auch wirklich von Dauer. Er steht gut davor, daß der Resonanzboden nicht bricht und nicht springt. Wenn er einen Resonanzboden zu einem Klavier fertig hat, so stellt er ihn in die Luft, Regen, Schnee, Sonnenhitze und alle Teufel, damit er zerspringt, und dann legt er Spän ein und leimt sie hinein, damit er recht stark und fest wird. Er ist völlig froh, wenn er springt; man ist halt hernach versichert, daß ihm nichts mehr geschieht. Er schneidet gar oft selbst hinein und leimt ihn wieder zu und befestigt recht. Er hat drei solcher Piano fertig, ich habe erst heute wieder darauf gespielt [...]" Besser und sachverständiger kann man den Klavierbauer Stein nicht würdigen.

Stein war auch zeitlebens ein unermüdlicher Erfinder. Noch während des Orgelbaus gestaltete er eine originelle Idee in dem "Poly-Toni-Chord", das er 1758 bei seiner ersten Pariser Reise vorführte. Ein weiteres neues Musikwerk, das er selbst gerne spielte, die "Melodica" mit einem neuartigen Flötenregister wurde die Sensation der zweiten Pariser Reise im Jahre 1773. Stein produzierte immer neue Ideen zum Klavierbau. So schuf er z. B. den Doppelflügel (1777), zwei ineinandergeschobene Flügel mit gemeinsamem Rahmen, aber zwei Tastaturen, deren Spieler sich gegenüber saßen. 1789 folgte eine "Saiten-Harmonika". Steins bedeutendste und nachhaltigste Erfindung blieb aber seine "Deutsche Auslösungsmechanik", die die aufwärtsschlagenden Hammerklaviere revolutionierte.

Als Johann Andreas Stein am 29. Februar 1792 an Wassersucht in Augsburg starb, waren rund 700 Instrumente aus seiner Werkstatt hervorgegangen. Besonders seine Flügel waren Spitzenwerke des Klavierbaus, und die großen Museen sind froh, wenn sie ein solches Instrument besitzen; in der Instrumentenabteilung des Württembergischen Landesmuseums in Stuttgart sind hervorragende Werke Steins zu sehen.

Steins Tochter Nanette führte das Geschäft des Vaters in Wien fort, und auch der Sohn Mattheus Andreas gründete dort eine eigene Werkstatt.

Adolf Schmitthenner
(1854 – 1907)
Pfarrer und Volkserzähler

Adolf Schmitthenner, der Pfarrer und Volkserzähler, ist eine der Persönlichkeiten, die in unserer Heimat aufwuchsen und im ganzen südwestdeutschen Raum bekannt geworden sind. Nur die Geschehnisse der beiden Weltkriege mit ihren Folgen auch auf geistigem Gebiet haben wohl verhindert, daß Schmitthenner in ganz Deutschland die Beachtung fand, die er verdient hätte. Allein das "Deutsche Herz" hat seinen Namen einem weiteren Leserkreis bekannt gemacht. Und doppelt schade ist, daß er so früh aus dem Leben scheiden mußte. Ein Mensch voller Harmonie, edles Menschsein vereint mit dem Berufe eines Seelsorgers und Schriftstellers, das war Adolf Schmitthenner.

Schmitthenner wurde am 24. Mai 1854 als Sohn des Pfarrers Johann Heinrich Schmitthenner in Neckarbischofsheim geboren. Der geistig rege Junge besuchte zunächst die Volksschule und die lateinische Privatschule im Heimatort, um dann im Herbst 1869 in das Gymnasium Karlsruhe überzutreten.

Nach der Reifeprüfung studierte er, Familientradition und persönliche Neigung vereinend, von 1872 bis 1876 an den Universitäten Tübingen, Leipzig, Heidelberg und Berlin Theologie. Daran schlossen sich die Jahre als Vikar und Pfarrverweser in Brötzingen und Kippenheim an. Nach einem Studienurlaub in Berlin und einer Reise über Dänemark nach England und Schottland war Schmitthenner Vikar in Lahr, Heidelberg und Karlsruhe. Im Jahre 1863 wurde er, inzwischen mit der Lahrer Dekanstochter Aline Wagner vermählt, Pfarrer im heimatlichen Neckarbischofsheim. Doch den literarisch eifrig tä-tigen Seelsorger zog die Universitätsstadt am Neckar mit ihrer geistigen Ausstrahlung mächtig an, so daß er sich schließlich im Jahre 1893 nach Heidelberg versetzen ließ. Neben seinem Pfarramt versah Schmitthenner auch die Tätigkeit eines Dozenten am praktischen theologischen Seminar der Universität und die Aufgaben eines Vorsitzenden des badischen wissenschaftlichen Predigervereins. Rechnet man dazu noch die schriftstellerische Betätigung, so ergibt das eine Arbeitslast, die der herzkranke Mann auf die Dauer nicht tragen konnte. Unerwartet rasch rief ihn der Tod am 22. Januar 1907 aus dem irdischen Dasein ab.

Schmitthenner hat der Nachwelt ein reiches dichterisches Erbe hinterlassen. Er war ein mit Phantasie und feinem Humor begabter Erzähler und besaß glückliche Anlagen für ein dichterisches Schaffen. Deshalb gelangen ihm volkstümliche Erzählungen auf beachtlich hoher Stufe, die ihn über den Rang der üblichen Volkserzähler hinausheben. Dichter und Pfarrer standen dabei einander nicht im Wege, im Gegenteil. Schmitthenner kam in seinem Pfarramt in vielfältige, intensive Berührung gerade mit "kleinen Leuten" und ihren Sorgen. Dadurch wuchs ihm eine tiefe Lebens- und Menschenkenntnis zu, die sich in seinen Erzählungen niederschlug. Seine oft historischen Novellen spielen im Kraichgau mit seinen Städtchen, Bürgern und Adelsgeschlechtern, im Odenwald und im Neckartal, in Heidelberg mit der Heiliggeistkirche und dem alten Pfarrhaus, dem Burgweg und Klingenteich, dem Schloß. Das sind die Schauplätze seines Lebens und die Stoffquellen seiner Werke.

Der Prälat Maas aus Heidelberg, der Schmitthenner gut gekannt hat, hat diesen einmal einen Sinnenden genannt, der in das Leben hineinsann, der den Menschen nachsann, dem sich das Reich des Bewußten und Unbewußten öffnete und der das Helle und Dunkle des Lebens kannte. Die Schriften Schmitthenners bestätigen diese Worte. Er hat etwa vierzig lebensvolle und menschenkundige Erzählungen geschrieben, und viele handeln von jungen Menschen. Seine erste Novelle "Psyche" fußt auf einem seelsorgerischen Erlebnis, das Schmitthenner als Vikar in Karlsruhe hatte. Es ist das ergreifende Schicksal eines jungen Mädchens, das *"rauhe, verständnislose Autoritäten aus diesem Dasein fortjagen, obwohl es die Reinheit selber ist"* (Schmiedel). Schon reifer ist Schmitthenner in seinem Künstlerroman "Ein Michel Angelo" (1896), der die Entwicklung eines Steinmetzen zur berufenen Künstlerschaft schildert, die dieser durch Schuld und Sühne gewinnt, ein Werdegang, der mit psychologischem Einfühlungsvermögen geschildert wird.

Abb. 46   Adolf Schmitthenner (GLA Za: 468, Seite 294)

Tiefe Einblicke in das Gemüt einer edlen und tapferen Frau bietet der Eheroman "Leonie" (1899). In diesem Roman hat Schmitthenner ein schweres Problem angefaßt und hat ebenso schwer mit ihm ringen müssen. Die Ehe eines Forstmeisterpaares ist stark gefährdet, weil die Hoffnung auf ein Kind schon zweimal vergeblich war und die Frau nach dem Urteil des Arztes die Hoffnung für immer begraben muß und der Gatte sich langsam loslöst. Die Schilderung der seelischen Leiden, die schließlich zum Tode der Frau führen, sind eine hervorragende Leistung Schmitthenners.

In der Folge soll wenigstens noch an einige Erzählungen erinnert werden: Heidelberg ist der Schauplatz von "Ehe-Examen", "Wildfang", "Tilly in Nöten" und vor allem der "Frühglocke", eine der Meisterzählungen Schmitthenners, die Generationen von Schülern gelesen haben. Selbstbiographisches findet sich in "Unser Cello". Ein tiefsinniges Märchen glückte Schmitthenner in "Die sieben Wochentage" (1901). "Aus Geschichte und Leben" folgte 1907. Schmitthenner hat auch wunderbare Kindergeschichten geschrieben, so im "Pfarrkranz" und vor allem in "Der Dickkopf und das Peterlein", die Geschichte einer Freundschaft zwischen dem einsamen Heidelberger Dienstmann Dickkopf und dem echten, kecken Gassenbuben Peter.

Nach dem Tode des Dichterpfarrers veröffentlichten Freunde die "Treuherzigen Geschichten" (1912), "Vier Novellen" (1913) und "Ausgewählte Erzählungen" (1924).

Der beliebte Prediger, Pfarrer und Seelsorger verfaßte natürlich auch religiöse Schriften. "Herr, bist Du's?" ist eine Predigtsammlung, 1906 veröffentlicht. Posthum kamen noch 1908 die "Seligpreisungen" und 1911 "Brunnenrast" heraus.

Am Schluß dieser notgedrungen unvollkommenen Übersicht über das literarische Schaffen Schmitthenners muß noch auf sein größtes Prosawerk "Das deutsche Herz" etwas näher eingegangen werden. Das Buch verdankt seine Entstehung der Beteiligung Schmitthenners an einem Preisausschreiben, das der "Verein für Massenverbreitung guter Volksliteratur" veranstaltete, um einen Roman zu erhalten, der *"Mord, Gespensterspuk, unheimliche Rätsel, verwickelte Handlung"* bieten, aber damit *"eine edle Form, gute Sprache und ethischen Wert"* verbinden sollte, damit der Schundroman wirksam bekämpft werden könne. Schmitthenner benutzte für sein Werk einen alten Stoff aus dem Neckartal und schildert das tragische Aussterben zweier uralter Adelshäuser, das der Handschuhsheimer und das der Hirschhorner.

Im Mittelpunkt des Geschehens steht das Schicksal des letzten Ritters von Hirschhorn, den man das Deutsche Herz nannte. Schwere Schatten lagen auf dem Leben des letzten Mannes aus dem alten Geschlecht, schwerer noch lastete auf ihm der Fluch der Beußerin von Ingelheim, die das Böse und Unversöhnliche an sich verkörperte, weil er ihren Sohn, seinen Freund Hans und letzten Handschuhsheimer, im Streit erschlagen hatte. Das Buch hat viele unvergeßliche Szenen. Man begegnet dem Bösen, dunklen Geheimnissen, schweren Fehden, unvorstellbarer Grausamkeit, aber auch der Liebe und Weisheit. Es ist ein ausdrucksstarkes Abbild der schweren Zeit des Dreißigjährigen Krieges. Und im letzten Ritter von Hirschhorn hat Schmitthenner seine beeindruckendste Männergestalt geschaffen.

S

Karl Hesselbacher

(1871 – 1943)

Kirchenrat und Volksschriftsteller

Zur Welt kam Karl Hesselbacher am 29. Mai 1871 in Mückenloch als ältestes Kind des Pfarrers Wilhelm Hesselbacher und dessen Ehefrau Cornelia geb. Ledderhose, Tochter des berühmten Pfarrers, Schriftstellers und Historiographen Karl Friedrich Ledderhose. 1878 wurde der Vater nach Rohrbach bei Sinsheim versetzt. Der Junge trat gleich in die Quinta der Höheren Bürgerschule ein, die bis einschließlich Obertertia reichte. Bereits in diesen Jahren zeigte sich die hohe Intelligenz Hesselbachers, der stets Klassenbester war. Im Herbst 1866 kam er in die Untertertia des Mannheimer Gymnasiums. Dort erhielt Hesselbacher einen hervorragenden Unterricht von bekannten Professoren. Die aufstrebende Stadt bot kulturell viele Möglichkeiten, z. B. das Nationaltheater, aber auch Gelegenheiten zur körperlichen Ertüchtigung: Schwimmen im Rhein im Sommer, Eislaufen im Winter.

Inzwischen war der Vater nach Sulz bei Lahr versetzt worden, und ab Herbst 1887 besuchte Karl Hesselbacher das Gymnasium Lahr. An dieser Schule legte er 1890 als Primus Omnium das Abitur ab. Er hielt die Festansprache über das Thema "Die Treue als nationaler Charakter des Nibelungenliedes" und erhielt den Schillerpreis für die beste Leistung im Aufsatz.

Aus Familientradition und eigener Neigung begann Hesselbacher das Studium der Theologie. Fünf Semester war er an der Universität Halle a. d. S., die damals eine bedeutende theologische Fakultät besaß. Das sechste Semester studierte er in Heidelberg. Das Examen bestand er mit der Note 'sehr gut'. Nun begannen zwei Semester Ausbildung am praktischen theologischen Seminar Heidelberg. Wertvolle Impulse gewann der junge Theologe bei Schmitthenner durch dessen "Einführung in die Seelsorge". Schon damals geriet Hesselbacher in die sein Leben kennzeichnende Auseinandersetzung mit sozialkritischen Fragen. Tiefen Eindruck machten auf ihn die Bemühungen des Berliner Arbeiterpfarrers Adolf Stöcker, aber auch die ersten Veröffentlichungen von Friedrich Naumann.

1894 legte Hesselbacher das zweite theologische Examen ab, wieder als Primus Omnium, und wurde vom Vater ordiniert. Dann leistete er seine Wehrpflicht als Einjährig-Freiwilliger beim Badischen Leibgrenadierregiment 109 in Karlsruhe ab. In der anschließenden Vikarszeit lernte Hesselbacher alle Sparten der Tätigkeit eines Pfarrers kennen, zunächst in Heidelsheim, wo er in der Filiale Helmsheim eingesetzt wurde. Hier wurde er mit den Sorgen und Nöten der Kleinbauern vertraut. Schwetzingen folgte; Hesselbacher hatte für die Filiale Brühl zu sorgen und wurde außerdem Seelsorger der "Gelben Dragoner".

Nun folgten die wichtigsten Stationen seines Lebens. Anfang 1897 wurde Hesselbacher zur Oststadtpfarrei Karlsruhe mit dem "Dörfle" als Mittelpunkt versetzt. Hier oblag ihm die Seelsorge am Städtischen Kranken- und Armenhaus, die in seinem Gemeindebereich lagen. Manche seiner später berühmt gewordenen Erzählungen, z. B. "Stärker als der Tod", haben ihren Ursprung in den tiefgreifenden und auch erschütternden Erlebnissen des jungen Vikars in der Karlsruher Oststadt.

Abb. 47
Karl Hesselbacher
(Foto: Dekan Hes-
selbacher)

1898 ging Hesselbacher auf eine Italien-reise. Sie war ein Stipendium der badi-schen Landeskirche als Belohnung für das hervorragende Staatsexamen. Neben dem Besuch berühmter Kunststätten stu-dierte Hesselbacher die Situation des Pro-testantismus in Italien. Er besuchte die Waldenser-Gemeinden und lieferte nach seiner Rückkehr die von ihm erwartete Denkschrift bei der Kirchenbehörde ab.

Karl Hesselbachers erste Stelle als Pfarrer wurde Neckarzimmern im Jahre 1898. Vor Amtsantritt heiratete er Emmy Leichtlen, die Tochter seines ersten Vika-riatsvorgesetzten in Heidelsheim, Pfarrer Leopold Leichtlen. Neckarzimmern wur-de zu einer Herausforderung für den jun-gen Pfarrer. Die Bauern waren arm, be-saßen aber eine ungebrochene Glaubens-kraft. Mit allen knüpfte Hesselbacher, wie es immer seine Art war, persönliche Kontakte. Daraus erwuchs eine intensive Beschäftigung mit der Frage nach einer wirksamen und volksnahen "Dorfpredigt". Er veröffentlichte in einer theologischen Schrift den Aufsatz "Neue Bahnen auf dem Boden der Dorfpredigt", der weite Beachtung fand. Kurz darauf erschien ohne Hesselbachers Veranlassung sein erster Predigtband "Aus der Dorfkirche", dessen erste Auflage in wenigen Wochen vergriffen war. Dieser Erfolg machte ihn zum Mitarbeiter beim Wochenblatt "Dorfbote". Hesselbachers Beiträge erschienen später als Sammelband "Glockenschläge aus meiner Dorfkirche". Er war über seine berufliche Tätigkeit hinaus zum Schriftsteller, zum Dichterpfarrer geworden.

Daneben liefen große soziale Bemühungen mit schönen Erfolgen: Hesselbacher gründete den Krankenpflegeverein, einen Männer- und Jünglingsverein, den Kirchenchor und richtete eine Diakonissenstation ein. Er war zu einem idealen Dorfpfarrer geworden.

Ein Wirkungskreis mit ganz anderen Anforderungen wartete auf Karl Hesselbacher, als er nach Karlsruhe versetzt wurde. Im Herbst 1905 kam er an die neu gegründete Pfarrei in der Weststadt, und ein Jahr später wurde er an die Johanniskirche in der Südstadt berufen; dies war damals eine ausgesprochene Arbeitergemeinde mit über 3000 Seelen, die er zusammen mit seinem Kollegen Friedrich Hindenlang zu betreuen hatte. Aus dem Dorfpfarrer wurde ein Arbeiter- und Stadtpfarrer. Neben seinen andauernden Bestrebungen, die Arbeiter für Glauben und Kirche zu gewinnen, beschäftigte sich Hesselbacher mit der sozialen Frage, für deren Probleme er sich nicht nur in Wort und Schrift einsetzte. Er trug aktiv zur Besserung der sozialen Lage seiner Gemeindeglieder bei durch Einführung einer Arbeitslosenversicherung und der Sonntagsruhe für Arbeiter und Angestellte. Er setzte sich für den bezahlten Urlaub ein und unterstützte die sozial so wichtige Gartenstadtbewegung. Auch die Arbeit in der Südstadt wurde zu einem vollen Erfolg. Die Arbeiter selbst gründeten einen "Diskutierklub", in dem aktuelle politische Fragen besprochen wurden. Hesselbacher entfaltete eine noch vielfältigere Tätigkeit. Im Gemeindehaus veranstaltete er Komponisten- und Dichterabende, Theateraufführungen, Kunstausstellungen, immer also bemüht, für die Weiterbildung seiner Gemeindemitglieder zu sorgen. Da er auch ein glänzender Prediger war, stieg der Besuch der Gottesdienste erheblich an. In jener Zeit kam Hesselbachers schriftstellerische Produktivität ganz zum Durchbruch, und er stellte seine Erzählkunst in den Dienst christlicher Erbauung.

Hesselbachers große Erzählung "Mit güldener Waffe" steht am Beginn seines dichterischen Schaffens. Es ist eine schöne, fein beobachtete und gestaltete Dorfgeschichte, in der er seinem Vater ein Denkmal gesetzt hat. Nicht vergessen werden darf das allerdings erst 1932 entstandene Buch "Geschichten von Großvater Ledderhose". Dieses Buch gilt dem Andenken des Großvaters, dieses prächtigen Mannes, und gibt einen ausgezeichneten Einblick in die ersten Jahrzehnte des 19. Jahrhunderts. Hesselbacher arbeitete an verschiedenen religiösen Zeitschriften mit. Seine besten Beiträge wurden in Form von Kurzgeschichten in einer Reihe von Büchern veröffentlicht. Er entfaltete eine beinahe unvorstellbare Produktivität neben seinem ihn auslastenden Pfarramt. Da gibt es eine Reihe von Erbauungsbüchern, z. B. "Aus der Heimat kommt der Schein" (1929), "An Gottes Hand in Gottes Land" (1931), "Stärker als der Tod" (1922). Auch Predigtbände hat Hesselbacher veröffentlicht, so "Herr, auf dein Geheiß" (1926), "Herr, ich warte auf dein Heil" (1936) oder "In der Sonntagsstille" (1936). Von den Erzählungen sollen noch erwähnt werden "Im Flammenkranz der großen Zeit", Erlebnisse von Kriegsteilnehmern 1915-1917, "Die Kirchnerin" (1917), ein hartes Frauenschicksal aus Franken, "Der Stadtschreiber von Straßburg" (1927), ein interessantes historisches Buch. Hesselbacher hat auch Monographien über Bach und Paul Gerhardt geschrieben. Herauszuheben aus seinem literarischen Schaffen sind die "Silhouetten neuerer badischer Dichter" (1910). Das Buch stellt die erste badische Literaturgeschichte dar und gibt einen Überblick über das Leben und Schaffen der Schriftsteller ab der Zeit J. P. Hebels mit Textproben aus ihren Schriften. Das Werk entstand auf Anregung des damals bekannten Dichters Albert Geiger und wurde von der "Vereinigung Heimatpflege Karlsruhe", deren Vorsitzender Geiger war, herausgegeben. Hesselbacher übernahm nach dem Rücktritt Geigers selbst den Vorsitz dieser Vereinigung. Er wurde damit zu einem großen Förderer des Karlsruher Kunstlebens.

Doch damit nicht genug. Hesselbacher wurde im Nebenamt Religionsprofessor am Badischen Lehrerinnenseminar des "Prinzessin-Wilhelm-Stiftes". Er hielt Vorlesungen am "Großherzogin-Viktoria-Pensionat" über Literatur und Kunstgeschichte. Und schließlich gewann man Karl Hesselbacher als Vorsitzenden der evangelischen Kirchenchöre Badens. Zusammen mit dem Landeskirchenmusikdirektor Hermann Poppen gründete er die Zeitschrift "Die evangelische Kirchenmusik in Baden", und beide gaben die Chorliederbücher "Im Kreis des Kirchenjahres", "In der Stadt der goldnen Gassen" und "Fröhliche Ausfahrt, selige Heimfahrt" heraus. Es war eine hochverdiente Ehrung, daß Karl Hesselbacher am 31. Oktober 1917 anläßlich der 400-Jahrfeier der Reformation die Ehrendoktorwürde der theologischen Fakultät der Universität Heidelberg in Anerkennung seiner außerordentlichen Verdienste um die evangelische Kirche erhielt.

Baden-Baden wurde zur letzten Station im Leben Karl Hesselbachers. Er wurde 1919 in die Bäderstadt berufen. Hier tat sich ihm wieder ein ganz neuer Wirkungskreis auf, denn er trat eine Art Diaspora-Pfarrei an. Die weit auseinander wohnenden Gemeindemitglieder in den verschiedenen Stadtteilen, die von Vikaren versorgt wurden, mußten erst zu einer Gemeinde geeint werden. Hesselbacher gab zu diesem Zweck sofort einen "Gemeindeboten" heraus. Dann führte er bei der beginnenden Inflation eine geregelte Armenpflege ein, hielt regelmäßige Gemeindeabende ab und gründete eine Ortsgruppe des "Deutsch-Evangelischen-Frauenbundes". Der Höhepunkt seines Wirkens in Baden-Baden war der Erwerb eines großen Gebäudes mitten in der Stadt als evangelisches Gemeindehaus. Hochherzige Spenden hatten dies ermöglicht.

Im Jahre 1911 wurde Karl Hesselbacher der Ehrentitel Kirchenrat verliehen, und 1912 wurde er zum Dekan des Kirchenbezirkes Baden-Baden gewählt.

Die über Jahrzehnte andauernde Arbeitsüberlastung war nicht spurlos an Karl Hesselbacher vorübergegangen. Schon während des Ersten Weltkrieges – Hesselbacher hatte sich sofort für die Lazarettseelsorge zur Verfügung gestellt – brach er zusammen und mußte seine Herzneurose in einem Sanatorium in Freudenstadt ausheilen. Im Herbst 1938 trat Hesselbacher in den Ruhestand. Doch nicht lange durfte er sich daran erfreuen, die Belastungen langer Jahre ließen ihn schwer erkranken. Mitten im Zweiten Weltkrieg, am 11. Januar 1943, ging Karl Hesselbacher in die Ewigkeit ein.

Samuel Friedrich Sauter

(1766 – 1846)

Schulmeister, Dorfpoet und Urbild des "Biedermeier"

Willst wissen du, mein lieber Christ,
Wer das geplagt'ste Männlein ist?
Die Antwort lautet allgemein:
Ein armes Dorfschulmeisterlein!

Der Mann, der diese unsterblichen Verse geschrieben hat, ist Samuel Friedrich Sauter. Er wurde am 10. November 1766 als Sohn des Flehinger Sonnenwirts und Bäckermeisters Philipp Jakob Sauter geboren. Der Vater war in zweiter Ehe mit Christiane Barbara Schoch aus Kürnbach verheiratet. Aus dieser Ehe stammt Samuel Friedrich. Seine älteste Stiefschwester Maria Agnes war mit Balthasar Ulmer verheiratet, der Lehrer in Unteröwisheim war. Bei diesem erlernte Sauter das Schulehalten.

Seine unterrichtliche Tätigkeit begann er als Provisor, wie man im Schwäbischen den Schulmeistergehilfen nannte, in Bissingen a. d. E. Sauter heiratete 1791 Susanna Katharina Schickhardt aus Unteröwisheim und hatte im Laufe der Jahre eine neunköpfige Familie zu ernähren.

Das Leben, das Sauter zu führen gezwungen war, war sehr bescheiden:
[...] und was ist wohl des Männleins Kost?
Nur leer Gemüs und saurer Most,
höchst selten Fleisch von einem Schwein!
O armes Dorfschulmeisterlein!

Diese Verse sind eine scharfe soziale Anklage, denn ein Schulmeister jener Zeit war wahrhaftig ein armer Mann, der noch fest auf dem Felde arbeiten mußte, Dienste als Mesner, Organist, Chorleiter, Gerichtsschreiber usw. versah, die Glocken läutete und die Kirchturmuhr aufzog, um ein wenig Geld hinzuzuverdienen. Sauter bemühte sich Jahre vergebens geduldig um mehr Lohn und Aufbesserung seiner kärglichen Besoldung.

Er teilte damit das Los mit vielen Kollegen, deren Dasein sich ebenfalls in gleicher Weise erfüllte.
Nachts macht sich's, wenn es Hunger hat,
mit Suppen und Kartoffeln satt.
Sonst kriegt es nichts? Ach leider, nein!
O armes Dorfschulmeisterlein!

Sauter ist wohl nicht so arm gewesen, wie seine Klagelieder es erscheinen lassen, stammte er doch aus einer sehr begüterten Familie und vermehrte zunehmend sein Eigentum. Er kämpfte ganz einfach um sein Recht auf bessere Vergütung, das ihm in Flehingen nicht gewährt wurde. Seine Eingabe vom Jahre 1807 ist dafür ein guter Beweis. Dabei ging es ihm vor allem um die Gleichstellung mit seinem katholischen Kollegen, was de facto eine Besserstellung seiner Bezüge bedeutet hätte. Es ist daher verständlich, daß Sauter noch im Alter von fünfzig Jahren, nachdem er von 1786-1816 Lehrer in Flehingen gewesen war, zu einer besser besoldeten Stelle nach Zaisenhausen wechselte. Dort waren auch die räumlichen Schulverhältnisse besser. In Zaisenhausen amtete er von 1816-1841. Ganz zufrieden war Sauter mit seiner Entlohnung auch in Zaisenhausen nicht. Sonst aber war Sauter in Zaisenhausen zufrieden, was folgende Verse beweisen:
Wunderbar sind Gottes Wege!
Flehingen, das mich gebar,
Wo ich schier elftausend Täge
Evangel'scher Lehrer war,
Wo ich Haus und Güter habe,
Floh ich mit dem Wanderstabe,
Ging hierher mit weichem Mut -
Doch, Gott Lob! ich traf es gut.

Er freute sich auch über den gesunden religiösen Sinn in Zaisenhausen:

Ich freue mich, in Zaisenhausen zu sein -
Da sind noch die Köpfe vom Sektengeist rein.
Da gibt es nur schaffend' und betende Christen,
Nicht düstere Frömmler, nicht Seperatisten -
Sie gehen des Sonntags zur Kirche in Ruh'
Und singen und hören dem Prediger zu.

Sauters Frau starb im Jahre 1824, ein bitterer Verlust für den sehr an seiner Familie hängenden Mann. Nach 55 Dienstjahren kehrte Sauter heim nach Flehingen. Nur drei Jahre konnte er noch im Ruhestand verbringen, dann schied er 1846 im Alter von achtzig Jahren aus dieser Welt.

Was Sauter aus der großen Zahl seiner Kollegen heraushob, war sein einfaches, redliches und vor allem poetisches Gemüt. Das war die Quelle, die ihm Kraft gab, die Sorgen des Familienlebens und des Schulmeistergeschäftes zu ertragen. Das poetische Talent in Gedichte umzusetzen, machte ihm Freude, aber auch manchmal große Mühe, die er dichterisch so ausdrückte:
Denn wisse, liebe Dorothee,
Es kostet wahrlich manches Weh,
Bis nach und nach die Verse fließen.
Und die Erkenntnis lautet:
Wenn unser Dichterroß soll traben,
Muß Laune es und Muße haben.
Wer es zur Unzeit reiten will,
Dem steht es alle Tritte still!

Nun, bei Sauter stand das Dichterroß selten still, wenn er ihm auch öfters die Sporen geben mußte. Die große Zahl seiner Gedichte, die er hinterlassen hat, beweist dies. Es gibt fast nichts in seinem bescheidenen dörflichen Leben, das ihm nicht Anlaß zu einem Gedicht gegeben hätte. Seine Welt war eben das *"friedliche Örtle"*, in dem man sonntags *"kein Kärtle"* in die Hand nahm und in der Bibel las. Und so finden sich unter seinen Gedichten wenig große Ereignisse. Einmal jubelt er der Völkerschlacht bei Leipzig zu, und einmal verflucht er Napoleon wegen seiner Kontinentalsperre.

Sein Dichten galt dem Alltag des Dorfes und der näheren Umgebung: Wetter, Jahreszeiten, einem Hochwasser, der Kartoffel, dem Bad in Zaisenhausen, der dortigen neuen Kirche, einem Brand in Kürnbach oder dem Melanchthonfest 1830 in Bretten. *"Weit, weit weg liegt die große Welt. Eine Kircheneinweihung ist ein historisches Ereignis erster Größe, der Posthalter Paravicini in Bretten eine bewunderte Respektsperson, der gelbe Kasten der Postkutsche bringt die Nachrichten von draußen, wenn in der Ferne die brummenden Töne des Schießens im 'überrheinischen Krieg' sich hören lassen, und die Ängstlichen im Dorf raunen, 'der Franzos kommt noch in unsern Ort' [...] Und als einmal der Großherzog Leopold in vierspänniger Kutsche durch Zaisenhausen fährt, und der Mesner den Fremden in die Kirche führt, da ist's ihm wie dem Mann im Märchen, in dessen Haus der liebe Gott eingekehrt ist"* (Hesselbacher S. 7).

Liest man das Gedicht "Mein Mesnerglück", dann spürt man etwas vom Geist seiner Zeit, in der Unterwürfigkeit die höchste Bürgertugend und Ruhe des Bürgers erste Pflicht war.

Samuel Friedrich Sauter gelangen volksliedhafte Gedichte, die gesungen wurden und ihn im weiteren Umkreis bekannt machten, besonders bei den Kollegen, die der Lesegesellschaft angehörten. Diese pädagogische Lesegesellschaft war von Sauter um die Jahrhundertwende gegründet worden, und er war sechzehn Jahre ihr Vorsitzender. Sie diente der literarischen Weiterbildung der Lehrer und auch der Geselligkeit. Sauter hatte die für die damalige Zeit einzigartige Zentralbibliothek, von der er selbst viel profitierte, bei sich in seinem Haus. Der Gesellschaft gehörten Lehrer in einem sehr weiten Umkreis an, was von Sauter auch organisatorisches Geschick verlangte.

Sein erstes Gedicht war das vom "Krämermichel", dem wandernden Hausierer. Der Krämer-Michel war ein Landkrämer aus Ehingen, den Sauter von Jugend an kannte. Dieser bat ihn um ein "Stückle", traf Sauter bei guter Laune an, so daß sofort Gedicht und Melodie entstanden.

Der Ausgangspunkt seines dichterischen Schaffens war damit gelegt. Der "Krämer-Michel" und "Das arme Dorfschulmeisterlein" erschienen 1799 im "Langeschen Musenalmanach" und wurden bald im ganzen Land gesungen. Und das Lied machte sowohl den Krämer als auch den Poeten bekannt, was den Geschäften zugute kam. Zwei Strophen des Krämermichel seien hier zitiert:

I, i bin der Krämermichel
Aus dem Schwabenland.
Mit der Haue und der Sichel
Bin i et bekannt,
Aber mit Kotton und Bändel
Un sonst profitable Händel.
Soll i uffe komma, Weibla?
I hau feina Ziz,
Zuigla au zu Schürz und Leibla,
Seand, was i besitz!
Seid ihr geldlaus, i ka borga,
Zahlet mi nu übermorga.

Auftragsgedichte waren Sauter stets willkommen, besserten sie doch seine Haushaltskasse ein wenig auf. Diese Gedichte, die wahrhaftig nicht alle hochklassig sind und deren Reimereien manchmal aussehen wie ein *"Stoppelfeld"* (Hesselbacher), sind doch als zeitgeschichtliche Dokumente wertvoll. Es sind Aussagen über das Leben der Mitbürger, die schildern, wie sie leben, leiden, sich vergnügen, um was sie sich sorgen und worüber sie räsonieren. Das ergibt in der Summe eine kleine dörfliche Kulturgeschichte. Hier hat man, um Goethe zu bemühen, im *"Stengelglas die ganze* [dörfliche] *Welt"*.

1811 erschien bei Gottlieb Braun, Heidelberg, die erste Gedichtesammlung Sauters, "Volkslieder und andere Reime. Vom Verfasser des Krämermichels". Und ein Jahr vor seinem Tod gab Sauter auf Drängen seiner Freunde auf eigene Kosten "Die sämtlichen Gedichte des alten Dorfschulmeisters Samuel Friedrich Sauter" heraus (Karlsruhe 1845). Die Sammlung enthielt die Mehrzahl seiner Gedichte aus dem Büchlein von 1811. Am volkstümlichsten wurde wohl das "Kartoffel-

Abb. 48 Samuel Friedrich Sauter (Badische Neueste Nachrichten)

lied", das früher in jedem Lesebuch stand, und dessen erste Strophen lauten:

Herbei, herbei zu zu meinem Sang!
Hans, Jörg, Michel, Stoffel!
Und singt mit mir das Ehrenlied
Dem Stifter der Kartoffel.
Franz Drake hieß der brave Mann,
Der vor zweihundert Jahren
Von England nach Amerika
Als Kapitän gefahren.
Und der, als er zurücke kam
Von seinen weiten Reisen
Die fetten Knollen mitgebracht,
Die wir Kartoffel heißen.

In 29 Strophen singt Sauter das Hohelied der Kartoffel:

Und welche Wohltat sind sie uns,
Damit das Vieh zu mästen,
Und wie viel Sorten gibt's! - Jedoch
Die guten sind die Besten.

Auch das Preislied auf den Lehrerstand gehört hierher:

Ein Lehrer ist ein Ehrenmann im Dorf wie in der Stadt,
Versteht sich, wenn er etwas kann und wenig Sorgen hat ...

Unüberhörbar ist der kleinbürgerliche Ton dieser Gedichte, und das Gemessene, Ehrbare, aber eben etwas Unbeholfene sind schon ausgeprägt.

Wenn Sauter pathetisch wird, dann wird dies insofern "gefährlich", weil er dann jene komische Wirkung erzielt, an die man ungerechterweise zuerst denkt, wenn von Sauter die Rede ist. Als Beispiel dazu ein paar Verse aus dem Gedicht "Die Trunkenheit":

Das Haus des Säufers wird zerrüttet,
Der Himmel ist ihm nimmer hold,
Und die verletzte Sitte schüttet
Verachtung auf den Trunkenbold;
Er schneidet sich den Wanderstab
Zu einem allzu frühen Grab.

Da kann es nicht verwundern, daß später Eichrodt und Kußmaul solche Wendungen aufgriffen, sie übertrieben, mit eigenen Gedanken anreicherten und die bewußt humoristischen Gedichte in den "Fliegenden Blättern" veröffentlichten.

Nein, ein großer Dichter war Samuel Friedrich Sauter nicht, und sicher wollte er es auch gar nicht sein. Der allzeit bescheidene Dorfpoet, der oft mühselig seine Reime drechselte, konnte einen so hohen Gedankenflug nicht haben. Und doch hat einmal in seinem Leben der göttliche Funke in ihm gezündet und ließ ihn ein Lied schaffen, das wirkliche und reine Poesie ist. Es ist dies der "Wachtelschlag", den er nach einem alten Volkslied, das in des "Knaben Wunderhorn" Eingang fand, dichtete:

Horch, wie schallt's dorten so lieblich hervor:
Fürchte Gott! Fürchte Gott!
Ruft mir die Wachtel ins Ohr.
Sitzend im Grünen, von Halmen umhüllt,
Mahnt sie den Horcher im Saatengefild:
Liebe Gott! Liebe Gott!
Er ist so gütig, so mild.

Das Gedicht fiel bald nach seiner Veröffentlichung im "Taschenbuch für häusliche und gesellige Freuden" von Karl Lang (Heilbronn 1799) Beethoven und später auch Schubert in die Hände. Beide erkannten den Wert des Gedichtes, vertonten es und verhalfen ihm so zur Unsterblichkeit. Ein Nachkomme Sauters erzählte: "*Samuel Friedrich Sauter durfte noch kurz vor seinem Tode erleben, daß man ihm die Wachtelschlag-Komposition Beethovens vorspielte und vorsang. Man kann dem Alten auch heute noch nachempfinden, daß diese Stunde von ihm, dem Biedermann, der nie über die Grenzen seines Heimatgaues hinausgekommen war, als Krönung seines irdischen Lebens betrachtet wurde*".

Bei dieser Würdigung Sauters darf seine geistliche Dichtung nicht fehlen. Dr. Kilian bescheinigt dem Poeten, daß sich seine Reimerei in den religiösen Liedern zu einem ungeahnten dichterischen Schwung und zu wirklicher Schönheit des dichterischen Ausdrucks erhebt. Als Beweis mag das "Osterlied" dienen, das so beginnt:

Er hat gesiegt! Er ist vom Grab erstanden!
Der starke Held aus Juda hat gesiegt!
Er lebt! Er lebt! Los von des Todes Banden,
So hat es Gott gefügt.

Und das hymnische Gedicht endet:

Dann gehen wir zu deines Reiches Freuden
Auf deinen Wink, o Welterlöser, ein.
Wie wird es im Genuß der Seligkeiten,
Wie so voll Wonne sein!

Alle diese Lieder sind Ausdruck von Sauters Frömmigkeit und eine ernst zu nehmende Seite seines Schaffens. In diesen Gedichten ist nichts vom "Biedermeierton" zu spüren, der so viele seiner Gedichte kennzeichnet.

Auf Sauters Verdienste als Heimatforscher wird in dem Kapitel über Leopold Feigenbutz ausführlich eingegangen; hier jedoch soll Sauters Rolle als Urbild des Biedermeier erläutert werden:

Zu seinen Lebzeiten hätte Sauter nie daran gedacht, daß er wenige Jahre nach seinem Tode zu einer berühmten Figur einer humoristischen Zeitung würde, die einer Epoche den Namen gab: der Biedermeierzeit. Um den Begriff Biedermeier recht verstehen zu können, muß man sich erinnern, daß "bieder" ursprünglich ein Wort war, das Tapferkeit und unbedingte Ehrlichkeit bedeutete. Es war in keinem Fall mit Kleinbürgerlichkeit in Verbindung zu bringen. Bieder, das waren alle untadeligen Leute, gleich welchem Stande sie angehörten. Nach den Kriegen Napoleons erfuhr dieses Wort in seiner ursprünglichen Bedeutung geradezu eine Aufwertung, jedermann wollte bieder sein. Bieder zu sein, wurde zu einer herrschenden Zeiterscheinung, zur Mode. Ist es einmal so weit, dann ist wohl nicht zu verhindern, daß langsam ein Bedeutungswandel einsetzt, der Begriff simplifiziert und trivialisiert wird. So entstand 1853 aus der Verbindung des Wortes "bieder" mit dem wahrhaft nicht seltenen Namen "Maier" der Biedermaier (ursprünglich mit "ai"), jene Figur, die wie keine andere parodistischen Charakter hat.

Wer war nun der Erfinder des Biedermaier: Eichrodt oder sein Freund Adolf Kußmaul, der berühmte Mediziner? Es scheint gesichert zu sein, daß der entscheidende Impuls von Kußmaul ausging. Bei einem Besuch von Kußmaul bei seinem Freund Heinrich Goll in Karlsruhe drückte ihm dessen Vater sein Lieblingsbuch in die Hand. Es waren "Die sämtlichen Gedichte des alten Dorfschulmeisters Samuel Friedrich Sauter". Kußmaul erzählt in seinen "Jugenderinnerungen eines alten Arztes", daß er bei der Lektüre der Sauterschen Gedichte *auf einen bisher ungehobenen Schatz einer einmaligen Poesie von ungewöhnlicher komischer Kraft* gestoßen sei. *"Die Gedichte"*, so fährt er fort, *"waren meist ganz und gar ernst gemeint und nicht auf die Erregung der Lachmuskeln bedacht. Aber gerade weil sie diese unbeabsichtigte Wirkung hatten, wirkten sie doppelt lustig, und darin lag der Humor"*. Dr. Adolf Kußmaul, der selbst gelegentlich dichtete, war seit seiner Studentenzeit mit dem da-

mals in Durlach tätigen späteren Lahrer Oberamtsrichter Ludwig Eichrodt befreundet. Dieser war vierzig Jahre lang Mitarbeiter der "Fliegenden Blätter" in München. Er lieferte Beiträge auch noch anderen humoristischen Blättern; diese satirischen Zeitschriften sind vor dem Hintergund ihrer Zeit zu sehen:

Das Gefüge jener Zeit zwischen 1815 und 1848 wurde durch die Staatskunst Metternichs zusammengehalten und war gekennzeichnet durch die Heilige Allianz, die Karlsbader Beschlüsse und Demagogenverfolgung und das Brodeln der geistigen Auseinandersetzung mit dieser Zeit der Restauration. Der Maulkorb, welcher der öffentlichen Meinung umgebunden wurde, war besonders einschneidend. Obrigkeit und Untertan wurden zu Exponenten unvereinbarer Gegensätze, wobei die Obrigkeit durch die rücksichtslose Ausnützung des ihr zur Verfügung stehenden Polizeiapparates von vornherein die beherrschende Machtposition einnahm. Die scharfen Kontrollen der Druckerzeugnisse, besonders die verhängnisvollen Eingriffe der Zensoren bei den Zeitungen, sollten die freie Meinungsbildung- und äußerung verhindern. Nicht zu überbieten war die Intoleranz gegenüber der Forderung der Bürger, am politischen Leben teilnehmen zu dürfen. Gesinnungsschnüffelei, Überwachung, Unsicherheit gingen damit Hand in Hand.

Vor dem Hintergrund dieser Zeitumstände also entstanden humoristische Zeitschriften wie die "Fliegenden Blätter" oder der "Kladderadatsch", weil man in Zeiten, in denen es nichts zu lachen gibt, gern etwas zu lachen hätte. Humor und Satire wurden zu einer scharfen Waffe, wenn auch ihr Stachel durch die Zensur gemildert wurde.

Kußmaul schickte am 2. Juni 1853 die von Vater Goll geliehenen Gedichte Sauters über Eichrodt an den Eigentümer zurück und schrieb dazu seinem Freund: *"Hier übermittle ich Dir das große Werk weniger Tage: Biedermaiers und Schartenmaiers Gedichte"*. Kußmaul hatte also den

Pegasus bestiegen und Sauter persifliert. Er fügte in dem Brief hinzu, daß es ihm viel Vergnügen gemacht habe, diese Gedichte zu machen und gab der Überzeugung Ausdruck, daß Eichrodt vortreffliche Beiträge liefern werde. *"Obschon Du Sauter nicht übertreffen kannst, so dürfte Dir's doch gelingen, ihn zu erreichen".* Kußmaul sandte als erste Probe das Vorwort und 18 Gedichte. Dabei hatte er einige Sautergedichte fast wörtlich übernommen (Kartoffellied, Dorfschulmeisterlein), wieder andere mit wesentlichen eigenen Zusätzen umgestaltet, manche im Geiste Sauters neu gedichtet. Kußmaul wies Eichrodt auf weitere bearbeitenswerte Gedichte hin und schrieb: *"Du kannst gewiß in längstens 10-12 Tagen mir die Produkte, die Du Deinerseits zulegst, zur Kritik zuschicken, wie ich's jetzt mit den meinigen getan. Dann schickst Du mir auch die meinigen mit den 'Bleistifikaten' nochmals zurück, und in wenigen Tagen erhältst Du das Ganze, worauf Du bei Sch. (Schauenburg, dem Lahrer Verleger) anfragst".* Eichrodt scheint den Termin eingehalten zu haben; er reichte "Schartenmaiers Klage um den entschlafenen Biedermaier" ein. Hinzu kamen weiter vier Biedermaierlieder und fünf Gedichte des Buchbinders Horatius Treuherz. Der Biograph Kennel kommt zu dem Schluß, daß die Biedermaier-Treuherz-Lieder im Zusammenwirken zweier gleichgesinnter Freunde entstanden sind, wenn auch der Anstoß ganz sicher von Kußmaul gekommen ist. Der Titel "Biedermaiers und Schartenmaiers Gedichte" stand auf jeden Fall schon vor Kußmauls Brief vom 2.6.1853 fest. Wer von den Freunden Name und Begriff Biedermaier erfunden hat, läßt sich nicht mit Sicherheit feststellen. Kennel schließt seine Betrachtung über die Entstehung der Biedermaier-Lieder: *"Mag denn der eine Freund Kußmaul um die Bestimmung dieses Begriffes und dessen Abgrenzung vom Schartenmaier und Treuherz, sowie um die Abfassung der eigentlichen Biedermaierlieder, der andere Eichrodt um die Ausgestal-* *tung des Reimschmiedes Treuherz das überwiegende Verdienst haben: eine genaue Scheidung des beiderseitigen Anteils wird wohl bezüglich der einzelnen Gedichte, nicht aber der Gestalten möglich sein".* Sauter war das leibliche Vorbild des Biedermaier. Sein äußeres Erscheinungsbild mit Stulpenstiefeln und Simpelsfranzen war "genialisch", und Sauter war zum Vorbild des Biedermaier eben wie geschaffen.

Eichrodts Aufgabe, einen Verleger zu finden, war schwieriger als gedacht. Nach mehreren Absagen blieb nichts anderes übrig, als die Biedermaier-Lieder zunächst den "Fliegenden Blättern" anzubieten, die ja nicht nur ein Witzblatt waren, sondern ein demokratisches Kampfblatt in satirischer Verkleidung. Dort erschien das Gemisch aus Sauter, Eichrodt und Kußmaul in den Jahren 1853-1857. Sauters Name wird dabei nicht genannt, auch die von Eichrodt und Kußmaul nicht. Und so war denn das Wort Biedermaier (damals mit "ai") in den deutschen Wortschatz eingeführt. Schließlich erschien das "Buch Biedermaier" in den "Lyrischen Karikaturen" Eichrodts im Jahre 1869 bei Schauenburg in Lahr.

Eindeutig muß man dazu feststellen, daß der "Original-Sauter" bei diesen Gedichten zu kurz kommt, denn die beiden Väter des Buches "Biedermaier" sind mit den Gedichten des *"herrlichen alten Schulmeisters"* wirklich nicht zimperlich umgegangen, als sie die Lieder von weiland Gottlieb Biedermaier *"den Gedichten des Buchbinders Horatius Treuherz und den Erzählungen des alten Schartenmaiers hinzufügten".* Da war nach Gutdünken gekürzt, hinzugefügt, abgeändert und parodiert worden. Neue Verse entsanden frei nach Sauter, andererseits gingen Verse von ihm namenlos in die Welt hinaus *"und fielen",* wie Dr. Kilian in der Einleitung zu den von ihm 1902 herausgegebenen "Ausgewählten Gedichten" Sauters feststellte, *"schon bei seinen Lebzeiten und auch noch nach seinem Tode einer bedenkli-*

chen Freibeuterei zum Opfer" (Bruchsaler Rundschau, 27.10.1966).

Der Anteil Sauters war also in den Gedichten nicht kenntlich gemacht worden, nur wenige seiner Gedichte wurden original wiedergegeben, *"vielmehr die meisten durch Kürzungen, willkürliche Abänderungen, Erweiterung durch eigene Zutaten (teilweise wurden nur wenige Sautersche Worte in ein völlig neues Gedicht verflochten) der Nachwelt in einer gänzlich unauthentischen Gestalt überliefert"* (ebd.). Viele dieser Änderungen waren nicht glücklich, sie verdarben Sauters ernste und schlichte Naivität durch Hinzufügung bewußter Komik. Man darf aber annehmen, daß Eichrodt und Kußmaul Sauter nicht verächtlich machen, sondern vielmehr mit den von ihnen angewandten literarischen Mitteln dem deutschen Zeitgeist zu Leibe rücken wollten.

Enden wir diese Betrachtung mit einer gültigen Würdigung Samuel Friedrich Sauters: *"Es wäre verkehrt, Sauters Dichten mit der scharfen kritischen Sonde der Kunstdichtung messen zu wollen. Was der biedere Dorfschulmeister von der Warte seines Gartenhüttchens aus über die kleine Welt, die sein Blick von hier umspannte, gereimt und gedichtet, verträgt kein Zerstückeln und kein kritisches Zersetzen nach den Schulregeln der Ästhetik. Er und sein dichterisches Schaffen will als ein einziges, untrennbares Ganzes genommen sein; was er aus der Naivität seines Empfindens heraus gesungen hat, muß mit naivem, unmittelbarem Sinne genossen werden. Aus der Landschaft heraus und dem ländlichen Boden seines heimatlichen Dorfes muß die Person und das Wirken des Schulmeisters Sauter gewürdigt werden. Mit allen Vorzügen und Schwächen seines naiven Dichtens, mit der ganzen Unmittelbarkeit, Wärme und schönen Menschlichkeit seines Empfindens, mit seinen vereinzelten Anläufen zu einem höheren dichterischen Schwunge und der hausbackenen Nüchternheit vieler seiner Reimereien, mit allem Urwüchsigen, Herzlichen und Lieblichen, ja teilweise Ergreifenden, was seiner Dichtung inne wohnt und allem Drolligem und unbewußt Komischen, was ihr anhaftet: Mit alledem ist der wackere Schulmeister von Flehingen eine ganze Persönlichkeit, durch und durch gesund und von kraftvoller Eigenart, ein Volks- und Bauern-Sänger im guten Sinne des Wortes, der es wohl verdient, daß ihm in der Literaturgeschichte seines engeren Heimatlandes ein bescheidenes Ehrenplätzchen gewahrt bleibt"* (Kilian).

Denn Sauter war
Ein Ehrenmann! Verbeug dich fein
Vor solchem Dorfschulmeisterlein!

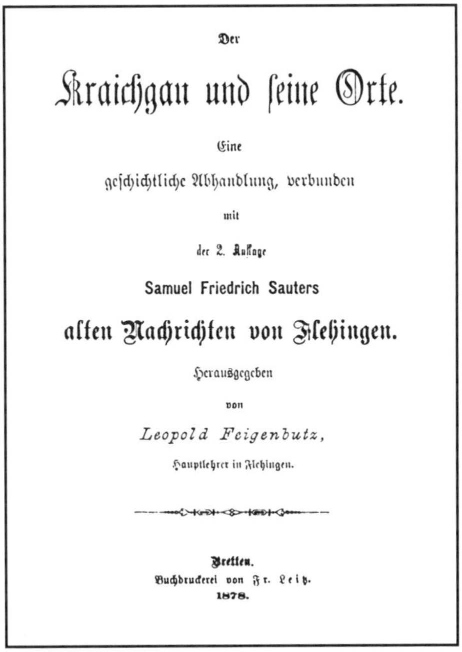
Der

Kraichgau und seine Orte.

Eine

geschichtliche Abhandlung, verbunden

mit

der 2. Auflage

Samuel Friedrich Sauters

alten Nachrichten von Flehingen.

Herausgegeben

von

Leopold Feigenbutz,

Hauptlehrer in Flehingen.

Bretten.

Buchdruckerei von Fr. Leitz.

1878.

Abb. 49 Deckblatt zu "Der Kraichgau und seine Orte" von Leopold Feigenbutz, in dem Samuel Friedrich Sauters "Alte Nachrichten von Flehingen" wiedergegeben werden.

Leopold Feigenbutz

(1827 – 1904)

Der Chronist des Kraichgaus

Leopold Feigenbutz erblickte am 15. August 1827 zu Mörschenhardt bei Buchen das Licht dieser Welt. Er besuchte von 1844 bis 1846 das Lehrerseminar in Ettlingen. Dann folgte das Wanderleben eines Unterlehrers, das ihn nach Kuppenheim, Schwabenheimerhof, Kronau, Ladenburg und schließlich 1875 nach Flehingen führte. An diesem Ort wirkte er 44 Jahre und darf daher mit Fug und Recht unter die "Kraichgauer Gestalten" eingereiht werden. 1876 wurde in Baden die Simultanschule eingeführt und Feigenbutz war Schulleiter als erster Hauptlehrer. Er war zweimal verheiratet: Seine erste Frau war Sophie Kugler, die früh starb. Im gesetzten Alter trat Feigenbutz noch einmal vor den Traualtar und ging mit Karolina Sichler die Ehe ein.

Zu seinem 50. Dienstjubiläum am 9. Juli 1896 wurde Feigenbutz das Verdienstkreuz des "Zähringer Löwen" verliehen. Mit 72 Jahren noch immer im Dienst, ließ seine Gesundheit immer mehr nach. Da sich eine Erholung nicht mehr anbahnte, wurde Feigenbutz 1900 in den Ruhestand verabschiedet. Nur noch vier Jahre Lebenszeit waren ihm vergönnt. Er schloß genau an seinem 77. Geburtstag, am 15. August 1904, die Augen für immer. Zuvor hatte er noch die große Freude erleben dürfen, daß ihn die Gemeinde Flehingen zu ihrem Ehrenbürger ernannte. Das Grab von Feigenbutz befindet sich heute noch auf dem Flehinger Friedhof. 1922 fand auch seine zweite Frau dort ihre Ruhestätte.

Feigenbutz war ein hervorragender Schulmann, der sich besonders in Wort und Schrift für einen guten Heimatkundeunterricht einsetzte. Das aber hätte ihn noch nicht zum Chronisten des Kraich-gaus gemacht. Dazu waren seine Verdienste um die Heimatforschung und Heimatgeschichte notwendig, die sich mit seiner Begabung zum Schreiben vereinigten und so ein beachtliches Lebenswerk ermöglichten. Zunächst ist es ihm zu danken, daß er die von seinem berühmten Kollegen Samuel Friedrich Sauter gesammelten "Alten Nachrichten von Flehingen" 1875 veröffentlichte. Feigenbutz schrieb: *"Hat sich Sauter schon durch seine im Druck erschienenen Gedichte bekannt gemacht, so dürfte er sich durch die [...] mit vieler Mühe und größter Sorgfalt gesammelten Aufzeichnungen ungleich mehr verdient gemacht haben"* ("Der Kraichgau und seine Orte", Vorwort zur 1. Auflage). Feigenbutz erkannte die Bedeutung der lokalhistorisch so wichtigen Nachrichten und rettete sie, denn das Sautersche Manuskript von 222 Seiten war in einem desolaten Zustand und teilweise kaum mehr lesbar. Die erste Auflage fand großes Interesse und war innerhalb dreier Monate vergriffen. Genötigt, eine zweite Auflage vorzubereiten, faßte Feigenbutz den Entschluß, "mit den alten Nachrichten von Flehingen eine geschichtliche Abhandlung über den ganzen Kraichgau zu verweben". Und so erschien das Hauptwerk des Leopold Feigenbutz "Der Kraichgau und seine Orte, verbunden mit Samuel Friedrich Sauters alten Nachrichten von Flehingen" im Jahre 1878 bei Fr. Leitz in Bretten.

Das Buch stellt, wenn man die Zeit seines Entstehens und die damaligen Möglichkeiten des Forschens einbezieht, eine glänzende Leistung von Feigenbutz dar. Ohne Auto, ohne Eisenbahn z. B. nach Karlsruhe in die Bibliotheken und Archive zu gelangen, war ein Unternehmen, das nur mit der Postkutsche bewältigt werden konnte. Feigenbutz befand sich zudem in zeitlichem Zugzwang, denn das Buch sollte mit der Eröffnung der Kraichgaubahn erscheinen, was ihm schließlich auch gelang. Der umfangreiche Stoff - das Buch hat 407 Seiten - war bewältigt, ein großes Werk in wenigen Jahren geschaffen.

Um das leisten zu können, hat Feigenbutz alle ihm zur Verfügung stehenden Quellen gewissenhaft ausgewertet und viele wesentliche Historiker gelesen und zitiert. Er war ein belesener Mann, der auf eine umfangreiche Stoffsammlung aufbauen konnte. Feigenbutz ging bei seinem Werk nach einem festen Plan vor: Der Kraichgau in der Urzeit, Kelten, Römer, Alemannen und Franken in unserer Heimat wurden behandelt. Daß nach seiner Quellenlage nicht alles historisch genau stimmen konnte, ist zu verstehen. In diese umfassende Schilderung des Kraichgaus hat Feigenbutz die geschichtliche Darstellung aller 71 Gemeinden des räumlich nicht kleinlich gesehenen Kraichgaus eingestreut. Dies ist es, was ihn zum Chronisten machte. Daß die Geschichte Flehingens dabei die Hauptrolle spielt, ist nicht verwunderlich. Sicher, man hätte sich, und darüber sind sich alle Benützer einig, in dem Buch eine deutlichere Gliederung und Übersicht gewünscht, aber das tut dem Werk in seiner Bedeutung keinen Abbruch. Es ist ein Standardwerk bis auf den heutigen Tag geblieben, eine Fundgrube für den Heimatforscher und Historiker.

Damit ist die Reihe der Veröffentlichungen von Feigenbutz noch nicht be-

Abb. 50   Leopold Feigenbutz (Badische Neueste Nachrichten)

endet. 1890 folgten u.a. der "Amtsbezirk Bretten", 1891 der "Amtsbezirk Bruchsal". In den neunziger Jahren des vorigen Jahrhunderts begann der Badische Lehrerverein die Herausgabe der "Geschichte und Entwicklung des badischen Volksschulwesens im Großherzogtum Baden". Feigenbutz fiel die Bearbeitung der ehemals zu den Bistümern Speyer, Mainz, Würzburg, der Kurpfalz und den Fürstentümern Leiningen und Löwenstein-Wertheim gehörenden Gebiete zu.

Besondere Verdienste hat sich Feigenbutz um die Badische Historische Kommission erworben, als deren Pfleger im Amtsbezirk Bretten er elf Gemeinde- und ebensoviele Pfarrarchive ordnete und verzeichnete.

Franz Anton Egetmeyer

(1760 – 1818)
Der Schneider in Pensa

Keinem anderen gebürtigen Kraichgauer ist durch einen großen Dichter ein
so weiter Bekanntheitsgrad zugewachsen
wie Franz Anton Egetmeyer durch Johann
Peter Hebels weltbekannte Geschichte
vom "Schneider in Pensa". Hebel veröffentlichte diese 1815 im "Rheinländischen
Hausfreund" und erregte damit eine
kaum vorhersehbare Anteilnahme an den
Vorgängen in dem weit abgelegenen Pensa, die durch die beinahe unglaubliche
Hilfsbereitschaft des Schneiders Egetmeyer gekennzeichnet waren. Hebels Geschichte ist das Hohelied eines Mannes,
der sich bis zur Selbstaufopferung für seine unglücklichen, in dem schrecklichen
Winterfeldzug Napoleons in Rußland ge-
fangengenommenen Landsleute einsetzte.
Wer war nun dieser Franz Anton Egetmeyer? Geboren wurde er am 6. Oktober
1760 in Bretten als Sohn des Amtsboten
Johann Simon Egetmeyer (1731–1782).
Franz Anton hatte einen Bruder Jonas
(1769–1839), der in der Stadt als Amtsdie-
ner angestellt war. Der junge Egetmeyer
wurde Schneider, vermutlich in Bretten
und nicht in Mannheim, wie Hebel annahm. Anschließend arbeitete er wohl als
Geselle in Mannheim. Dann aber packte
ihn die Reiselust, und er wanderte nach
Petersburg aus. Dort diente er in einem
russischen Kavallerieregiment, zog dann
weiter nach Moskau und wurde schließlich in Pensa im Südosten des europäischen Rußland seßhaft. Dreißig Jahre
übte dort Egetmeyer sein Handwerk aus
und wurde in weitem Umkreis ob seiner
tüchtigen handwerklichen Leistungen bekannt. Der Erfolg stellte sich ein, und
Egetmeyer beschäftigte vierzig Gesellen
und erwarb einen reichen Landbesitz.

Der Brettener hatte es zu etwas gebracht
und war ein hoch angesehener Mann geworden. Er war zweimal verheiratet, zuerst mit einer Deutschen namens Meng,
die ihm drei Söhne schenkte, aber schon
1797 starb. Seine zweite Frau hieß Katherina Karllowna und war ebenfalls eine
Deutsche; in Pensa hatten sich mehrere
deutsche Familien niedergelassen. Auf seine drei Söhne war Egetmeyer sehr stolz.
Sein Ältester, Johann Franz (1789 bis nach
1838) wurde Architekt und Offizier in Petersburg. Karl, der zweite Sohn, (1791 bis
vor 1838) wurde Kriegsgerichtsrat, ebenfalls in Petersburg, und Franz (1795 bis
vor 1838) lebte als Apotheker in Moskau.
Wäre nicht Napoleon zu seinem Ruß-
landfeldzug aufgebrochen und hätte nicht
auch das Großherzogtum Baden Soldaten
zu diesem Unternehmen stellen müssen,
hätte die Welt nichts vom Schneider in
Pensa erfahren. Ein kurzer historischer
Rückblick ist deshalb hier wohl ange-
bracht. Anfang des Jahres 1811 verließen
die ersten badischen Formationen unter
Graf Wilhelm von Hochberg ihre Garnison
Mannheim, ein Jahr darauf folgten die
Soldaten aus Karlsruhe, Durlach, Bruchsal und Rastatt. Insgesamt hatte die badische Brigade eine Stärke von 7100 Mann.
Unter großen Strapazen wurde der lange
Marsch nach Tilsit, Wilna, Minsk, Smo-
lensk, Witebsk zurückgelegt. Da aber setzte
schon der verheerende Rückschlag ein,
und die große Armee Napoleons mußte
vom 18. auf den 19. Oktober das brennen-
de Moskau verlassen. Jetzt griffen auch
die Badener in das Kriegsgeschehen ein.
Am 30. Dezember 1812 kämpften Teile
der badischen Brigade erstmals auf russi-
schem Boden. Was dann für die Männer

kam, ist beinahe unbeschreiblich. Für alles Entsetzliche, das sie durchmachen mußten, steht der Übergang über die eisführende Beresina bei Schnee und bitterer Kälte. Der badische Leutnant Steinmüller berichtete später: *"Auf dem Wege, dem wir folgten, lagen bei jedem Schritte Erfrorene: tapfere Mannschaften und brave Offiziere, einige standen an die Stämme der Kiefern gelehnt mit von Eis starrenden Haaren und Bärten [...] Auch erblickte man Unglückliche, die vom Rauch und Blut des Pferdefleisches, das sie verzehrt hatten, im Gesichte ganz geschwärzt waren, und die nun wie Gespenster um die brennenden Häuser herumschlichen, die Leichen ihrer Kameraden anstierten, dann niederstürzten und starben [...] die Straße war angefüllt von Soldaten, die keine menschliche Gestalt mehr hatten, und viele waren in einem Zustand von wahnwitzigem Stumpfsinn, der sie die Leichen zu braten und zu verzehren antrieb [...]"*. Ein grauenhaftes Bild! Als schließlich deutscher Boden erreicht wurde, waren von den 7100 Mann der traurige Rest von 40 kampffähigen Soldaten und 100 Invaliden übriggeblieben. Bis zum Jahre 1814 waren dann die Letzten aus der Gefangenschaft heimgekehrt. *"Daß ihnen solch unverhofftes Glück zuteil geworden war, hatten viele ihrem Landsmann Franz Egetmeyer, dem einflußreichen Schneider von Pensa zu verdanken"* (1812, Badische Truppen in Rußland, S. 11).

Von den Vorgängen, die sich beim Eintreffen der Gefangenen in Pensa abspielten, geben ein Bericht im "Karlsruher Morgenblatt" 1816 und der "Rheinländische Hausfreund" 1818 Kenntnis. Die Erzählung im "Rheinländischen Hausfreund" stammt von einem badischen Offizier und gibt einen genauen Einblick in das Leben der Gefangenen in Pensa und das hilfreiche Eingreifen des Franz Anton Egetmeyer, das durch die weitherzige Unterstützung des Gouverneurs, des Fürsten Galizin, ermöglicht wurde. Es ist ein tief dankbarer Bericht. Der Offizier beschreibt die äußeren Verhältnisse Egetmeyers und dessen hohe menschliche Eigenschaften so eingehend, daß ein fest umrissenes Bild dieses guten Menschen entsteht. Und weiter heißt es: *"Er war von mittlerer Größe, sein Gesicht, aus dem ein mildes, bedeutungsvolles Augenpaar herausstrahlte, war das treueste Geständnis seiner Seele. Seine Sprache hatte etwas Anstoßendes, ein Umstand, der die Treuherzigkeit seiner Äußerungen erhöhte. Durch ein frühes Unglück war das eine Bein hinkend geworden; so erschien er selbst hilfsbedürftig, und darum war es ergreifend, seine Hand dennoch Wohltaten und Hilfe ausstreuen zu sehen!"* Nach diesem Bericht gestaltete dann Hebel seine berühmte Erzählung.

Egetmeyer schrieb insgesamt neun Briefe an seinen Bruder Jonas in Bretten. In einem dieser Briefe vom 18. Januar 1812 schildert er selbst die Begegnung mit seinen Landsleuten:

Abb. 51   Der Schneider in Pensa mit Soldaten (Illustration von Erdmann Wagner)

"Pensa 18ten Jenner 1814
Lieber Bruder Jonas!
Du wirst dich wundern, daß durch das große
Unglück die alliierte französische Armee in
Rußland durch Hunger und Kälte ganz ver-
nichtet wurde, so daß von sechsmal hundert-
tausend kaum 3000 gerechnet von allen
Deutschen und Franzosen mit dem kümmer-
lichen Leben davon kamen. Nun, lieber Bru-
der, stell dir die Freude vor, mit der ich über-
rascht wurde, daß ich auf einmal, so viele
Officiers und Soldaten als Gefangene an-
sichtig wurde. Ich frug: 'Meine Herren! was
für Landsleute?' 'Aus Baden!' war die Ant-
wort. Ich stand wie versteinert, ach Gott mei-
ne lieben Landsleute. Stell dir vor, in welchen
Umständen verdienstvolle Männer mit zwey,
drey Orden, Majors, Capitäns, Leutnants!
So stell dir nur einen Handwerksburschen
in Deutschland vor, sozusagen einen rech-
ten Fechtbruder, so sahen die ehrenvollen
Männer aus, verzagt von den vielen Miß-
handlungen, die sie von Juden und Kosa-
ken erlitten haben ist unaussprechlich.
Aber ich bin Augenzeuge von ihrem Elend,
ich nahm ihrer mich an, und suchte ihnen
ihr trauriges Schicksal zu lindern, denn der
Herr Gouvernör von Pensa ist so ein edler
Fürst, als einer in dem großen Reiche sein
kann. Ich unterstünde, mich an diesen gü-
tigen Fürsten zu wenden, und er schlug mir
meine Bitte nicht ab, denn ich arbeite für
sein Haus und für ihn, er kennt mich, daß
ich ein ehrlicher Mann bin und unserem
lieben Kayser, dem großen Alexander mit
Herz und Seele ergeben bin [...]". Für den
Heimathistoriker ist dieser Brief auch
deshalb wichtig, weil Egetmeyer viele
Namen der gefangenen Offiziere nennt,
darunter auch solche aus der näheren
Umgebung Brettens.

Was Egetmeyer für seine Landsleute getan hat, kann man bei Hebel in dessen pla-
stischer Sprache nachlesen. Und Hebel
übertreibt nicht, der Bericht des badischen
Offiziers von 1818 erzählt noch viel ausführlicher über den Menschenfreund Egetmeyer, der bis zur Selbstaufgabe für seine
Landsleute sorgte und ihnen mit Geld und
Ausstattung ihre Heimreise erleichterte.

Die Dankbarkeit der geretteten Männer war der geleisteten Hilfe ebenbürtig.
Auf Antrag der von ihm betreuten Offiziere und Militärärzte wurde Egetmeyer
mit der badischen Goldenen Zivilverdienst-
dienstmedaille ausgezeichnet. Das Schreiben des Großherzogs lautete: *"Dem bra-*
ven Franz Anton Egetmeyer in Pensa über-
sende ich hierbei, wegen der Meinen gefan-
genen Offizieren geleisteten uneigennützi-
gen und menschenfreundlichen Dienste,
die goldene Verdienstmedaille, um solche
als Andenken von Mir und vom dankbaren
Vaterlande zu tragen. Gez. Karl".
Egetmeyer war über diese unverhoffte
Ehrung hoch erfreut. In einem Brief vom
16. Januar 1816 an die badischen Offiziere
schrieb er: *" [...] Der 3. Januar war der*
glücklichste Tag meines Lebens. Abends um
7 Uhr ließ mich der Fürst Galizin rufen.[...]
Ich kam vor ihm, er sah mich ernsthaft an mit
der Frage: Wer ließ ihn rufen? Ich faßte mich
auf kurze Antwort: Der Fürst unser Gou-
verneur. Er sah mich noch eine Minute an,
dann änderte er sein Gesicht in Freundlich-
keit. Kommen Sie näher, lieber Franz; sehen
Sie, wen Gott und dankbare Menschen lieben,
hören Sie, was unser allergnädigster Kaiser
ihnen zuschickt. Dann hob der die Medaille
am orange Bande in die Höhe, sehen Sie, dieß
Ehrenzeichen erhalten Sie von Ihrem erhabe-
nen Fürsten, es zu Ehren ihm, und dem dank-
baren Vaterlande zu tragen, und unser Kai-
ser erlaubt es Ihnen zu tragen. Dann nahm
er die Medaille und band sie mir an. Ich küß-
te die Medaille und des Fürsten seine Hand
im Nahmen unseres erhabenen Fürsten. Es
waren viele Edelleute zugegen, welche mir
alles Glück wünschten. Er ist es werth, aber
die Herren Offiziers aus Baden sind wirk-
lich Edle, sie wissen zu belohnen, denn es ist
ihr Werk." An Armen und Beinen zitternd
vor Freude kam Egetmeyer nach Hause.
Franz Anton Egetmeyer hat die Heimat,
mit der er innerlich so stark verbunden
war, nicht mehr gesehen. Er starb im Jahre
1818 in Pensa, weit ab von Bretten. Aber
Dankbarkeit und Hochachtung sind tragende Brücken, die auch heute noch zu
ihm hinführen.

Conrad Rutsch

(1793 – 1872)

Der Leibschneider des Zaren Nikolaus I.

Es ist schon merkwürdig, daß zwei Schneider aus unserer Heimat, ein Dührener und ein Brettener, den weiten Weg nach Rußland gingen. Der Dührener, Conrad Rutsch, blieb in Petersburg hängen, der Brettener, Franz Anton Egetmeyer, wurde der berühmte Schneider in Pensa. Wurde der eine durch Johann Peter Hebel weltbekannt, sind Schicksal und Lebenswerk von Conrad Rutsch ebenfalls außergewöhnlich. Als Meister ihres Faches gelangten beide zu Vermögen und hohem Ansehen. Bei ihnen hatte das Handwerk goldenen Boden, aber beide werden daran nicht gedacht haben, als sie das *"lüftige Schneiderblut"* in die Ferne trieb.

Conrad Rutsch wurde am 9. November 1793 in Dühren als achtes Kind des Bauern Christoph Heinrich Rutsch und seiner Frau Magdalena geb. Ludwig aus Steinsfurt geboren. Wie das früher bei einer so großen Familie oft war, wurde Conrad schon mit dreizehn Jahren in eine Schneiderlehre in Hoffenheim gegeben – ein Esser weniger am Tisch. Mit dem Gesellenbrief in der Tasche machte sich Rutsch auf die Wanderschaft und durchzog fast alle Länder Nord- und Mitteleuropas. Das war an sich schon eine beachtliche Leistung, wenn man sich dazu noch den Lebensunterhalt durch Arbeit verdienen muß. Viel gelernt hat der junge Mann in den großen Zentren Paris und London, wo er bei dem berühmten Meister Georg Sulzer arbeitete, der aus Kippenheim bei Lahr stammte.

Auch Rutsch mußte seine Erfahrungen mit Menschen machen und Lehrgeld bezahlen. Durch falsche Spekulationen verlor er sein Erspartes und kam frierend, hungernd und elend in Petersburg an. Da er außerdem arbeitslos war, wurde seine Situation zunehmend schlechter. Und doch liegt manchmal entscheidende Hilfe in einer solchen Lage nahe. Er traf den deutschen Schneidermeister Wolf, der ihn aufnahm. Das war die Wende im Leben des Conrad Rutsch, sein Aufstieg begann. Wolf war krankheitshalber bald gezwungen, seinen Betrieb aufzugeben, und Rutsch übernahm diesen.

Wieder bieten sich Vergleiche mit dem Schneider in Pensa an. Rutsch leistete so vorzügliche Arbeit, daß er in kurzer Zeit 25 Gesellen auf dem Tisch hatte und Kundschaft aus den höchsten Adelskreisen gewann. Er war glänzend im Geschäft und wurde schließlich Leibschneider des Zaren Nikolaus I. Fleiß, Ausdauer und Können eines echten Kraichgauers wirkten sich entscheidend aus. Rutsch vergrößerte seinen Betrieb und nahm noch eine Kürschnerei und Pelzhandel mit Niederlassungen in Sibirien hinzu. Und so wurde der einstmals arme Bauernbub so geachtet und anerkannt, daß er eine Frau aus dem deutsch baltischen Adel heiraten konnte. Es war Juliane von Dühren, 1805 in Dorpat geboren, und es war gewiß ein schöner Zufall, daß sie den Namen seines Heimatortes trug. Das Ehepaar hatte zwei Söhne und drei Töchter. Während der ganzen Zeit ließ Rutsch die Verbindung zur alten Heimat nie abreißen. Er sorgte sich immer um seine Geschwister und kaufte, um ihre Existenz zu sichern, einen Teil des Schwabenheimer Hofes bei Ladenburg für sie.

Nun folgte eine weitere Wende im Leben des Conrad Rutsch. Als seine Frau schwer an Malaria erkrankte, verkaufte er seinen ganzen Besitz an den Mann sei-

Abb. 52   Das Palais Bretzenheim (Foto: Rheinische Hypothekenbank Mannheim)

ner Nichte und kehrte 1839 in die Heimat zurück, freilich nicht nach Dühren, sondern in die aufstrebende Handelsstadt Mannheim.

Um seiner Familie eine standesgemäße Unterkunft zu bieten, kaufte Rutsch das Thorbeck'sche Haus (D7,2). Nach drei Jahren tauschte er dieses Haus am 5. April 1842 gegen das fürstliche Palais Bretzenheim, das in der Nähe des Schlosses stand. In dem Palais war genügend Raum für Eltern, Töchter und Enkel; sie konnten sich in zwei Stockwerken mit vierzig Zimmern und einem entsprechenden Treppenhaus großzügig bewegen.

Conrad Rutsch starb am 7. Juli 1872 in Mannheim, seine Frau folgte ihm 1881 in den Tod. Mit Conrad Rutsch vollendete

eine Persönlichkeit großen Zuschnitts, ein erfolgreicher Geschäftsmann, ein Weltmann sein Leben, ein Mensch, der nie seine Herkunft vergaß und mit seiner Heimat Dühren zeitlebens eng verbunden blieb.

Und was wurde aus dem Palais Bretzenheim? In ihm wohnten noch die drei Töchter Rutschs mit ihren Familien. Das Palais wurde, als es vermutlich den Nachkommen zu groß war und modernen Vorstellungen des Wohnens nicht mehr entsprach, von der Familie Rutsch 1899 für 600000 Goldmark an die Rheinische Hypothekenbank verkauft, die es nach der Zerstörung im letzten Kriege wieder aufbaute und heute noch dort ihre Geschäfte abwickelt.

Johann Christian Kuhmann

(gestorben 1812)

Vom Weberknecht zum Reichsbaron

Das Wort, daß der Soldat den Marschallstab im Tornister trägt, hat sich vielleicht noch nie so bewahrheitet wie in den Zeiten Napoleons. Mancher, der das Glück beim Schopfe zu fassen wußte, erlebte einen kometenhaften Aufstieg. Zu jenen Glücklichen gehört auch Johann Christian Kuhmann aus Rohrbach a. G.; er ist neben dem Schneider in Pensa der zweite Kraichgauer, dem Johann Peter Hebel eine Geschichte geschrieben und in die Erzählungen des "Rheinischen Hausfreundes" aufgenommen hat. Hebel beginnt auf seine unnachahmliche Weise: *"In Rohrbach, einem badischen Dorf bei Gochsheim, wurde vor 68 Jahren einem armen Taglöhner ein Sohn geboren. Das ist derjenige, von welchem wir reden, und als er getauft wurde, dachten die Gevattersleute auch nicht daran, daß sie einen kaiserlichen französischen Reichsbaron in die Kirche tragen"*.

Kuhmanns Vater war also Tagelöhner, ein armer Mann. Er starb früh samt seiner Frau, und der Junge blieb allein zurück. Die Gemeinde nahm sich seiner an, er wurde von Bauer zu Bauer gereicht und verpflegt. Schließlich bestellte man ihm einen Pfleger, bei dem Johann das Weberhandwerk erlernte. Nach der Lehrzeit ging er auf die Wanderschaft und gelangte schließlich nach Straßburg. Hier sah er zum ersten Male Soldaten, und das bunte Tuch machte einen derartigen Eindruck auf ihn, daß es sein Schicksal wurde. Hebel sagt dazu: *"Merke: der Herr [...] Kuhmann war ein braver und geschickter Webersknecht, und ist nicht aus Leichtsinn oder aus Faulheit oder wegen eines liederlichen Streiches Soldat geworden oder im Rausch, sondern es ist inwendig in ihm gesessen und die Montur hat sich nur herausgekehrt"*.

Kuhmann ließ sich beim Regiment Royal Alsace in Straßburg anwerben, dessen Kommandeur Prinz Max (Maximilian Joseph aus dem Hause Pfalz-Zweibrücken) war, der 1806 als Maximilian I. Joseph König von Bayern wurde. Der junge Mann erwies sich bald als tüchtiger Soldat, fiel seinen Vorgesetzten angenehm auf und wurde zu dem Prinzen bestellt. Dieser legte ihm nahe, Lesen und Schreiben zu lernen, um Korporal werden zu können. Diese Hürde nahm Kuhmann sehr schnell, doch sein eigentliches Glück begann erst im Kriege. Das Regiment kam nach Korsika und wurde zu Partisanenkämpfen eingesetzt. Kuhmann zeichnete sich derart aus, daß es ihm der Prinz ermöglichen konnte, Offizier in einem leichten, neu errichteten Dragonerregiment zu werden. Das war an sich eine Sensation, denn Offiziersstellen waren in jener Zeit den Adligen vorbehalten. Kuhmann rechtfertigte das in ihn gesetzte Vertrauen glänzend. Als Napoleon 1799 erster Konsul wurde, war Kuhmann bereits Bataillonskommandeur. In der Schlacht bei Marengo (1800) ritt er vor den Augen des Korsen eine derart schneidige und siegreiche Attacke gegen die Österreicher, daß sie ihm eine hohe Auszeichnung einbrachte. Napoleon vergaß ihm diese Tat nie.

Bei einem Veteranenfest sah der Kaiser Kuhmann wieder. Sofort erinnerte er sich an den kühnen Ritt, beförderte Kuhmann zum Obersten und ernannte ihn zum Kommandeur der Kriegsschule Fontainbleau. Doch Kuhmanns Weg war noch nicht zu Ende. 1807 erhielt er das Kreuz der Ehrenlegion und wurde zum Reichsbaron ernannt.

*Abb. 53
Napoleon, der
Zeitgenosse und
Gönner Johann
Christian Kuh-
manns (Stadtar-
chiv Karlsruhe
8/PBS II 19)*

"*So weit hat's der Landsmann des geneigten Lesers, der Herr Christian Kuhmann von Rohrbach, Bezirksamt Gochsheim, gebracht und starb als ein hochgeehr-
ter Mann den 18. Jänner 1812*" (Hebel).

Kuhmann starb in St. Cyr, wohin die
von ihm geleitete Militärschule verlegt
worden war. Er hat den Untergang Napoleons nicht mehr erlebt.

Schließen wir diesen Bericht mit Hebel:
"*Wenn er nicht ein edler Biedermann gewesen wäre und nicht seine Untergebenen
wie Kinder geliebt hätte, so hätten sie nicht
gleich verlassenen Waisen an seinem Sarge
geweint und gesagt: Wir haben unseren
Vater verloren. So ein Wort auf den Weg in
die Ewigkeit ist noch mehr wert als der Titel Reichsbaron, meint der Hausfreund*".

Johann Adam Müller

(1766 – 1832)

Der Bauernprophet

Menschenschicksale sind unergründlich, und die Wege, die der Mensch geführt wird, ebenso. Das Leben des Johann Adam Müller ist ein Beispiel dafür. Es grenzt an Wunder, was dieser Mensch vollbracht hat, und für ihn trifft das Wort zu, daß der Glaube Berge versetzen kann.

Müller wurde 1766 in Meckesheim geboren und ist auch dort aufgewachsen. Viel über seine Jugendzeit weiß man nicht. Sicher ist, daß es eine arme Familie mit einem kranken Vater war, in der er heranwuchs. Der Vater war tief religiös, und das Lesen in der Bibel gehörte zum Leben der Familie wie das tägliche Brot. Der Umgang mit der heiligen Schrift wurde auch zum Lebensinhalt des Sohnes. Er wurde bibelfest, und daraus läßt sich der Verlauf seines Lebens erklären. Die Familie war besonders dadurch gekennzeichnet, daß die Gabe des zweiten Gesichts von Generation zu Generation weitergegeben wurde, ein schweres Erbe in den dörflichen Verhältnissen der damaligen Zeit. Der Vater war auch ein des Brauchens kundiger Mann, der bei Krankheiten des Viehs und der Menschen geholt wurde. Er gab seine Kenntnisse an seinen Sohn Johann Adam weiter, lehrte ihn Heilkräuter sammeln und Salben kochen gegen allerlei Gebrechen. Aus des Vaters Brauchbuch lernte der Sohn die Sprüche und Beschwörungsformeln, mit denen man die Mensch und Tier befallenen Krankheiten bannen konnte. So wurde der junge Müller bald ein ebenso gefragter Brauchkundiger wie sein Vater. Ein geradezu scheues Ansehen erwarb Johann Adam dadurch, daß er seinen Vater vom Scheintod erweckte. Seine große innere Kraft kam damals erstmals zum Ausdruck.

Johann Adam Müller heiratete ein Mädchen aus Maisbach, das in dem Dorf ein kleines Anwesen besaß. Das bezogen und bewirtschafteten nun die jungen Leute. Das Ehepaar, das durch ausdauernden Fleiß die Existenz sicherte, hatte fünf Kinder.

Es herrschten schlimme Zeiten. Die Kriege Napoleons bestimmten das Weltgeschehen und hatten ihre bösen Auswirkungen bis in die letzte Hütte unserer Dörfer. Lästige und lange Einquartierungen, Frondienste, unerhörte Sachleistungen mußten die Leute ertragen und aufbringen.

In diesen Jahren begannen die Weissagungen Müllers. So sagte er den Krieg Österreichs gegen Frankreich voraus. Er hatte starke nächtliche Erscheinungen, die sich wiederholten und in der dringenden, immer heftiger werdenden Aufforderung gipfelten, er müsse zum König von Preußen gehen und diesem sagen, daß er den Mut nicht verlieren, sondern auf Gott vertrauen solle. Letzten Endes werde Napoleon besiegt und alles gut werden. Lange Zeit sträubte sich Müller gegen den Befehl seiner Visionen, er mochte die Frau und die kleinen Kindern nicht allein lassen. Aber nach der für die Preußen katastrophalen Schlacht bei Jena und Auerstedt im Jahre 1807 ging er. Mit einem Stück Dörrfleisch, welches ihm seine Frau am Morgen abgekocht hatte, einem Laib Brot im Sacktuch und fünfzehn Kreuzern an barem Geld ging er auf die unbekannte, lange und – weil er ohne Paß reiste gefährliche Reise bis nach Königsberg und Memel in Ostpreußen. Ohne Paß, ohne Geld machte sich dieser Mann zu Fuß auf eine so gewaltige Reise durch das vom Kriegsgeschehen geschüttelte Land, nur auf Gott und seinen Auftrag vertrauend. Er war mehrere Wochen unterwegs, nahm alle Strapazen auf sich, wurde eingesperrt, als Spion verhaftet und kam doch an!

Zuerst berichtete Müller Königin Luise und dann dem König Friedrich Wilhelm III. seine Visionen und biblischen Ermahnungen in besonderen Audienzen. Längere Zeit weilte er als Gast am königlichen Hofe und nach *"wohlausgerichteter Sach"*, wie er sich ausdrückte, kehrte er auf königliche Kosten per Post über Leipzig, Nürnberg und Heilbronn auf den Maisbacher Hof zurück. Was er auch dem gerade damals tief gebeugten Königspaar im besonderen Auftrag Gottes und unter Hinweis auf gewisse prophetische Stellen der Bibel, besonders aus dem Jesaja und der Offenbarung des Johannes, gesagt haben mag, jedenfalls wirkten die wohlgemeinten Worte des frommen Bauern lindernd auf das Königspaar. Und der Hinweis auf kommende bessere Zeiten mußte sehr willkommen sein.

Müller schrieb nach seiner Rückkehr dem König einige Briefe. Es ist unbegreiflich, wie dieser einfache Mann mit geringer Bildung ohne Hemmungen an den König schrieb. Wie stark muß da der innere Antrieb gewesen sein!

Der letzte Brief Müllers an den König von Preußen war der vom 7. Oktober 1815. Er gibt einen Einblick in die religiöse Denkweise des schlichten, bibelfesten Mannes. Müller schrieb u. a.: *"Ich bitte Ew. Majestät, sich an alles zu erinnern, was Ihnen Gott durch mich hat verkünden lassen. Wie die Trübsale Sie und Ihr Land aufs äußerste drückte, habe ich, Johann Adam Müller, Ihnen kund getan, damals 1807, daß Sie getrost und mutig auf Gott, auf sich und auf Ihr Volk vertrauen möchten. Sie könnten alles von Ihren Untertanen fordern, sie würden es tun, und Sie und Ihr Land würden größer werden, als es jemals gewesen wäre, wenn Sie und Ihre Untertanen sich von ganzem Herzen zu Gott wendeten. O, mein Freund Gottes. Es* ist schon *vieles eingetroffen, aber ich bitte Sie im Namen des Herrn, nicht müde zu werden und sich nicht wankend machen zu lassen. Es ist noch viel zu tun, und wenn das nicht geschieht, so wird keine Ruhe werden. Halten Sie fest auf das, was Gott befohlen hat und fürchten Sie sich nicht, und wenn sie auch ganz allein mit Ihrem getreuen Volk stünden, so wird Gott Ihnen doch den Sieg geben, und sein Engel wird für Sie streiten".*

Müller schrieb dem König weiter, daß er in der Nacht vom 25. auf den 26. September 1815 beim Namen gerufen und aufgefordert worden sei, das 5. Kapitel des Römerbriefes zu lesen. Er tat dies und schöpfte seinen Glauben, daß bald Frieden sein würde, wohl hauptsächlich aus den Versen 3–5, wo es heißt, daß Trübsal Geduld bringt. *"Geduld aber bringt Erfahrung, Erfahrung aber bringt Hoffnung, Hoffnung aber läßt sich nicht zu Schanden werden".*

Der Bauernprophet schloß seinen langen Brief recht eindrucksvoll: *"Wünschen Sie, mich mündlich zu sprechen, so will ich gern als getreuer Diener Gottes und Ew. Majestät zu Ihnen kommen, und ich bitte Sie, daß Sie mir gnädigst Antwort erteilen und mir befehlen, was ich tun soll. Wenn es Ew. Majestät Wille ist, so bin ich überzeugt, daß Gott mich glücklich zu Ihnen hin und zurück zu den Meinigen führen wird, wie er es 1808 getan hat. Ich fürchte mich nicht, und will alles auch den anderen Monarchen sagen. Ew. Majestät werden gewiß mich geringen Mann nicht verachten, denn Sie sehen doch, daß ich nicht aus mir, sondern aus Gott rede. Wie hätte ich sonst 1807 Ihnen alles sagen können, was dazumal kein Mensch glaubte. So habe ich auch Ew. Majestät gemeldet, daß ich am letzten Weihnachten eine Erscheinung gehabt habe, wonach ich den jetzigen Krieg voraussah. Ich sagte es dazumal allen meinen guten Freunden, aber sie wollten es nicht glauben und lachten mich aus, und wenn sie mich wiedersahen, so vexierten sie mich damit. Aber es ist alles eingetroffen, und so wird alles eintreffen, was Gott*

Ihnen durch mich verkündigen läßt. Darum verachten Sie meine Worte nicht und halten fest an dem, was Gott verlangt, damit Sie und alle, die treulich mitwirken, die Krone des ewigen Lebens davon tragen, und unsere Arbeit nicht vergebens ist. Zeige mir deinen Glauben durch deine Werke! ist und bleibt ein göttliches Wort. Ich empfehle Ew. Majestät in den Schutz Gottes und verbleibe ein getreuer Diener Gottes und Ew. Majestät.

Maisbacher Hof bei Heidelberg, den 7. Oktober 1815 Johann Adam Müller"

Die darauf folgende Antwort des Königs, die letzte an Müller, lautete *"Ich danke dem Johann Adam Müller für seinen Glückwunsch zu meiner Rückkehr in meine Staaten, kann aber von seinem Erbieten zu einer Reise anhero keinen Gebrauch machen.*

Berlin, den 27. Oktober 1815 Friedrich Wilhelm"

Bekannt geworden sind beim Volk des badischen Unterlandes die Weissagungen Müllers für die 40er und 50er Jahre des vorigen Jahrhunderts. Er soll gesagt haben, daß er 1846 kein Weinstock, 1847 kein Obstbaum, 1848 kein Amtmann und Pfarrer, 1849 kein Soldat, 1851 kein Bauer, 1852 kein Müller und Bäcker sein möchte. Wenn diese Voraussagungen authentisch wären, was nicht bewiesen ist, so hätte der Prophet von Maisbach die unglücklichen Revolutionsjahre Ende 1848 und die Hungerjahre Anfang 1850 richtig vorausgesehen.

Der Bauernprophet Johann Adam Müller vollendete im Jahre 1832 sein bewegtes Leben.

S

Luise Christiane Friederike Hauffe

(1801 – 1829)

Die Seherin von Prevorst

Als Luise Christiane Friederike Wanner im Jahre 1801 in Prevorst zur Welt kam, war dies ein kleines, unbekanntes Dorf, mitten im Mainhardter Wald gelegen. Seine Bewohner waren überwiegend Holzmacher, Kohlenbrenner oder Sammler von Waldsamen. Hier war der Vater Revierförster, und das Kind wuchs in dem von Wald umgebenen Försterhaus auf. Justinus Kerner berichtet, daß Friederike einfach und ungekünstelt erzogen wurde. *"Dagegen war es, daß sich bei ihr bald ein nicht zu verkennendes Ahnungsvermögen entwickelte, das sich bei ihr besonders in voraussagenden Träumen kundgab. Griff sie etwas stark an, erlitt sie Vorwürfe, die ihr Gemütsleben aufregten, so wurde sie in nächtlicher Ruhe stets in innere Tiefen geführt, in denen ihr belehrende, warnende oder voraussagende Traumbilder aufgingen"*. Das Mädchen wurde also schon früh von Ahnungen heimgesucht. Auch siderische Einflüsse wirkten früh auf Friederike ein, die Haselnußstaude z. B. schlug bei ihr als Wünschelrute auf Wasser und Metalle an.

In der kleinen Dorfschule erhielt das Mädchen nur eine dürftige Bildung. Die Eltern gaben es deshalb zu den Großeltern nach Löwenstein, wo besonders der Großvater, selbst ein bekannter Geisterseher, zur zentralen Persönlichkeit für sie wurde. In seinem Haus hatte Friederike ihre erste Geistererscheinung. Sie sah um Mitternacht in einem Gange eine lange, dunkle Gestalt, die mit einem Seufzer an ihr vorüberging, am Ende des Ganges stehen blieb und zu ihr hinsah. Merkwürdigerweise hatte das Mädchen keine Angst vor dem Geist, sondern erzählte unbefangen dem aufgeschreckten Groß-

vater ihr nächtliches Erlebnis. Durch eine wochenlange Erkrankung der Eltern mußte Friederike zu deren Pflege nach Prevorst zurück. Der Kummer um die Eltern, Nachtwachen, Pflege versetzten ihr Gefühlsleben in jahrelange Aufregung, die ahnungsvollen Träume und das Gefühl für verborgene geistige Dinge hielten an und vertieften sich.

Indessen war das körperlich noch gesunde Mädchen zu einer Schönheit herangewachsen, der es an Bewerbern nicht fehlte. Da kam ihr Vetter Gottlieb Hauffe, Pfarrerssohn aus Oberacker, zu Besuch. Er hatte ein gutgehendes Warengeschäft in Kürnbach. Auf Wunsch der Eltern gab ihm Friederike ihr Ja-Wort. Aber seltsam, nach dem Verspruch fiel sie in eine unerklärliche Schwermut und schlief volle fünf Wochen nicht mehr. Die Heirat erfolgte am 25. August 1821, und Gatte und Eltern hofften, daß durch den Umzug von Prevorst nach Kürnbach die Tochter von ihren Gesichten geheilt würde. Das war ein Trugschluß.

Die junge Frau mußte sich Gewalt antun, um am Leben des gewerbetreibenden Gatten teilzunehmen. Das hielt sie sieben Monate lang durch, dann ging es einfach nicht mehr. Die Geister tauchten aus der ungründlichen Tiefe wieder auf. Sie hatte Traumvisionen und fürchterliche Krämpfe. Es erschien ihr beispielsweise die Großmutter, die in derselben Nacht starb. Genesung versprach man sich von ihrer ersten Schwangerschaft, aber sie mußte wegen heftiger Brustkrämpfe künstlich entbunden werden. Das Kindbettfieber ergriff sie, das Kind starb, und Friederike war zweiundzwanzig Wochen lang krank. Ihr Gefühlsleben wurde so stark gesteigert, daß sie auf größte Entfernungen alles fühlte und hörte; sie spürte jeden Nagel im Zimmer, alle mußten entfernt werden.

Als das hohe Fieber und die Krämpfe nicht nachließen, rief Gottlieb Hauffe den tüchtigen Brettener Arzt Salzer, der aus einem alten Kürnbacher Apothekergeschlecht stammte, zu Hilfe. Dessen Kunst war umsonst, die okkulten Geheimnisse, die er bei seiner Patientin fand, konnte er mit seinen Mitteln nicht lösen.

Nun wurde Friederike auch körperlich schwer krank. Nur noch selten verließ sie das Haus, das bald als Spukhaus verrufen war. Man wollte Irrlichter und Blitze ums Haus gesehen und Kettengerassel gehört haben. Zieht man die Summe all dieser Lügen, könnte man sich in die Zeit der Hexenprozesse zurückversetzt fühlen. Was lag näher, als eine junge Frau mit solchen übernatürlichen Fähigkeiten als Hexe zu bezeichnen? Genährt wurden solche Vorstellungen dadurch, daß sich ihre Voraussagungen mehrten. Die junge Frau besaß das Zweite Gesicht und sah z. B. in einem Glas Wasser eine Person, die erst eine halbe Stunde später das Zimmer betrat, oder ein Gefährt mit zwei Menschen die Straße herfahren. Sie konnte die Art des Gefährtes, die in ihm Sitzenden, die Farbe der Pferde aufs genaueste beschreiben. Und nach einer halben Stunde fuhr dieser Wagen tatsächlich am Haus vorüber. Friederike war für die Leute zur Seherin geworden. Auch die Gabe, Geister zu sehen, bildete sich immer mehr aus.

Man hoffte, daß durch eine zweite Schwangerschaft Besserung eintreten würde. Wieder mußte sie vorzeitig entbunden werden, und sie schenkte einem Knaben das Leben. Sie selbst aber wurde körperlich immer schwächer, weinte tagelang, schlief Wochen nicht mehr, wurde überempfindlich gegen siderische Einflüsse, konnte kein Licht mehr ertragen und hatte hohes Fieber. Die junge Frau befand sich in einem hoffnungslosen Zustand, als man im Februar 1826 den in

Abb. 54   Die Seherin von Prevorst, Friederike Hauffe (Foto: Gemeinde Kürnbach)

Weinsberg lebenden Arzt Dr. Justinus Kerner zu Rate zog. Dieser nahm Friederike Hauffe in seinem Hause auf.

Kerner war nicht nur ein berühmter Dichter, er war auch ein hervorragender Arzt mit Scharfsinn, heilenden Fähigkeiten und Ahnung für alles Übersinnliche und Jenseitige. Er hielt den weiteren Lebensweg der Friederike Hauffe in seinem von exakten Beobachtungen getragenen Buch "Die Seherin von Prevorst" fest, das 1829 bei Cotta erstmals erschien und zu Kerners Lebzeiten viermal neu aufgelegt wurde. Es erregte ungeheueres Aufsehen und erbitterte literarische Auseinandersetzungen. Zustimmung und Ablehnung hielten sich die Waage. Das Buch ist ein umfangreicher Bericht über die Geisterseherin und über ihre Trancezustände. Durch Kerner wurde Frau Hauffe bis heute die berühmteste und am sorgfältigsten beobachtete Geisterseherin. Dieses

Buch stellt gleichzeitig den Höhepunkt von Kerners schriftstellerischer Tätigkeit dar und trägt den romantischen Untertitel "Enthüllungen über das innere Leben des Menschen und über das Hereintragen einer Geisterwelt in die unsrige".

Kerner beschäftigte sich intensiv mit den Erscheinungen des tierischen Magnetismus und dessen Natur- und Heilkraft. Er kannte die Schriften Anton Mesners, des Begründers dieser medizinischen Bewegung. Sie war die führende medizinische Theorie jener Zeit, eine Heilslehre, die Laien, Ärzte, Dichter und Philosophen in ihren Bann schlug. Nach der bisher vergeblichen Therapie kam Friederike Hauffe zu Kerner, um von diesem magnetisch behandelt zu werden. Dieser befand sich mit seiner magnetischen Heilbehandlung durchaus im Einklang mit seiner Zeit. Kerner war in dieser Beziehung kein Unbekannter mehr, seit er 1824 die "Geschichte zweier Somnambule, nebst einigen Denkwürdigkeiten aus dem Gebiet der magischen Heilkunde und der Psychologie" herausgebracht hatte.

Kerner beschrieb den Zustand Friederike bei ihrem Einzug in Weinsberg folgendermaßen: *"Frau Hauffe kam am 25. 11.1826 hier an, ein Bild des Todes, völlig verzehrt, sich zu heben und zu legen unfähig. Alle drei bis vier Minuten mußte ihr ein Löffel Suppe gereicht werden, denn sie oft nicht verschlingen konnte, sondern nur in den Mund nahm und wieder ausspie. Reichte man ihr ihn nicht, so verfiel sie in Ohnmacht und Starrkrampf. ihr Zahnfleisch war dick skorbutisch geschwollen, immer blutend, ihre Zähne waren ihr alle aus dem Mund gefallen. Krämpfe, somnambuler Zustand, wechselten mit einem mit Nachtschweiß und blutigen Durchfällen verbundenem Fieber. Jeden Abend um sieben Uhr verfiel sie in magnetischen Schlaf. Diesen fing sie mit Gebeten an, in welchen sie die Arme auf der Brust gekreuzt hatte. Dann breitete sie die Arme in gerader Richtung nach außen aus und befand sich in diesem Moment im schauenden Zustande, und erst wenn sie dieselben wie-der auf die Bettdecke zurückgebracht hatte, fing sie zu sprechen an. Ihre Augen waren dabei geschlossen, ihre Gesichtszüge ruhig und verklärt".*

Interessant ist auch die Charakteristik, die Kerner von seiner Patientin gibt. Er schreibt, daß sie *"keine künstliche Bildung"* habe, und Bibel und Gesangbuch in ihrem langen Leiden die einzige Lektüre seien. Sie sei fromm ohne Frömmelei und erkenne die Art ihres Leidens als Gnade Gottes.

Sicher war auch ihr Aussehen anders als man es sich gemeinhin vorstellt. Friederike Hauffe war klein, ihre Gesichtszüge orientalisch. Ihr Auge hatte den *"Stechblick eines Seherauges, der durch Schatten langer, dunkler Wimpern und Augenbrauen noch gehoben wurde"*. Ihr Leben, so Kerner, war nur noch ein glimmender Docht.

Friederikes Verkehr mit den Geistern wurde in ihrer letzten Lebenszeit besonders intensiv. Sie sprach mit ihnen und gab ihnen Anweisungen zu ihrer Seligwerdung. Besonders war da ein Jäger, der immer wieder kam, meist in Begleitung eines schwarzen Geistes, einer Frau, die sie bedrängte. Der Berggeist, der Geist der Burg, verlangte beharrlich von ihr, auf die Burg zu gehen, was sie nicht leisten konnte. Andere Menschen in ihrem Zimmer spürten deutlich das Vorhandensein dieser Geister, sahen Löffel durch die Luft wandern und Türklinken auf- und zugehen. Es erschien ihr der Geist ihres Bruders, der sie mahnte: "Denk an die Mutter!" Und diese trat wenig später noch völlig erschüttert ins Haus. Sie war zum Zeitpunkt der Geistererscheinung aus höchster Lebensgefahr gerettet worden. Viel hatte Friederike Hauffe durch die Lügen der Menschen zu leiden. Die Leute drängten an ihr Krankenbett, um ein Wunder zu erleben. Wies man sie ab, rächten sie sich durch böse Verleumdungen und Gerüchte.

Das Lebensende dieser außerordentlichen Frau nahte. In jenen Tagen schien der Geist ihres Vaters bei ihr ein- und auszugehen. Am 5. August 1829 starb Friederike Hauffe. Kerner berichtete: *"Um zehn Uhr sah die Schwester eine hohe, lichte Gestalt ins Zimmer treten, und in dem gleichen Moment tat die Sterbende einen heftigen Schrei der Freude. Ihr Geist schien da die Hülle zu verlassen. Nach kurzen Momenten verließ sie auch die Seele, und die Hülle lag nun als ganz Fremdes ohne eine Spur von den früheren Gesichtszügen da"*. Man beerdigte die Seherin von Prevorst am 8. August 1829 in Löwenstein. Mit Friederike Hauffe ging eine Frau aus dieser Welt, die schwer unter ihrer Veranlagung zu tragen hatte, welche die Menschen nicht verstehen konnten. Sie war weder *"eine phantastische Schwindlerin, noch hysterisch oder eine Neurotikerin, am wenigsten eine Schizophrene, wohl aber eine mit paranormalen Eigenschaften hoch begabte, einzigartige, mediale Gestalt"* (Bodamer S. 17).

Quellen, weiterführende Literatur und Anmerkungen

Bad.Biogr.: **Badische Biographien**, im Auftrag der Badischen Historischen Kommission
        I. Teil, Fr. v. Weech, Heidelberg 1875
        II. Teil, Fr. v. Weech, Heidelberg 1875
        III. Teil, Fr. v. Weech, Karlsruhe 1881
        IV. Teil, Fr. v. Weech, Karlsruhe 1891
        V. Teil, Fr. v. Weech, A. Krieger, Heidelberg 1906
        VI. Teil, A. Krieger, K. Obser, Heidelberg 1935
Bad.Biogr. NF: Neue Folge. Im Auftrag der Kommission für geschichtliche Landeskunde
        in Baden-Württemberg, von B. Ottnad
        Band I, Stuttgart 1982
        Band II, Stuttgart 1987
        Band III, Stuttgart 1990

MH: **Mein Heimatland**. Badische Blätter für Volkskunde, Heimat- und Naturschutz, Denkmalpflege, Familienforschung und Kunst; im Auftrag des Landesvereins Badische Heimat herausgegeben von H. E. Busse

BH (MH): **Badische Heimat** (Mein Heimatland). Zeitschrift für Heimatkunde und Heimatpflege, Natur- und Denkmalschutz, Volkskunde und Volkskunst, Familienforschung; im Auftrag des Landesvereins Badische Heimat

Ekkhart: Jahrbuch; herausgegeben vom Landesverein Badische Heimat

Kraichgau. Beiträge für Landschafts- und Heimatforschung; herausgegeben vom Heimatverein Kraichgau unter Förderung der Stiftung "Kraichgau"

Brettener Jahrbuch für Kultur und Geschichte; herausgegeben von der Ortsgruppe Bretten des Landesvereins Badische Heimat

Der Pfeiferturm. Beiträge zur Heimatgeschichte und Volkskunde Brettens und seiner Umgebung

Die "Kraichgauer Gestalten" in alphabetischer Reihenfolge:

Barth, Ludwig (1898–1983)

Auskünfte der in Karlsruhe lebenden Witwe und Tochter Ludwig Barths
WEHINGER, Josef: Der Maler und Grafiker Ludwig Barth; in: Ekkhart 1971, S. 165–172.

Bender, Ferdinand Julius (1893–1966)

SEPAINTER, Fred: Bender, Ferdinand Julius, evangelischer Landesbischof in Baden; in: Bad. Biogr., NF, Bd. III, S. 35–38.
Alle Zitate stammen aus diesem Aufsatz, der die Grundlage für die vorliegende Vita bildet.

Chytraeus, David (1530–1600)

BECKER, Otto: Das Kraichgau und seine Bewohner zur Zeit der Reformation. Karlsruhe 1908.
GLASER, Karl-Heinz, LIETZ, Hanno, RHEIN, Stephan: David und Nathan Chytraeus, Humanismus im konfessionellen Zeitalter; hrsg. von Glaser, Karl-Heinz im Auftrag der Stadt Kraichtal. Verlag Regionalkultur, Ubstadt-Weiher 1993.
    Darin: FUCHS, Thomas: David und Nathan Chytraeus, eine biographische Annäherung; THÜRINGER, Walter: Peter von Mentzingen und die Brüder David und Nathan Chytraeus; SCHEUERBRANDT, Arnold: Kraichgaurede des David Chytraeus aus dem Jahre 1558, Bemerkungen zur frühesten landeskundlichen Beschreibung und zum Wandel der Auffassung von seinen Grenzen.

Der ausgezeichnete Sammelband wurde anläßlich einer Ausstellung aus Anlaß des 450. Geburtstages von Nathan Chytraeus, die am 12. März 1993 in Menzingen eröffnet wurde, in Zusammenarbeit mit der Universitätsbibliothek Rostock und dem Melanchthonhaus Bretten von der Stadt Kraichtal herausgegeben.

OHNMACHT, Adolf Friedrich: David Chytraeus, ein berühmter Menzinger, Reformator und Freund Melanchthons; in: Der Pfeiferturm, 3. Jg. 1935, S. 33/34.

Der lange Jahre in Menzingen tätige Lehrer und Heimatforscher A. Fr. Ohnmacht macht in diesem Aufsatz nähere Angaben über die Familie des Chytraeus. Nathan, den Bruder Davids, könnte man ebenfalls in die Reihe großer Kraichgauer aufnehmen. Er wurde am 15. März 1543 in Menzingen geboren. Nach dem Besuch des berühmten Straßburger Gymnasiums kam er 1555 als Zwölfjähriger an die Universität Rostock, wo sein zwölf Jahre älterer Bruder David bereits Professor und verheiratet war. Mit 19 Jahren war Nathan schon Magister artium und 1564 wurde er Professor der lateinischen Sprache. Nach Bildungsreisen (1565–1567) nach England, Frankreich und Italien trat Nathan 1568 in die philosophische Fakultät ein und heiratete im gleichen Jahr Gertrud Prenger. Am 10. Januar 1569 legte Nathan in seinem Dekanat durch Stiftung von Büchern den Grundstein für die heutige Universitätsbibliothek Rostock. 1573 wurde Nathan Rektor der Universität und 1579 Rektor der neu gegründeten Rostocker Stadtschule. Dann begannen für ihn theologische Schwierigkeiten und Auseinandersetzungen mit dem Geistlichen Ministerium. Valentin Schacht, ein Kollege, griff Nathan Chytraeus wegen seiner Glaubenshaltung scharf an. Es ging wie in jener Zeit häufig, um seine Einstellung zum Abendmahl. Nathan neigte der calvinistischen Lehre zu und setzte sich damit in Gegensatz zum Ministerium, aber auch zu seinem Bruder. Er wurde vom Abendmahl ausgeschlossen und blieb dies jahrelang. Schließlich bat Nathan am 29. Juli 1593 um seine Entlassung aus dem herzoglichen Dienst, alle seinen großen Verdienste um die Universität und die Schulen der Stadt zählten nicht mehr. Nathan begann am 18. September 1593 seine Tätigkeit als Rektor der Stadtschule Bremen. Dort starb er am 25. Februar 1598.

Freiherr Göler von RAVENSBURG, Dieter: Geschichte der Reformation im Kraichgau; in: Kraichgau 5, 1977, S. 83–103.

THÜRINGER, Walter: David Chytraeus (1530–1600). Aus dem Leben eines dem Kraichgau verbundenen Theologen und Historikers; in: Kraichgau 6, 1979, S.161-172.

Dem hier wiedergegebenen Lebensbild liegt weitgehend dieser hervorragende Aufsatz zugrunde. Thüringer gibt als Quellen in erster Linie die Schriften des Chytraeus an und gibt einen Überblick über die wesentlichste Literatur über den Theologen.

Dänzer, Carl (1820–1906)

DÄNZER-VANOTTI, August: Carl Dänzer, ein deutscher Zeitungsmann in den Vereinigten Staaten, 1820–1906; in: MH 1937, S. 285–288.

KUßMAUL, Adolf: Jugenderinnerungen eines alten Arztes. Waldkircher Verlagsgesellschaft 1985.

Der berühmte Arzt berichtet in seinen Erinnerungen über die "Walhalla" und das Studentenleben.

Egetmeyer, Franz Anton (1760–1818)

Der Pfeiferturm:
4. Jg. Nr. 8, 1936: Der Schneider in Pensa. Vorbemerkung und Stammfolge der Egetmeyer.
Nr. 9, 1936: Die Erzählung J. P. Hebels (Rheinländischer Hausfreund 1815).
Nr. 10, 1936: Franz Anton Egetmeyer.
Nr. 11, 1936: Fortsetzung Franz Anton Egetmeyer.
Nr. 12, 1936: Die neun Briefe Egetmeyers und der Brief des Hauptmanns von Zeh.

HEBEL, Johann Peter: Erzählungen des Rheinländischen Hausfreundes. Herausgegeben und erläutert von Wilhelm Zentner und mit einem Nachwort von Hartmut von Hentig. Hanser Verlag, 1985. Darin: Der Schneider in Pensa S. 524, Anmerkungen S. 672.

HEBEL, Johann Peter: Sämtliche Schriften III, Erzählungen und Aufsätze. Kritisch herausgegeben von A. Braunbehrens, G. A. Benrath und P. Pfaff. C. F. Müller, Karlsruhe 1990.

VÖGELY, Ludwig: Aus dem Tagebuch des Goßherzog. Bad. Lieutenants Joseph Steinmüller, enthaltend Darstellungen der denkwürdigen Ereignisse des bad. Feldzuges vom Jahr 1812. So weit der Turmberg grüßt, Beiträge zur Kulturgeschichte und Volkskunde. Kulturelle Beilage zum Durlacher Tageblatt. 8. Jg. Nr. 9, Oktober 1956, S. 113–124.
9. Jg. Nr. 1, Januar 1975, Fortsetzung S. 5–11.

WILKENDORF, Fritz: Briefe vom Schneider in Pensa; in: BH (MH), 1956, S. 50–54.

Egler, Willi (1887–1953), Egler Ludwig (1894–1965), Egler Carl (1896–1982)

BAURMANN-RIEGER, Roswitha: Willi Egler, Maler und Graphiker; in: Bad. Biogr., NF, Bd. II, S. 73f.

BENTMANN, Friedrich: Karlsruhe im Blickfeld der Literatur. Karlsruhe 1969, S. 102 (Ludwig Egler).

KLEINHANS, Toni Peter: Die Künstlerfamilie Egler. Karlsruhe 1969.
  Gekonnte Darstellung der "Eglerei".

RÖHRDANZ, Günther: Der Maler Willi Egler, eine Betrachtung über seine Kunst; in: Ekkhart 1943, S. 38–47.

WEHINGER, Franz Josef: Ludwig Egler, Komponist, Musiker und Schriftsteller; in: Ekkhart 1967, S. 116–128.

WILKENDORF, Fritz: Der Bildhauer und Keramiker Carl Egler; in: Ekkhart 1964, S. 108–124.
Ausführliche Darstellung des Herkommens der Familie Egler.

Eisenhut, Anton (gest. 1525)

BUSCELLO, Horst: Der deutsche Bauernkrieg von 1525 als politische Bewegung. Berlin 1969.

ENGELS, Friedrich: Der deutsche Bauernkrieg. München o. J.; Ausgabe Berlin 1925.

GÜNTHER, Franz (Hrsg.): Quellen zur Geschichte des Bauernkrieges. München 1963.

VÖGELY, Ludwig: Der "Eisenhut" bei Bruchsal. Turmberg Nr. 4, 1960, S. 58–61.

VÖGELY, Ludwig: Joß Fritz und Anton Eisenhut, die Anführer des Bauernkrieges im Kraichgau; in: BH (MH), 1975, S. 365–374.

WOHLFEIL, Rainer: Der Bauernkrieg 1524–1526, Bauernkrieg und Reformation. Nymphenburger Texte zur Wissenschaft 1975.

Württembergischer Lehrerunterstützungsverein (Hrsg.): Geschichten aus schwerer Zeit, Teil 1, Anton Eisenhut, nach Löfflers ungedruckten Denkwürdigkeiten von Weiler. Stuttgart 1909.

ZIMMERMANN, Wilhelm: Geschichte des Großen Bauernkrieges nach Urkunden und Augenzeugen. Nauenhof und Leipzig 1939, Bd I S. 299, Bd II, S. 156, 169, 170, 373.

Zimmermann (a. a. O. Bd. I, S. 299) nennt viele Pfarrer, die sich der Bewegung angeschlossen haben, darunter Anton Eisenhut, "der Leutpriester zu Eppingen im Kraichgau, aus einem altadeligen schwäbischen Geschlecht. Er erwähnt auch einen Abt Eisenhut, der Ratsherr in Öhringen war. Dieser war ein maßgebender Mann beim Hellen Haufen und dessen Beutemeister. Der im Aufsatz erwähnte Jäcklein Rohrbach stammte aus Böckingen und war ein gewalttätiger Mann, der ein wildes Leben führte. Er und sein Haufen waren die rachsüchtigen Männer im Lager der Bauern. Rohrbach war es auch, der nach der Eroberung von Weinsberg für das entsetzliche Spießrutenlaufen des Grafen von Helfenstein und seiner Ritter verantwortlich war.

Feigenbutz, Leopold (1827–1904)

Bad. Biogr., VI. Teil, S. 634/635.

BANGHARD, Karl: Fünf Schneeballen – zwölf Jahrhunderte. Flehingen - Sickingen 779–1979. Karlsruhe 1979, S. 130ff.

In seiner beeindruckenden Darstellung, die für diesen Aufsatz weitgehend herangezogen wurde, gibt Banghard auf S. 143 ein genaues Verzeichnis der von Feigenbutz benutzten Quellen.

BREITINGER, Erwin: Leopold Feigenbutz, der Chronist des Kraichgaus; in: Kraichgau 11, 1989, S. 116ff.

SCHLITT, Adam: Zur Kraichgauforschung im Landkreis Sinsheim, Bilanz der Heimatforschung; in: Kraichgau 1, 1968, S. 9ff.

Fritz, Joß (etwa 1475 - nach 1525)

ANDREAS, Willy: Der Bundschuh. Köln 1936.

BÖSER, Ludwig: Joß Fritz aus Untergrombach, ein Held oder ein Revolutionär? Eine kritische Betrachtung zu den Anfängen der Bundschuh-Verschwörung; in: Kraichgau 8, 1983, S. 117–122.

HARTMANN, Willi, WALTER, Heinz E.: Das Ortsbuch von Neibsheim, 2. verbesserte Auflage. Leingarten-Schlüchtern 1982, S. 50–59.

Zu dem Überfall des Hans Lindenschmitt auf das Schloß des Eitelschelm von Bergen in Neibsheim kann ergänzend gesagt werden, daß Eitelschelm von Bergen 1478 die untere Burg zu Neibsheim erworben hatte. Er war auch Vogt auf der Achalm bei Reutlingen. Hans Lindenschmitt, der damals Schloß und Dorf ausraubte, stand in den Diensten des Kurfürsten v. d. Pfalz, er war also pfälzischer Kriegsknecht.

ROSENKRANZ, Albert: Der Bundschuh. Die Erhebungen des südwestdeutschen Bauernstandes in den Jahren 1483–1517. Bd. I Darstellung, Bd. II Quellen. Heidelberg 1927.

STADT BRETTEN (Hrsg.): Urkunden und Chroniken zur Geschichte der Stadt Bretten, bearbeitet von Dr. Alfons Schäfer. Bretten 1967.

VÖGELY, Ludwig: Fritz und Anton Eisenhut, die Anführer des Bauernkrieges im Kraichgau; in: BH (MH), 1975, S. 365–374.
Dieser Aufsatz bildet die Grundlage dieser Betrachtung.

Hauffe, geb. Wanner, Luise Christiane Friederike (1801–1829)

KERNER, Justinus: Die Seherin von Prevorst, mit einemVorwort von J. Bodamer. Stuttgart 1963.

MÜLLER, Kurt: Die Seherin von Prevorst als Hexe verschrien. Badische Neueste Nachrichten vom 2.10.1981.

Hecker, Friedrich (1811–1881)

ASSION, Peter: Der Heckerkult; in: Zeitschrift für Volkskunde, Halbjahresschrift der Deutschen Gesellschaft für Volkskunde, 87. Jg., 1991/I, S. 53–76.

Bad. Biogr., IV. Teil, S. 166–170.

BLOS, Wilhelm: Die deutsche Revolution, Geschichte der deutschen Bewegung von 1848 und 1849. Stuttgart 1893, S. 185–206.

DREßEN, Wolfgang (Zusammenstellung): 1848–1849, Bürgerkrieg in Baden, Chronik einer verlorenen Revolution. Berlin 1975, S. 39.

Generallandesarchiv Karlsruhe (Hrsg.): Baden, Land-Staat-Volk, 1806–1871. Karlsruhe 1980, S. 127ff.

FREI, Alfred (Hrsg.): Friedrich Hecker in den USA; eine deutsch-amerikanische Spurensicherung. Konstanz 1993.

HAAß, Wolfgang: Friedrich Hecker, Leben und Wirken in Dokumenten und Wertungen der Mit- und Nachwelt. Sinsheim 1981.

HÄUSSER, Ludwig: Denkwürdigkeiten zur Geschichte der Badischen Revolution. Heidelberg 1851, S. 121.

HECKER, Friedrich: Die Erhebung des Volkes in Baden für die Deutsche Republik. Basel 1848.

HECKER, Friedrich: Aus den Reden und Vorlesungen. Auswahl, Bad. Reihe Nr. 15. Waldkircher Verlag.

LAUTENSCHLAGER, Friedrich: Volksstaat und Einherrschaft, Dokumente aus der Badischen Revolution 1848/49. Konstanz 1921, S. 65ff.

REAL, Willy: Die Revolution in Baden 1848/49. Stuttgart 1983.

RETTERATH, Hans-Werner: Friedrich Hecker in den USA; eine deutsch-amerikanische Spurensicherung. Fachtagung in Singen am 22.9.1990. Beiträge zur Volkskunde in Baden-Württemberg, Bd. 5. Stuttgart 1993, S.351-354.

RÖCKER, Bernd: Friedrich Hecker zum 100. Todestag; in: Kraichgau 7, 1981, S. 219–231.

SCHLECKMANN, Gustav: Chronik der Gemeinde Eichtersheim. Eppingen·1948, S. 12–23.

SCHURZ, Carl: Lebenserinnerungen. Berlin 1953, S. 316ff.

STIEFEL, Karl: Baden, 1649–1952. Freiburg 1978, S. 272ff.

VALENTIN, Veit: Geschichte der drei Volkserhebungen in Baden 1848/49. Köln und Berlin 1970, Bd. I S. 160, 482–498, Bd. II S. 170, 423, 433, 455, 571.

VÖGELY, Ludwig: Aus Offenburgs großer Zeit. Die Offenburger Versammlungen von 1847–1849; in: BH (MH); 1980, S. 379–397.

VÖGELY, Ludwig: Hecker hoch! Dein Name schallet ..., Friedrich Hecker zum 100. Todestag am 24.3.1981; in: BH (MH), 1981, S. 85–103.

Dieser Aufsatz bildet die Grundlage des hier vorliegenden Aufsatzes über Hecker.

VOLLMER, Franz X.: Vormärz und Revolution 1848/49 in Baden, Dokumente, Fragestellungen. Frankfurt 1979.

VOLLMER, Franz X.: Der Hecker-Nachlaß von St. Louis, USA. Zeitschrift für Geschichte des Oberrheins, herausgegeben von der Kommission für geschichtliche Landeskunde in Baden-Württemberg. Stuttgart 1988, S. 349–415.

In dieser Veröffentlichung stellt Vollmer fest, daß Hecker in zweierlei Hinsicht seinen Platz in der Geschichte des 19. Jahrhunderts verdient hat. Er war im öffentlichen Bewußtsein der Erste, der in Deutschland den persönlichen Mut hatte, sich an die Spitze einer direkten Aktion zu stellen und so ein weitgehendes Zeichen setzte. Er geriet in den Blickpunkt des allgemeinen politischen Interesses, und eine Mythenbildung bemächtigte sich seiner Persönlichkeit, die sich bald verselbständigte. Zum anderen gehört Hecker der amerikanischen Geschichte an. Er ist zwar nicht der Held zweier Kontinente geworden, da er sich in den USA weder politisch stark profilierte, noch militärisch glücklich operierte. Aber durch seine bewußte Hinwendung zu Amerika hat er den Integrationsprozeß deutscher Gruppen in den USA als Vorbild stark beeinflußt. Hecker gehört also zur Geschichte zweier Nationen. "Er ist aus der Geschichte des 19. Jahrhunderts nicht wegzudenken, wenn man auch seine bleibende Wirkung nicht überschätzen sollte". Mit dem Tode von Heckers Witwe im Jahre 1916 wurde die Epoche der Nachwirkung Heckers in den USA beendet. Das Haus Hecker wurde verkauft, sein umfangreicher schriftlicher Nachlaß ging in verschiedene Hände über, bis er 1986/87 wieder vereinigt und zugänglich gemacht werden konnte.

Hesselbacher, Karl (1871–1943)

BENTMANN, Friedrich: Karlsruhe im Blickfeld der Literatur. Karlsruhe 1969, S. 62.

HESSELBACHER, Martin: Karl Hesselbacher, Dichterpfarrer und Volksschriftsteller. Geschichte seines Lebens; in: Ekkhart 1972, S. 190–197.

In diesem Aufsatz wird die Lebensgeschichte des Vaters von seinem Sohne eindrucksvoll erzählt, sie ist Grundlage des vorliegenden Aufsatzes.

OEFTERING, Wilhelm E.: Geschichte der Literatur in Baden, III. Teil; in: Heimatblätter vom Bodensee zum Main, Nr. 47, hrsg. vom Landesverein Badische Heimat. Karlsruhe 1939, S. 124–130.

Kölmel, Karl (1896 - 1979)

Dem Lebensbild Karl Kölmels liegen seine persönlichen Aufzeichnungen zugrunde, die im Besitz des Verfassers sind.

Bauabteilung Nordbaden (Hrsg.): Ein Jahrzehnt Wiederaufbau in Nordbaden 1948–1958. Staatl. Hochbauten Baden-Württemberg. Monographien des Bauwesens Folge 19, Stuttgart 1959.

Der Bildband enthält den Beitrag des Baudirektor Kölmels "Die Staatliche Hochbauverwaltung Nordbaden".

LUTZ, Arnold: Oberregierungsbaudirektor Karl Kölmel; in: Bad. Biogr., NF, Bd. III, S. 155–157.

VÖGELY, Ludwig: Oberbaudirektor Dipl. Ing. Karl Kölmel zum 80. Geburtstag; in: BH (MH), 1975, S. 145–150.

Knecht, Friedrich Justus Heinrich (1839–1921)

SIEBLER, Clemens: Friedrich Justus Heinrich Knecht, Pädagoge, Weihbischof in Freiburg; in: Bad. Biogr., NF, Bd. II, S. 164–166.

Kuhmann, Johann Christian (gest. 1812)

HEBEL, Johann Peter: Herr Christian Kuhmann, des geneigten Lesers Landsmann. Johann Peter Hebel, sämtliche Schriften. Historisch-kritische Gesamtausgabe, Bd. II. Karlsruhe 1990, S. 308

Maximilian Joseph aus dem Hause Pfalz-Zweibrücken (Prinz Max), 1756 als Sohn des Pfalzgrafen Friedrich geboren, lebte von 1777 bis zum Ausbruch der französischen Revolution als Commandeur des Regiments Royal Alsace in Straßburg, siedelte nach Mannheim über, wurde 1795 Herzog von Zwei-

brücken, 1799 Kurfürst von Pfalz-Bayern, 1806 als Maximilian I. Joseph König von Bayern. Er war in zweiter Ehe mit der badischen Prinzessin Karoline vermählt. (J. P. Hebel: Erzählungen und Aufsätze des Rheinländischen Hausfreunds, Bd. II, Anmerkungen S. 676) Hebel merkt in seiner Erzählung an, daß Kuhmann keinen Anteil an der französischen Revolution nahm. ("Wenn alles revoluzioniert, so will ich meinem Kommandanten getreu bleiben".) Hebel meint, daß Kuhmann Offizier werden konnte, lag auch daran, daß man es bei der Aufstellung des Dragonerregiments "Nicht so genau nahm", und daß bei der ausbrechenden Revolution "eine Kundschaft so gute Dienste leisten konnte als ein Adelsbrief, und noch bessere". (S. 349)

Melanchthon, Philipp (1497–1560)

BERNER, Felix: Baden-Württembergische Porträts, Gestalten aus 1000 Jahren. Stuttgart 1985.
Darin: Der Humanist unter den Reformatoren Philipp Melanchthon, 1497–1560, S. 94–101.

Ein ausgezeichneter Aufsatz, welcher das Verhältnis Melanchthons zu Reuchlin beleuchtet und die innere Wandlung zu Luther psychologisch fein schildert.

DILTHEY, Walter: Schriften II. Leipzig 1914, S. 162–202.

ELLINGER, G.: Philipp Melanchthon, Berlin 1902.

GROß, Rudolf: Melanchthons deutscher Geschlechtername; in: MH, 1942, S. 180–192.

HARTFELDER, Karl: Philipp Melanchthon als Praeceptor Gemaniae. Berlin 1889.

PREISENDANZ, Karl: Philipp Melanchthon, Deutschlands Erzieher, 1497–1560; in: MH, 1935, S. 176–178.

THÜRINGER, Walter: David Chytraeus; in: Kraichgau 6, 1979, S. 163.

URBAN Georg (Hrsg.): Philipp Melanchthon, 1497–1560. Gedenkschrift zum 400. Todestag des Reformators 19.4.1560/1960. Verlag Melanchthonverein Bretten 1960.

Darin enthalten ist das ausführliche Lebensbild Melanchthons von G. Urban, die Schrift dient als Grundlage dieser Darstellung. G. Urban war Pfarrer und Dekan in Bretten.

Mone, Franz Josef (1796–1871)

Bad. Biogr., II. Teil, S. 88/89.

DORNEICH, Julius: Franz Josef Buss und die katholische Bewegung in Baden. Abhandlungen zur oberrheinischen Kirchengeschichte, 7. Band. Freiburg 1979, S. 92–96.

Der im Aufsatz erwähnte Schwager Mones, Prof. Leopold August Warnkönig, war ebenfalls ein berühmter Sohn des Kraichgaus mit einer bemerkenswerten Laufbahn. Er wurde am 1. August 1794 als Sohn des fürstbischöflich-speyerischen Beamten und späteren Gefäll- und Domänenverwalters in Kislau, Anton Warnkönig, geboren. Er studierte in Heidelberg und Göttingen Jura, wo er 1816 promovierte. 1817 schon wurde er aufgrund seiner wissenschaftlichen Leistungen als ordentlicher Professor für Römisches Recht und Naturrecht an die Universität Lüttich berufen. Diese Universität war eine von drei Hochschulen, die für die südlichen Provinzen des Königreichs der Niederlande neu errichtet worden waren. 1827 wechselte er an die Universität Löwen, wo Mone schon tätig war. Nach der belgischen Revolution im Dezember 1830 wurde Warnkönig von der provisorischen belgischen Regierung an die Universität Gent berufen und wurde Mitglied der gesetzgebenden Kommission für den öffentlichen Unterricht und der Kommission zur Herausgabe ungedruckter Quellen der belgischen Geschichte. In jener Zeit entstand seine dreibändige "Flandrische Staats- und Rechtsgeschichte". 1836 nahm Warnkönig eine Berufung an die Universität Freiburg i. Br. als Geheimer Hofrat an und ging 1844 an die Universität Tübingen als Professor für das Kirchenrecht. Nach seiner Versetzung in den Ruhestand ließ sich Warnkönig in Stuttgart nieder. Als er am 19. August 1866 starb, hinterließ er u. a. fünf lateinische, neun französische und dreizehn deutsche Werke. Ihm wurden hohe Orden verschiedener Länder verliehen, und er war als international hoch angesehener Gelehrter Mitglied in 25 Akademien und Gesellschaften.

HASELIER, Günther: Franz Josef Mone. Zur 100. Wiederkehr seines Todestages. Beiträge zur Landeskunde. Regelmäßige Beilage zum Staatsanzeiger Baden-Württemberg, 1971, Nr. 3.

Diesem Beitrag wurden die detaillierten Angaben zu Leben und Leistung Mones entnommen.

STROBEL, Engelbert: Leopold August Warnkönig, bedeutender Rechtsgelehrter und Westeuropäer; in: BH (MH), 1969, S. 190–192.

Müller, Johann Adam (1766–1832)

GLOCK, Johann Philipp: "Lieder und Sprüche aus een Elsenztal", 1897.
Bei Glock findet sich unter Nr. 44 folgendes Gedicht:

Der Prophet von Maisbach

Vom Maisbacher Hof ein Bauersmann,
Johann Adam Müller, das ist sein Nam',
Der tat auf Gottes Wort und Geheiß
Anno 1807 eine große Reis'.

Er ließ daheim Weib und Kind
Und zog zu Fuß gar fromm gesinnt
Bis wo er den König von Preußen fand,
Dess' Namen Gott selbst ihm hat genannt.

Im Geist hat er die Zukunft geseh'n,
Wohin der Lauf der Welt sollt' geh'n,
Daß der König von Preußen sollt' verzagen nicht,
Das hat ihm der Bauer wohl ausgericht't.

Er hat ihm gegeben die heilsam' Lehr',
Daß Gott auf Erden Richter noch wär';

Und daß eh' sieben Jahr tun vergeh'n,
Der König sollte gar Großes seh'n.

Der Feldzug nach Rußland tat er prophezei'n,
Und wußte zuvor, daß Napoleon allein
Sollt' kehren zurück ein geschlagener Mann,
An dem man des Herrn Hand sehen kann.

Auch die Königin Luise, die freute sich sehr,
Und schenkte dem Bauersmann gern Gehör,
In Königsberg wohnte er als ihr Gast
Und hielt bei Hofe wohl gute Rast.

Darauf zog er wieder nach Maisbach heim,
Wo er tat den Seinen gar nötig sein.
Er baute sein Feld und lebt' als ein Christ,
Bis daß er selig gestorben ist.

In den Anmerkungen S. 257 gibt Glock nähere Auskunft über das Gedicht. Er schreibt: "Aus Meckes-heim, Amt Heidelberg, handschriftlich von der Familie Peter Müller selbst, welche mit dem eigenarti-gen Bauersmann, der ein geborener Meckesheimer gewesen ist, in verwandtschaftlichen Beziehungen steht. Auch der in Nußloch verstorbene Bahnwart a. D. Johann Friedrich Salzgeber, ein Patenkind des 'Propheten' besaß eine Abschrift des seltenen Liedes und erzählte, daß dasselbe von einem Maisbacher Freund Müllers aus dessen Ableben gedichtet und darauf von Verwandten und Freunden abgeschrieben worden sei". Glock berichtet in diesen Anmerkungen über die Reise Müllers nach Kö-nigsberg und zitiert nach dem Buch des Sohnes von Müller "Geschichte, Erscheinungen und Prophe-zeihungen des Johann Adam Müller, Bauersmann auf dem Maisbacher Hof bei Heidelberg", Wiesloch 1867, den Briefwechsel Müllers mit dem König von Preußen. Glocks Anmerkungen bilden die Grund-lage für die hier veröffentlichte Lebensbeschreibung des Propheten.

von DRYGALSKI, Irma: Der Bauernprophet. Heidelberg 1928.
Die Heidelberger Dichterin hat in diesem Roman Leben und Sendung Müllers in dichterisch freier Form beschrieben.

Nokk, Wilhelm (1832–1903)

Bad. Biogr., VI. Teil, S. 495–498.

STROBEL, Engelbert: Wilhelm Nokk, badischer Minister der Justiz, des Kultus und Unterrichts; in: BH (MH), 1968, S. 181–183.

von WEECH, Friedrich: Nekrolog auf Nokk. Karlsruher Zeitung 1903, Nr. 360.

von WEECH, Friedrich: Staatsminister Wilhelm Nokk. Heidelberg 1904.

von WEECH, Friedrich: Nekrolog auf Nokk. Biographisches Jahrbuch VIII, 1905

Orbin, Johann Baptist (1806–1886)

Bad. Biogr., IV. Teil, S. 289–310.

Erzbischöfliches Ordinariat (Hrsg.): Auf dem Weg durch die Zeit. 150 Jahre Erzbistum Freiburg. Freiburg 1977, besonders S. 57–74.

DORNEICH, Julius: Franz Josef Buss und die katholische Bewegung in Baden. Abhandlungen zur oberrheinischen Kirchengeschichte, 7. Bd. Freiburg 1979, S. 92ff.

HUG, Wolfgang: Geschichte Badens. Stuttgart 1992, S. 271/272.

KRIMM, Konrad und John, Herwig: Herr Biedermeier in Baden. Stuttgart 1981, S. 109ff.

Ein interessantes Streiflicht auf die Auseinandersetzungen zwischen Staat und katholischer Kirche wirft die Tatsache, daß in jener Zeit ein Bruchsaler als Direktor des katholischen Oberkirchenrates unmittelbar davon betroffen wurde. Es ist dies Bernhard August Prestinari, der am 9. Dezember 1812 als Sohn des Kaufmanns Franz Anton Prestinari in Bruchsal geboren wurde. Nach dem Jurastudium an den Universitäten Heidelberg und Gießen machte er eine bemerkenswerte Karriere. Er wurde 1840 Assessor beim Hofgericht des Mittelrheinkreises, damals in Rastatt, 1844 Hofgerichtsrat und im Januar 1848 Ministerialrat im Justizministerium. Von 1848 bis 1867 war Prestinari auch Landtagsabgeordneter für Bruchsal. Im September 1849 wurde er Vorsitzender Rat beim mittelrheinischen Hofgericht und im September 1852 Direktor des katholischen Oberkirchenrates und zugleich Direktor des Oberstudienrates. "Neben ersterem Amte, welches durch den damals zwischen der Großherzoglichen Regierung und der erzbischöflichen Kurie bestandenen Konflikt erschwert war, der ganze kath. Oberkirchenrat wurde ja 1853 exkommuniziert, besorgte Prestinari von 1855 bis 1860 das Referat des Ministeriums des Innern für die Verhandlungen mit dem päpstlichen Stuhl, welche die Großh. Regierung angeknüpft hatte, um ein friedliches Einvernehmen zwischen Staat und Kirche zu erzielen". Bernhard Prestinari starb im Jahre 1893 in Konstanz.

OTT, Hugo: Lothar von Kübel, Bistumsverweser in schwerer Zeit. Gedanken zum 100. Jahre nach seinem Tod. Freiburger Diözesanarchiv, 101 Bd. (3. Folge, 33. Bd.) Freiburg 1981, S. 231–243.

OTT, Hugo: Die ersten Bemühungen um eine Lockerung des Kulturkampfes in Baden im Jahre 1879. Freiburger Diözesanarchiv, 101. Bd. (3. Folge, 33. Bd.), Freiburg 1981, S. 304–313.

STIEFEL, Karl: Baden, 1648–1952, Bd. I, Karlsruhe 1978, S. 681ff.

STROBEL, Engelbert: Johann Baptist Orbin, Erzbischof von Freiburg; in: BH (MH), 1969, S. 221–223.

Paravicini, Ludwig (1811–1878)

Bad. Biogr., III. Teil, S. 122–125.

BICKEL, Willy: Die Geschichte der Kraichgaubahn; in: Bundesbahndirektion Karlsruhe: Hundert Jahre Kraichgaubahn, hrsg. vom Bundesbahn-Betriebsamt Heidelberg. Eigenverlag, Heidelberg 1979, S. 10–80.

Der Artikel bildet die solide Grundlage für die Ausführungen über die Kraichgaubahn im vorliegenden Lebensbild Paravicinis. Der im Aufsatz angeführte Veltliner Mord geschah am 18./19. Juli 1620. Unter Führung des mit dem katholischen österreichischen Adelsgeschlecht der Planta verwandten Ritters Giacomo Robustelli drang eine Söldnertruppe ins Land ein. Die katholischen Veltliner erhoben sich gegen ihre Bündner Landesherren und ermordeten in Tirano, Teglio und Sondrio rund 500 Protestanten. Spanier und Österreicher besetzten daraufhin das Veltlin. Der Sachromelleo, wie der Veltliner Mord von den Katholiken genannt wird, bedeutete also das Ende des Protestantismus im Veltlin und zugleich den Auftakt zu den fast zwei Jahrzehnten dauernden Bündner Wirren. Diese politisch-religiösen Auseinandersetzungen hielten bis 1629 an. Graubünden wurde von österreichischen, spanischen, lombardischen, französischen und kaiserlichen Truppen verheert. Die Herrschaft über die Bündner Pässe und das Veltlin wechselten ständig.

Der Pfeiferturm: 3.Jg., Nr. 5, 1935, S. 34–37: Zur Brettener Revolutionsgeschichte 1848/49, IV. Niederschrift des damaligen ersten Kommandeurs der Volkswehr, Gemeinderats und Posthalters Ludwig Paravicini.
Nr. 6, 1935, S. 43–47: Fortsetzun.g
Nr. 7, 1935, S. 52/53: Fortsetzung.
Nr. 8, 1935, S. 59–63: Fortsetzung, darin: Hermann Fr. Macco: Geschichte der Familie Paravicini, Wappen und Stammbaum
Nr. 9, 1935, S. 66–68: Fortsetzung.

JANZER, Ludwig (Hrsg.): Aufzeichnungen aus dem Leben von Ludwig Paravicini. Zur Erinnerung an den 100. Geburtstag 18.04.1811, Karlsruhe 1911.

Als Handschrift in 50 Stücken hergestellt, Aufzeichnungen über die Lebensverhältnisse Ludwig Paravicinis, besonders die Erlebnisse vom Jahre 1849. Dr. Ludwig Janzer gab das Büchlein zu Ehren seines Großvaters heraus. Von den 50 Exemplaren besitzt eines das Stadtarchiv Bretten.

Regenauer, Franz Anton (1717–1864)

Bad. Biogr., II. Teil, S. 163ff.
Großer Aufsatz mit ausführlicher Schilderung des Werdeganges von Regenauer.

STROBEL, Engelbert: Franz Anton Regenauer, badischer Finanzminister; in: BH (MH), 1969, S. 184–186.

Ries, Friedrich (1849–1929)

MEYER, Franz Sales, RIES Friedrich (Hrsg.): Die Gartenkunst in Wort und Bild. Leipzig 1904.

MEYER, Franz Sales, RIES Friedrich (Hrsg.): Gartentechnik und Gartenkunst. Leipzig 1911.

Nachruf auf Gartenbaudirektor Friedrich Ries. Badische Presse Nr. 102 vom 1.3.1929.

RIES, Friedrich: Führer durch den Stadtgarten zu Karlsruhe. Im Auftrag des Stadtrates verfaßt von Friedrich Ries, städt. Gartenbaudirektor. Karlsruhe 1910.

SCHLECKMANN, Gustav: Die Chronik der Gemeinde Eichtersheim. Eppingen 1948.

VÖGELY, Ludwig: Eichtersheim im Angelbachtal und seine großen Söhne; in: BH (MH), 1965, S. 401–417.

Rutsch, Conrad (1793–1872)

NIEMANN, Gerhard: Das Palais Bretzenheim und Conrad Rutsch von Dühren; in: Kraichgau 3, S. 205ff.

SUTTER, Otto Ernst: J. G. Stulz von Ortenberg; in: MH, 1938, S. 340–342.

Über den in Rutschs Lebensbild angesprochenen Schneidermeister Johann Georg Stulz, bei dem Rutsch in London arbeitete, schrieb Otto Ernst Sutter diesen Aufsatz. Stulz war der erfolgreichste der drei badischen Schneider, die im Ausland zu hohen Ehren gelangten. Er hatte 300–400 Mitarbeiter, belieferte die Prinzen von England, den übrigen Hof, die Armee usw. Schwer reich geworden, gab er seine Betriebe nach dreißig Jahren harter Arbeit ab und ließ sich in Hyères in Südfrankreich nieder. Er wurde zu einem großen Mäzen. Viel Geld floß nach Kippenheim. Er ermöglichte den Bau von Schulen und Spitälern, unterstützte das Polytechnikum in Karlsruhe usw. Großherzog Leopold verlieh Stulz das Kommandeurkreuz des Zähringer Löwen und erhob ihn in den Adelsstand. So kam ein hervorragender Schneider und Geschäftsmann "über die Nadel zum Adel". Stulz lebte von 1710–1832.

VÖGELE, Wolfgang: Dühren. Aus der Geschichte eines Kraichgaudorfes. Sinsheim 1988, S. 335–337.

WALTER, Friedrich: Bauwerke in der Kurfürstenzeit in Mannheim. 1928, S.71-73.

Sauter, Samuel Friedrich (1766–1846)

Bad. Biogr., II. Teil, S. 239/230.

BANGHARD, Karl: Fünf Schneeballen – zwölf Jahrhunderte. Karlsruhe 1979.

In dieser Ortschronik, vor allem in den Teilen über Sauter selbst (S. 80-111) und über den Biedermeier (S. 112-129) hat Karl Banghard einen ausgezeichneten Beitrag über Sauter geliefert, der mit Grundlage des vorliegenden Aufsatzes ist.

BUSSE, Hermann: Samuel Friedrich Sauter. Badnerland, ein Heimatbuch von Hans Adalbert Berger. Leipzig 1924, S. 158–162.

Der Biedermeier Samuel Friedrich Sauter. Zum 200. Geburtstag des Flehinger Schulmeisters und Heimatdichters. Bruchsaler Rundschau vom 27.10.1968.

EICHRODT, Ludwig (Hrsg.): Das Buch Biedermeier. Gedichte von Ludwig Eichrodt und Adolf Kußmaul sowie von ihrem Vorbild, dem alten Dorfschulmeister Samuel Friedrich Sauter. Stuttgart 1911.

HESSELBACHER, Karl: Silhouetten neuerer badischer Dichter. Heilbronn 1910, S. 17–19.

KILIAN, Eugen: Samuel Friedrich Sauter, ausgewählte Gedichte. Neujahrsblätter der Badischen Historischen Kommission 1902. Heidelberg 1901.

KENNEL, Albert: Ludwig Eichrodt, ein Dichterleben. Lahr 1895.

KLAUSING, Helmut: Samuel Friedrich Sauter, das Urbild des Biedermeier, Lieder und Gedichte. Sinsheim/E. 1968.

KUßMAUL, Adolf: Jugenderinnerungen eines alten Arztes. Stuttgart 1922.

OEFTERING, Wilhelm E.: Geschichte der Literatur in Baden, II. Teil, S. 145–148: Von Hebel bis Scheffel; in: Heimatblätter "Vom Bodensee zum Main", Nr. 47, hrsg. vom Landesverein Badische Heimat. Karlsruhe 1937.

SAUTER, Samuel Friedrich: Die sämtlichen Gedichte des alten Dorfschulmeisters Samuel Friedrich Sauter, welcher anfänglich in Flehingen und dann in Zaisenhausen war und als Pensionär wieder in Flehingen wohnt. Auf Kosten des Verfassers in Commission bei Creuzbacher und Hasper, Karlsruhe 1845.

SENGLE, Friedrich: Biedermeierzeit. Deutsche Literatur im Spannungsfeld zwischen Restauration und Revolution 1815–1848. Bd. I, Stuttgart 1921.

VÖGELY, Ludwig: Ludwig Eichrodt und das Buch Biedermeier; in: BH (MH), 1978, S. 187–196.

Schmitthenner, Adolf (1854–1907)

Bad. Biogr., VI. Teil, S. 143–149

HESSELBACHER, Karl: Silhouetten neuerer badischer Dichter. Heidelberg 1910, S. 163ff.

KLUMP, Alfred: Adolf Schmitthenner, geb. 14. Mai 1854, gest. 22. Januar 1907. Festvortrag zur Feier des 125. Geburtstages des größten Mannes Neckarbischofsheims, gehalten im Adolf-Schmitthenner-Gymnasium der Stadt. Kraichgau 6, S. 194–196.

MAAS, Hermann: Adolf Schmitthenner. Festansprache aus Anlaß der Einweihung der Adolf-Schmitthenner-Heimatstube im Fünfeckigen Turm in Neckarbischofsheim am 1.10.1965; in: Kraichgau 3, S. 82ff.

OEFTERING, Wilhelm E.: Geschichte der Literatur in Baden, III. Teil, S. 125ff.; in: Heimatblätter "Vom Bodensee zum Main", Nr. 47, hrsg. vom Landesverein Badische Heimat. Karlsruhe 1939

SCHMITTHENNER, Adolf: Das Deutsche Herz. 93–97.Tausend. Heidelberg 1965.

Schumacher, Karl (1860–1934)

BEHRENS, Gustav: Karl Schumacher. Erzieher und Wissenschaftler, Museumsmann und Heimatforscher; in: MH, 1937, S. 276–281.

VÖGELE, Wolfgang: Dühren. Aus der Geschichte eines Kraichgaudorfes. Sinsheim 1988, S. 345–351.

Aufsatz über Schumacher, ein lokal gefärbter Bericht mit wichtigen Details aus Dühren, Briefe Schumachers an das Bürgermeisteramt Dühren, sein Dank für Geburtstagswünsche und die Ernennung zum Ehrenbürger usw.

Sigel, Franz (1824–1902)

Bad. Biogr., VI. Teil, S. 429–434.

FEDERLE, Siegfried: Franz Sigel. Der amerikanische General 1824–1902 mit Ahnentafel Sigels; in: MH, 1935, S. 158–161.

Im übrigen sei auf die Literaturangaben bei Friedrich Hecker hingewiesen, die auch für Franz Sigel gelten, soweit sie die Ereignisse 1848/49 betreffen.

Nachzutragen ist, daß sich Sigel nach seiner Flucht in die Schweiz zuerst in Emmishofen und dann in St. Fiden und Aarau aufgehalten hat. Struves abenteuerliche 2. "Schilderhebung" im September 1848 lehnte Sigel ab und beteiligte sich daran nicht.

Stein, Johann Andreas (1728–1792)

BASER, Friedrich: Johann Andreas Stein. Der geniale Klavierbauer und Freund Mozarts; in: MH, 29.Jg., 1942, S. 277-280.

BÜCHEL, Sabine und STEIGNER, Patricia: Die Durlacher Orgelfabrik. S. 25ff; in: Schmitt, Heinz (Hrsg.): Industrie und Architektur in Karlsruhe. Beiträge zur Industrie- und Baugeschichte der ehemaligen Haupt- und Residenzstadt bis zum Ausbruch des Ersten Weltkrieges. Veröffentlichungen des Karlsruher Stadtarchivs Bd.6, Karlsruhe, 2. Aufl. 1993.

HÄRDLE, Otto: Heidelsheim. Geschichte und Bild der ehemaligen Reichsstadt; Hrsg. Stadt Heidelsheim. Karlsruhe 1960, S. 261–285.

HIRT, Franz Josef: Meisterwerke des Klavierbaus. Olten 1955, S. 457ff., mit einer Stammtafel der Familie Stein/Streicher.

Johann Andreas Stein; in: Die Musik in Geschichte und Gegenwart, Bd. 12, Kassel 1949, Sp. 1230ff.

LEITZMANN, Albert (Hrsg.): Mozarts Briefe. Insel-Verlag, Leipzig, 1910.

Meyers neues Lexikon, 1975, Bd.12, S. 250.
Meyers neues Lexikon, 1980, Bd.7, S. 317.

Stumpf, Johannes (1500–um 1577)

Historisch-biographisches Lexikon der Schweiz, herausgegeben von der allgemeinen geschichtsforschenden Gesellschaft der Schweiz. Deutsche Ausgabe, 6. Bd. Neuenburg 1931, S. 391f.

MAURER, Bernhard: Die Johanniter im Breisgau. Freiburg 1978.

Dieser interessanten Schrift ist auch einiges über Bubikon zu entnehmen. Nachdem der Orden durch Papst Paschalis II. schon im Jahre 1113 anerkannt worden war, breitete sich dieser über Italien und Spanien im Abendland aus. In den europäischen Stammländern entstanden Großpriorate, deren regionale Gliederungen die Priorate oder Balleien mit ihren Kommenden bildeten. In Duisburg entstand um 1150 die erste Kommende in Deutschland, der im 12. Jahnhundert noch neun weitere folgten. Bubikon wird schon in jener Zeit erwähnt und muß ein bedeutender Stützpunkt des Ordens gewesen sein. Es bestanden auch enge Beziehungen zu Freiburg. Gottfried von Staufen, Komtur der Johanniterhäuser in Freiburg und Neuenburg siegelte am 6. Januar 1281 in Zürich anstelle des Superiormagisters in Oberdeutschland eine Urkunde, aus der hervorgeht, daß das Johanniterhaus in Bubikon Güter an das Kloster Steinbach verkaufte. Drei Tage später bestätigte er auf einer in Konstanz ausgestellten Urkunde, daß das Johanniterhaus Bubikon an das Kloster St. Katherinental Güter und Einkünfte verkauft hat. Von Bubikon aus wurden die Kommenden Tobel im Thurgau und 1231 die Kommende Leuggen im Aargau gegründet. Die Stadt Zürich setzte 1483 einen weltlichen Schaffner als Verwalter in Bubikon ein, da sich der Komtur Graf von Werdenberg wenig um die Kommende gekümmert hatte. Dies waren also die Umstände, die Stumpf bei seinem Dienstantritt in Bubikon vorfand.

Der Großprior Johann von Hattstein, der im Leben Stumpfs eine so große Rolle gespielt hat, sorgte dafür, daß nach den Bauernunruhen in der Freiburger-Heitersheimer Herrschaft der Johanniter bald wieder erträgliche Verhältnisse eingekehrt sind. Auf einer Gedenktafel in der Heitersheimer katholischen Kirche ist zu lesen, daß er "dem Orden viel Gut's" getan habe. Er war ein tatkräftiger, aufgeklärt denkender Mann, der sich auch in der Reichspolitik Verdienste erworben hat.

Reformator und Geschichtsschreiber Johannes Stumpf. Bruchsaler Rundschau vom 22.4.1950.

STROBEL, Engelbert: Johannes Stumpf. Der bedeutendste Geschichtsschreiber der Schweiz des 16. Jahrhunderts, ein gebürtiger Bruchsaler; in: BH (MH), 1969, S. 233-234.

ZANGE, Friedrich: Zeugnisse der Kirchengeschichte. Gütersloh 1926, S. 326–339.

Turban, Ludwig Karl Friedrich (1821–1898)

Bad. Biogr., V. Teil, S. 765–776.

STROBEL, Engelbert: Ludwig Karl Friedrich Turban, badischer Finanzminister; in: BH (MH), 1969, S. 187–189.
Grundlage des hier vorliegenden Lebensbildes.

Wilhelmi, Karl (1786–1857)

Bad. Biogr., II. Teil, S. 487.

SCHLITT, Adam: Karl Wilhelmi (1786–1857), ein versäumtes Jahrhundertgedenken; in: Kraichgau 1, 1968, S. 137/138.

SCHLITT, Adam: Neue Quellen zu einer Wilhelmi-Biographie; in: Kraichgau 3, 1972, S. 61ff. und Kraichgau 4, 1975, S. 150ff.

STROBEL, Engelbert: Karl Wilhelmi, Wegbereiter der Altertumsforschung; in: BH (MH), 1969, S. 240–242.

WAHLE, Ernst: Karl Wilhelmi (1786–1857) als Begründer der Altertumsforschung in Süddeutschland; in: Neue Heidelberger Jahrbücher, N. F. 1933, S. 1ff. Wiederabdruck in E. Wahle: Tradition und Auftrag der Altertumsforschung in Süddeutschland. Ausgewählte Abhandlungen als Festgabe zum 75. Geburtstag. Hrsg. von H. Kirchner, Berlin 1964, S. 132ff.

WILHELMI, Karl: Die Grabalthertümer der Burgunden, Franken und Alamannen aus den ersten Zeiten des Christentums. Herausgegeben und eingeleitet von Klaus Eckerle im Auftrag der Freunde Sinsheimer Geschichte e. V. und der Stadt Sinsheim. Sinsheim 1986.

Erstveröffentlichung aus Anlaß des 200. Geburtstages von Karl Wilhelmi am 17. März 1786. Besonders wissenschaftlich informierend ist die Einleitung des Herausgebers Klaus Eckerle, welcher Leben und Werk Wilhelmis schlüssig darstellt.

Wolf, Gustav (1887–1947)

Badisches Landesgewerbeamt, Karlsruhe (Hrsg.): Badische Werkkunst, 1. Jg. 1930, Heft 2, S. 17–26. Aufsatz von G. Wolf "Vom Wesen der Zeichen".

BENZ, Richard: Schöpfung, Hiob, Psalmen. Zur Bibelillustration des Malers Gustav Wolf. Sonderdruck aus "Imprimaten", Bd. X, Jg. 1951.

Kollektivausstellung Mannheimer Kunstverein 1917: G. Wolf, Malereien und Blätter.
  Darin wurde speziell der Aufsatz von Dr. Beringer zitiert.

MOMBERT, Alfred: Fremder, der du dies liest bei der Nachtlampe. Ausgewählte Dichtungen mit einer Nachbemerkung von Johannes Erdrauch. Bibliothek der verschollenen Klassiker, Edition Thaleia, Saarbrücken/Trier 1989.

MOMBERT, Alfred: Hundert Gedichte vom himmlischen Zecher. Auswahl von Elisabeth Höpker-Herberg, Hermann Ebeling und Albert von Schirnding. Bio-bibliographische Zeittafel von Ulrich Weber. Badische Buchreihe Band 5, hrsg. von der Badischen Bibliotheksgesellschaft Karlsruhe. Ebenhausen b. München 1992.
  Mombert wurde am 6.2.1872 in Karlsruhe geboren und starb am 8.4.1942 in Winterthur (Schweiz).

PARZELLER, Margarete: Wanderer zwischen den Zeiten. Aus dem Nachlaß von Richard Benz. Sigmaringen 1983.
  Richard Benz wurde am 12.6.1884 in Reichenbach i. Vogtland geboren und starb am 9.11.1966 in Heidelberg.

Staatliche Kunsthalle Karlsruhe (Hrsg.): Gustav Wolf. Das Druckgraphische Werk. Bearbeitet und eingeleitet von Johannes Eckart von Borries. Karlsruhe 1982.
  Der Katalog bildet eine unentbehrliche Grundlage zum Verständnis der Graphik Wolfs und wurde für den vorliegenden Aufsatz maßgeblich herangezogen.

Das Heimatmuseum Östringen unter seinem Leiter Dr. Brauch bewahrt das Andenken an Gustav Wolf. Es besitzt Zeichnungen, Gemälde und schriftliche Unterlagen, wobei die Angaben von Frau Lola Wolf, geb. Steiner, über das Leben Gustav Wolfs besonders wichtig sind. Die Ausführungen von Frau Wolf wurden in dem vorliegenden Aufsatz ausgewertet. Die Stadt Östringen hat den Nachlaß von G. Wolf erworben.

Zahn, Karl Hermann (1865–1940)

KNEUCKER, Andreas: Karl Hermann Zahn, ein Badischer Botaniker; in: MH (BH), 1938, S.325-327.

WILLASCHECK, Anton und RAAP, Fritz: Ein weltbekannter Botaniker. Prof. Karl Hermann Zahn, ein Sohn unserer Kraichgaulandschaft; in: Kraichgau 7, 1981, S.203-212.
  Dieser verdienstvolle Aufsatz, der Zahn wieder in den Blickpunkt der Öffentlichkeit rückte, bildet das Gerüst des vorliegenden Kapitels. Dort finden sich auch weitere Literaturangaben.

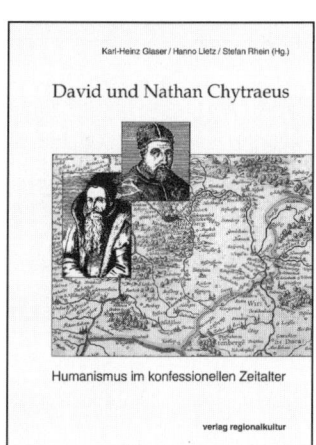